Jens Langholz

Existenzgründung im Kulturbetrieb

Kunst- und Kulturmanagement

Herausgegeben von
Andrea Hausmann

Europa-Universität Viadrina Frankfurt (Oder)

Jens Langholz

Existenzgründung im Kulturbetrieb

VS VERLAG

Bibliografische Information der Deutschen Nationalbibliothek
Die Deutsche Nationalbibliothek verzeichnet diese Publikation in der
Deutschen Nationalbibliografie; detaillierte bibliografische Daten sind im Internet über
<http://dnb.d-nb.de> abrufbar.

1. Auflage 2011

Alle Rechte vorbehalten
© VS Verlag für Sozialwissenschaften | Springer Fachmedien Wiesbaden GmbH 2011

Lektorat: Cori Mackrodt

VS Verlag für Sozialwissenschaften ist eine Marke von Springer Fachmedien.
Springer Fachmedien ist Teil der Fachverlagsgruppe Springer Science+Business Media.
www.vs-verlag.de

Das Werk einschließlich aller seiner Teile ist urheberrechtlich geschützt. Jede Verwertung außerhalb der engen Grenzen des Urheberrechtsgesetzes ist ohne Zustimmung des Verlags unzulässig und strafbar. Das gilt insbesondere für Vervielfältigungen, Übersetzungen, Mikroverfilmungen und die Einspeicherung und Verarbeitung in elektronischen Systemen.

Die Wiedergabe von Gebrauchsnamen, Handelsnamen, Warenbezeichnungen usw. in diesem Werk berechtigt auch ohne besondere Kennzeichnung nicht zu der Annahme, dass solche Namen im Sinne der Warenzeichen- und Markenschutz-Gesetzgebung als frei zu betrachten wären und daher von jedermann benutzt werden dürften.

Umschlaggestaltung: KünkelLopka Medienentwicklung, Heidelberg
Druck und buchbinderische Verarbeitung: Ten Brink, Meppel
Gedruckt auf säurefreiem und chlorfrei gebleichtem Papier
Printed in the Netherlands

ISBN 978-3-531-17251-4

„Quidquid agis, prudenter agas, et respice finem."[1]

---

[1] *„Was du tust, das tue klug und bedenke das Ende"*; Weisheit aus den Gesta Romanorum.

Inhalt

1. **Existenzgründung** 11
1.1 Ausgangslage und Zielsetzung des Buches 11
1.2 Aufbau des Buches 13

2. **Grundlagen und Handwerkszeug einer erfolgreichen Existenzgründung** 15
2.1 Begriffsbestimmungen 15
    2.1.1 Abgrenzung der Begriffe Kunst und Kultur 15
    2.1.2 Kulturwirtschaft 16
    2.1.3 Existenzgründung, Unternehmen und Projekt 18
    2.1.4 Produktionsfaktoren und Unternehmensfunktionen 22
    2.1.5 Management 23
    2.1.6 Betrieblicher Umsatzprozess 27
    2.1.7 Problemlösungsprozess des Unternehmens 28
    2.1.8 Steuerungsfunktionen des Unternehmens 31
2.2 Rechtsformen 32
    2.2.1 Einzelunternehmung 34
    2.2.2 Personengesellschaften 34
    2.2.3 Kapitalgesellschaften 36
2.3 Ziele von Kulturunternehmen 37
2.4 Ökonomisches Prinzip, Effektivität und Effizienz 43
2.5 Kennzahlen 45
2.6 Instrumente des strategischen Managements 50
    2.6.1 Marktanteils-/Marktwachstums-Portfolio 50

2.6.2 Analyse der Wettbewerbskräfte nach Michael Porter 53
2.6.3 SWOT-Analyse 56
2.7 Geschäftsmodelle in der Kulturwirtschaft 59
2.8 Anspruchsgruppen von Kulturunternehmen: Die Stakeholderanalyse 62
2.9 Wahl des Unternehmensstandortes 64

3. Der Businessplan als Leitgerüst einer Existenzgründung 69
3.1 Funktionen eines Businessplans 71
3.2 Bestandteile des Businessplans 72
    3.2.1 Zusammenfassung des Businessplans 73
    3.2.2 Beschreibung der Produkt-/Dienstleistungsidee 74
    3.2.3 Gründer oder Gründerteam 80
        3.2.3.1 Promotorenmodell 81
        3.2.3.2 Charakterisierung erfolgreicher Existenzgründer 83
        3.2.3.3 Unternehmer als Manager 87
    3.2.4 Marketing 90
        3.2.4.1 Marktforschung 93
        3.2.4.2 Produktpolitik 101
        3.2.4.3 Preispolitik 102
            3.2.4.3.1 Die Bedeutung des Preises 102
            3.2.4.3.2 Bestimmung optimaler Preise 104
        3.2.4.4 Distributionspolitik 110
        3.2.4.5 Kommunikationspolitik 111
            3.2.4.5.1 Grundlagen und klassische Instrumente der Kommunikationspolitik 112
            3.2.4.5.2 Neuere Formen der Kommunikationspolitik ... 114
    3.2.5 Geschäftssystem und Organisation 117
        3.2.5.1 Ertragsmodell und Organisationsstruktur 118
        3.2.5.2 Make-or-Buy-Entscheidungen 121
    3.2.6 Realisierungsfahrplan 125
    3.2.7 Potenzielle Risiken einer Unternehmensgründung im Kulturbetrieb 127
    3.2.8 Finanzierung 131

                3.2.8.1   Unterschiedliche Modelle der Gründungsfinanzierung .. 131
                        3.2.8.1.1 Strategiebestimmende Formen der
                                   Gründungsfinanzierung 133
                        3.2.8.1.2 Strategieerfüllende Formen der
                                   Gründungsfinanzierung 136
                3.2.8.2   Beispiel einer Finanzplanung im Kulturbetrieb 137
                        3.2.8.2.1 Kapitalbedarfsplanung 137
                        3.2.8.2.2 Eigen- & Fremdmittel der Gründung 140
                        3.2.8.2.3 Betriebsausgaben 141
                        3.2.8.2.4 Rentabilitäts- & Liquiditätsvorschau 142
   3.3 Einstieg in die Planung der Geschäftsidee 145
        3.3.1 Die Business Model Map 145
        3.3.2 NABC-Methode 147

   4.   Impulse des Innovationsmanagements 153
   4.1 Einführung ins Innovationsmanagement 153
   4.2 Konzepte des Innovationsmanagements 156
        4.2.1   Identifikation des optimalen Innovationsgrades 156
        4.2.2   Innovationstiming 157
        4.2.3   Schaffung geeigneter Unternehmensstrukturen 158
        4.2.4   Prozesscharakter von Innovationen 160
        4.2.5   Anregungen für Innovationen 161
        4.2.6   Unterschiedliche Arten von Wissen 164
        4.2.7   Widerstände gegen Innovationen 165
        4.2.8   Probleme des Technologietransfers 168
        4.2.9   Gefahren des Innovationsenthusiasmus 169
        4.2.10 Lernkurveneffekte 169
        4.2.11 Konzept der Lead User und Diffusionsmodelle 171

   5.   Beratungsstellen und Fördergelder für Gründungswillige 173
   5.1 Beratungsstellen für Gründer 173
   5.2 Fördergelder und Bürgschaften für Gründungswillige 176
        5.2.1   EXIST-Gründerstipendium 177

5.2.2 KfW-StartGeld 178
5.2.3 KfW-Unternehmerkredit 179
5.2.4 ERP-Kapital für Gründung 180
5.2.5 Ausfallbürgschaften durch Bürgschaftsbanken 181
5.2.6 Künstlerförderung 181

Literaturverzeichnis 187
Internetquellen 191

1. Existenzgründungen im Kulturbetrieb als Herausforderung

„Ein Unternehmen bauen ist so kreativ wie ein Bild malen oder ein Buch schreiben."[2]

1.1 Ausgangslage und Zielsetzung des Buches

Viele Berufsbilder im Kulturbetrieb sind durch eine selbständige Tätigkeit geprägt. Im Jahr 2008 waren in Deutschland 238.256 steuerpflichtige Unternehmen in der Kreativ- und Kulturwirtschaft mit Jahresumsätzen von mindestens 17.500 Euro registriert, seit 2003 kamen jährlich mindestens 8.000 Unternehmen hinzu (vgl. Bundesministerium für Wirtschaft und Technologie (2009)): Viele Absolventen künstlerischer oder kulturwissenschaftlicher Studiengänge entschließen sich aufgrund persönlicher Neigungen oder in Ermangelung von Erwerbsmöglichkeiten im Angestelltenverhältnis[3], den Weg in die Selbständigkeit zu gehen. Um diesen Schritt wagen zu können, sind fundierte betriebswirtschaftliche Kenntnisse erforderlich.

Bisher sind gründungsrelevante ökonomische Studieninhalte in den Curricula künstlerischer, kulturwissenschaftlicher und verwandter Studiengänge oftmals nicht in ausreichendem Maße verankert (vgl. Hausmann (2007), S. 220). Die Folge ist, dass sich viele junge Akademiker im Kulturbetrieb mit unzureichenden betriebswirtschaftlichen Kenntnissen selbständig machen.

Aber auch Gründungswilligen mit nicht akademischem Hintergrund fehlt wirtschaftliches Know-how, das für eine Unternehmensgründung notwendig ist.

Dieses Buch soll einen Beitrag dazu zu leisten, diese Wissenslücken zu schließen und die Themen aufgreifen, die für die Aufnahme einer selbständigen Tätigkeit in der Kultur- und Kreativwirtschaft von Bedeutung sind.

Aufgrund der Komplexität und der Dynamik eines Gründungsvorhabens ist es nicht möglich, alle Eventualitäten einer unternehmerischen Tätigkeit vorherzusehen, aber das Risiko eines Scheiterns lässt sich verringern, wenn man sich gewissenhaft und sorgfältig vorbereitet – frei nach Louis Pasteur: „Chance favors the prepared mind" (Louis Pasteur, Vortrag an der Universität Lille am 7. Dezember 1854)[4].

---

2 Phil Knight, amerikanischer Unternehmer und Gründer von Nike; vgl. Bundesministerium für Wirtschaft und Arbeit (2004), S. 4.
3 Zum Phänomen der Notselbständigkeit vgl. z.B. den Blogbeitrag „Notselbständigkeit in Kulturberufen" unter http://frei.djv-online.de/?p=1106; Abfrage: 01.11.2010.
4 Im Original zielt das Zitat auf die Entdeckung wissenschaftlicher Zusammenhänge: „Dans les champs de l'observation le hasard ne favorise que les esprits préparés". Vgl. http://en.wikiquote.org/wiki/Louis_Pasteur; Abfrage: 01.11.2010.

1. Existenzgründungen im Kulturbetrieb als Herausforderung

Ziel dieses Buches ist es, zentrale Aspekte einer Existenzgründung zu betrachten und der Frage nachzugehen, wie sich aus einer guten Geschäftsidee, die sich z.B. aus dem Studium, aus einer Leidenschaft oder einer besonderen Begabung entwickelt hat, ein erfolgreiches Unternehmen aufbauen lässt.

Dieses Buch richtet sich an Gründungswillige aus der Kreativ- und Kulturwirtschaft und ist gleichermaßen relevant für Freiberufler und gewerblich tätige Selbständige[5]. Wenn im Folgenden von Unternehmen oder Unternehmern gesprochen wird, sind beide Berufsgruppen adressiert – auch wenn es vielen Kreativen und Künstlern erst einmal schwer fällt, sich als Unternehmer zu betrachten.

Was kann das Buch leisten?

In diesem Buch werden Einblicke in die Struktur und notwendigen Schritte einer erfolgreichen Existenzgründung gegeben: Wie gehe ich ein Gründungsvorhaben an, mit welchen Fragen muss ich mich beschäftigen, wen kann ich fragen, worauf muss ich mich vorbereiten?

Erfolg entsteht, wenn kulturspezifische und ökonomische Kompetenz in der richtigen Dosis kombiniert werden. Daher werden in diesem Buch aus dem weiten Feld der Betriebswirtschaftslehre die Themenbereiche diskutiert, die im Zusammenspiel mit kulturbetrieblichem und -wissenschaftlichem Know-how die Basis bilden, um erfolgreich eine Existenz im Kulturbetrieb gründen zu können (vgl. Abb. 1).

Abbildung 1: Schnittmenge aus betriebswirtschaftlichem und kulturspezifischem Know-how

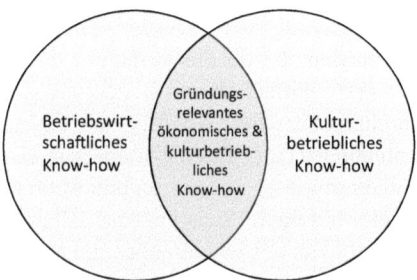

---

5 Als Freiberufler gelten Selbständige, die eine wissenschaftliche, künstlerische, schriftstellerische, unterrichtende oder erziehende Tätigkeit ausüben. In §18 des Einkommensteuergesetzes (EStG) sind alle freiberuflichen Tätigkeiten in einem Katalog zusammen gefasst. Alle Selbständigen, die keinen der in diesem Katalog genannten oder einen ähnlichen Beruf ausüben, gelten als Gewerbetreibende.

1.2 Aufbau des Buches

Was kann das Buch nicht leisten?

Jede Gründungsidee ist einzigartig: Unterschiede bestehen unter anderem hinsichtlich der Branche, der Höhe des verfügbaren Eigenkapitals, der Kompetenzen des Gründers oder des Gründerteams[6], unterschiedlicher Dominanz einzelner Produktionsfaktoren, der Art des angebotenen Produktes oder der Dienstleistung, des Zielmarktes, des Vertriebsweges und der Wettbewerber. Deshalb wird es bis auf weiteres vermutlich nicht *das* Handbuch zur Existenzgründung im Kulturbetrieb geben können. Dieses Buch ist also keine perfekte Bedienungsanleitung zur Entwicklung eines Businessplans und zur Gründung eines erfolgreichen Unternehmens im Kulturbetrieb.

Dennoch haben für alle Gründungsvorhaben im Kulturbetrieb ganz grundsätzliche Fragestellungen Gültigkeit, mit denen man sich vorab auseinandersetzen sollte. Diese Themengebiete werden im vorliegenden Buch behandelt, damit der einzelne Existenzgründer die für ihn relevanten Antworten, Konzepte und Lösungen finden kann.

1.2 Aufbau des Buches

Im Anschluss an diese einleitenden Bemerkungen werden in Kapitel 2 betriebswirtschaftliche Grundlagen und das benötigte Handwerkszeug einer erfolgreichen Existenzgründung im Kulturbetrieb vorgestellt: Es werden die relevanten Begriffe erklärt, Rechtsformen erläutert, die für die Gründung eines privaten gewinnorientierten Unternehmens im Kulturbetrieb geeignet sind, und das Spektrum potenzieller Unternehmensziele aufgezeigt. Darüber hinaus werden das ökonomische Prinzip erklärt, die Begriffe Effektivität und Effizienz voneinander abgegrenzt, wichtige betriebswirtschaftliche Kennzahlen eingeführt und Instrumente des strategischen Managements beschrieben, die bei der Vorbereitung und Realisierung eines Gründungsvorhabens von Nutzen sein können. Abschließend werden allgemeingültige tragfähige Geschäftsmodelle dargestellt, die geeignet sind, im Kulturbetrieb Erträge zu erwirtschaften, sowie der Stakeholderansatz und die Nutzwertanalyse als Werkzeug zur Auswahl eines geeigneten Unternehmensstandortes erläutert.

Im Kapitel 3 werden der Businessplan als Leitfaden zur Vorbereitung einer Unternehmensgründung vorgestellt, die Funktionen und die Bestandteile eines

---

[6] Dieses Buch richtet sich gleichermaßen an Einzelgründer und Gründerteams. Zur besseren Lesbarkeit wird im Folgenden überwiegend die Bezeichnung Gründer im Singular verwendet als Oberbegriff sowohl für einen Einzelgründer als auch eine Gründung im Team. An einzelnen Stellen, an denen es wie z.B. in Abschnitt 3.2.3. geboten erscheint, wird zur besonderen Verdeutlichung explizit zwischen Gründer und Gründerteam differenziert.

Businessplans dargestellt sowie die einzelnen Aspekte eines Geschäftsplans ausführlich beschrieben. Das Kapitel schließt mit zwei Konzepten, die sich eignen, um zum Beginn des Gründungsvorhabens in die Planung einer Geschäftsidee einzusteigen und Ideen knapp und präzise zu erläutern.

Existenzgründungen sind häufig eng verknüpft mit Produkt- und Prozessinnovationen: Viele junge Unternehmen basieren auf innovativen Produkten, Dienstleistungen oder Konzepten und versuchen, diese erfolgreich zu vermarkten. Oder neuartige Verfahren und Technologien ermöglichen es, bereits existierende Produkte oder Dienstleistungen in höherer Qualität oder zu niedrigeren Preisen anzubieten. Der engen inhaltlichen Verbindung zwischen Existenzgründungen und Innovationen ist das Kapitel 4 gewidmet: Relevante Konzepte des Innovationsmanagements werden vorgestellt und Anregungen für Existenzgründungen in der Kulturwirtschaft abgeleitet.

In Kapitel 5 werden einige Anlaufstellen genannt und beschrieben, an die sich Gründungswillige und Jungunternehmer wenden können, um sich zu informieren und beraten zu lassen. Darüber hinaus werden Institutionen und Initiativen vorgestellt, die Existenzgründungen mit Fördergeldern, Krediten oder Bürgschaften unterstützen. Das Kapitel schließt mit der Nennung einiger Institutionen, die aktiv Künstlerförderung betreiben.

2. Grundlagen und Handwerkszeug einer erfolgreichen Existenzgründung

In diesem Abschnitt werden die Grundlagen für den Einstieg in betriebswirtschaftliche, gründungsrelevante Fragestellungen in der Kreativ- und Kulturwirtschaft gelegt. Wichtige Begriffe werden erläutert und die Voraussetzungen geschaffen, um die Strukturen und Funktionsweise eines Unternehmens verstehen, einen Businessplan schreiben zu können und zu lernen, unternehmerisch zu denken und zu handeln. Betriebswirtschaftliche Kenntnisse sind ausnahmslos für alle Gründungsvorhaben in der Kreativ- und Kulturwirtschaft relevant – und zwar größenunabhängig:

„Für mich gilt in begrenztem Umfang alles, was für große Unternehmen auch gilt."[7]

2.1 Begriffsbestimmungen

2.1.1 Abgrenzung der Begriffe Kunst und Kultur

Bevor die Einführung in die für Gründungsvorhaben im Kulturbetrieb relevante betriebswirtschaftliche Terminologie erfolgt, soll eine knappe Abgrenzung der Begriffe Kunst und Kultur vorgenommen werden.

Die Auseinandersetzung mit diesen Begriffen und ihrer Abgrenzung könnte Bücher füllen. An dieser Stelle soll beiden Termini zumindest ein Satz gewidmet werden, um deutlich zu machen, in welchem Sinne sie in diesem Buch verwendet werden:

Die Encyclopedia Britannica definiert den Begriff *Kunst* folgendermaßen: „… a visual object or experience consciously created through an expression of skill or imagination. The term art encompasses diverse media such as painting, sculpture, printmaking, drawing, decorative arts, photography, and installation. The various visual arts exist within a continuum that ranges from purely aesthetic purposes at one end to purely utilitarian purposes at the other…" (Encyclopedia Britannica[8]).

---

7 Lisa Grüneisen, literarische Übersetzerin, Trier, vgl. Bundesministerium für Wirtschaft und Arbeit (2004), S. 53.
8 www.britannica.com/EBchecked/topic/630806/art; Abfrage: 28.01.2011.

Für den Begriff *Kultur* findet sich in der Encyclopedia Britannica folgende Erklärung: „The definition of culture has long provoked debate. The earliest and most quoted definition is the one formulated in 1871 by Edward Burnett Tylor: Culture or Civilization, taken in its wide ethnographic sense, is that complex whole which includes knowledge, belief, art, morals, law, custom, and any other capabilities and habits acquired by man as a member of society" (Encyclopedia Britannica[9]).

Kunst bildet somit eine Teilmenge der Kultur. Wenn also im Folgenden allgemein von Kultur die Rede ist, ist die Kunst stets als eine Ausprägungsform enthalten. „Und obschon Kunst nicht gleich Kultur ist, eint beide dennoch eine gewisse Wirksamkeit, die rein materielle wie zeitgeistgeschuldete Prozesse durchlüften, wenn nicht überdauern kann.»Kulturell« ist so besehen nicht nur, was überliefert wurde und was überliefert (werden) wird, sondern gleichfalls deren jeweilige Auch-anders-Möglichkeit" (Dr. Victor Andrés Ferretti, Romanisches Seminar der Christian-Albrechts-Universität zu Kiel)[10].

Im Hinblick auf das Ziel dieses Buches, die betriebswirtschaftlichen Grundlagen für eine Existenzgründung im Kulturbetrieb zusammenzustellen, ergibt sich eine interessante Fragestellung: Lässt sich der scheinbare Widerspruch zwischen „Kunst/Kultur" und „wirtschaftlichem Handeln" auflösen? Wirtschaftliches Handeln ist durch das ökonomische Prinzip charakterisiert, d.h. durch die Erreichung eines bestimmten Outputs mit minimalem Input bzw. die Erreichung eines maximalen Outputs mit einem festen Input (vgl. Abschnitt 2.4). Wie lässt sich dieses Vorgehen anwenden auf Kunst und Kultur, die sich in ihren Funktionen nicht eindeutig festlegen lassen? Wie kann man etwas zum Teil rein ästhetischen Zwecken Dienendes wirtschaftlich betrachten, d.h. in diesem Kontext (auch) über Effizienz nachdenken? Wirtschaftliches Handeln ist durch die Erfassung und Steuerung objektiv messbarer Größen gekennzeichnet. Dies ist für Kunst und Kultur nur begrenzt möglich und gewünscht. Das bedeutet aber keineswegs, dass Kunst und Kultur keinen Nutzen aus der Anwendung wirtschaftlichen Denkens und Handels ziehen können.

2.1.2 *Kulturwirtschaft*

Der Geist des Kreativen kennt keine einheitliche Existenzweise: *„Er weht, wo er will, und ist entsprechend schwer dingfest zu machen"* (Gross/Timm, 2010, S. 50).

---

9   www.britannica.com/facts/5/840181/Sir-Edward-Burnett-Tylor-as-discussed-in-anthropology; Abfrage: 28.01.2011.
10 Vgl. hierzu die Leitidee des Seminars „Kulturmanagement für Romanisten der Christian-Albrechts-Universität zu Kiel: www.uni-kiel.de/kulturmanagement/kmr; Abfrage: 01.11.2010.

2.1 Begriffsbestimmungen

Die inhaltliche Abgrenzung dessen, was in diesem Buch unter Kulturwirtschaft verstanden wird, erfolgt auf der Basis eines 3-Sektoren-Modells aus dem ersten Schweizer Kulturwirtschaftsbericht des Jahres 2003 (vgl. Weckerle/Söndermann, 2003 und Abb. 2). Im Zentrum des Modells stehen selbständige Künstler und Kulturschaffende. Die Auftraggeber beziehungsweise die Abnehmer der Werke oder Leistungen der Kulturschaffenden kommen aus dem öffentlichen (z.B. Museen und Theater), dem privaten (z.B. Musikproduzenten oder Verlage) und dem gemeinnützigen Sektor (z.B. Vereine und Stiftungen).

Abbildung 2: Das 3-Sektoren-Modell des 1. Schweizer Kulturwirtschaftsberichtes

Die Betrachtungen zur Existenzgründung im Kulturbetrieb konzentrieren sich in diesem Buch auf den privaten Sektor. Die Gründung von Betrieben im öffentlichen und gemeinnützigen Sektor steht nicht im Fokus der Analyse. Dennoch ist auch Gründern (und Betreibern) von Institutionen in den beiden letztgenannten Sektoren zu empfehlen, sich mit den Aspekten privatrechtlich geführter Unternehmen zu befassen, da auch gemeinnützige Organisationen und öffentliche Betriebe – trotz anderer Rechtsformen und evtl. staatlicher Zuwendungen – effizient mit ihren Budgets wirtschaften und sich am Markt (u.a. gegen privatrechtlich geführte Wettbewerber) behaupten müssen.

2.1.3 Existenzgründung, Unternehmen und Projekt

Im betriebswirtschaftlichen Sinne lässt sich eine *Existenzgründung* charakterisieren als die Aufnahme einer selbständigen unternehmerischen Tätigkeit mit dem Ziel, Gewinne zu erwirtschaften. Die Gründung einer Existenz führt zum Betrieb eines Unternehmens.

Ein *Unternehmen* ist eine planvoll organisierte Wirtschaftseinheit, in der Sachgüter und/oder Dienstleistungen erstellt und verwertet, d.h. abgesetzt, werden (vgl. Wöhe/Döring (2008), S. 2). Auch Freiberufler und Gewerbetreibende im Kulturbetrieb, die keine festen Mitarbeiter beschäftigen, sind in diesem Sinne als Unternehmer zu verstehen.

Empirische Studien in der Kreativ- und Kulturwirtschaft zeigen allerdings, dass sich viele selbständige Kulturschaffende nicht als Unternehmer verstehen (vgl. Hausmann (2007), S. 225) und *„in einem ökonomischen Jenseits angesiedelt"* sind (Gross/Timm (2010), S. 50). *„Die Vorstellung, nicht nur als kreativ denkender und schaffender Mensch, sondern auch als geschäftstüchtiger kühler Rechner aufzutreten, behagt nicht jedem ‚Kreativen'"* (Bundesministerium für Wirtschaft und Arbeit (2004), S. 5).

Unternehmen sind – unabhängig von ihrer Größe und der Branche – soziale Systeme, die sich durch bestimmte Eigenschaften auszeichnen (vgl. Thommen/Achleitner (2009), S. 43f.):

- *Offenheit*: Unternehmen stehen in ständigen Austauschprozessen mit der Umwelt – es fließen intern und über die Unternehmensgrenzen hinweg Güter, Finanzmittel und Informationen. Dies gilt uneingeschränkt für Kulturunternehmen.
- *Dynamik*: Die einzige Konstante ist die dauernde Veränderung der Zustände und Prozesse im Unternehmen sowie der Rahmenbedingungen. Jeder Unternehmer sollte sich dieser Dynamik bewusst sein und alle für das unternehmerische Handeln notwendigen Größen regelmäßig auf Veränderungen überprüfen. George Bernhard Shaw hat dies treffend formuliert: „Der einzige Mensch, der sich vernünftig benimmt, ist mein Schneider. Er nimmt jedes Mal neu Maß, wenn er mich trifft, während alle anderen immer die alten Maßstäbe anlegen in der Meinung, sie passten auch heute noch." Erfolgreiche Kulturunternehmer sollten sich im übertragenen Sinn wie Shaws Schneider verhalten.
- *Komplexität*: Ein Unternehmen unterliegt einer großen Zahl unterschiedlicher Einflussfaktoren, die von der Geschäftsführung zu steuern sind. Zu diesen Einflussfaktoren zählen u.a. das Verhalten der Kunden, Wettbewerber, Lieferanten, der Eigen- & Fremdkapitalgeber sowie der Mitarbeiter des Unternehmens und

2.1 Begriffsbestimmungen

der Kooperationspartner, kultur-/politische, künstlerische, rechtliche, ökologische und technologische Veränderungen, Markttrends, Kostenstrukturen und Einflüsse von Medien, Verbänden und Gewerkschaften.

- *Marktausrichtung*: Das Management klassischer gewinnorientierter Unternehmen richtet sämtliche Aktivitäten an den Bedürfnissen des Marktes aus – dies gewährleistet den wirtschaftlichen Erfolg des Unternehmens. Im Kulturbetrieb kommt zum wirtschaftlichen Kalkül eine weitere Komponente hinzu: das Bestreben, künstlerische oder kulturpolitische Spuren zu hinterlassen, deren Betrachtung die Betriebswirtschaft – die durch eine starke Fokussierung auf Effizienz und die Anwendung des ökonomischen Prinzips (vgl. Abschnitt 2.4) geprägt ist – vor gewisse Herausforderungen stellt.
- *Produktivität*: Die Existenz eines Unternehmens leitet sich aus der Herstellung von Produkten und/oder der Bereitstellung von Dienstleistungen ab, d.h. aus der Kombination unterschiedlicher Produktionsfaktoren.

Neben den genannten Eigenschaften sind Unternehmen im Sinne dieses Buches durch bestimmte Prinzipien charakterisiert (vgl. Gutenberg (2006), S. 189ff.), die für das Begriffsverständnis von Bedeutung sind:

- *Autonomieprinzip*: Im Rahmen der Rechtsordnung haben die Unternehmen volle Handlungsfreiheit zur Nutzung aller Markt- und Gewinnchancen. Die Handlungsfreiheit ist an die Übernahme der Verantwortung für alle Konsequenzen geknüpft, die sich aus den Entscheidungen des Unternehmens ergeben, d.h. auch, für eventuell entstehende Verluste einstehen zu müssen. Unternehmen der Kreativ- und Kulturwirtschaft haben darüber hinaus die volle künstlerische Gestaltungsfreiheit.
- *Alleinbestimmungsprinzip*: Die Eigentümer eines Unternehmens haben das Recht, alle betrieblichen Entscheidungen persönlich zu treffen.
- *Erwerbswirtschaftliches Prinzip*: Ein bedeutendes Ziel einer klassischen unternehmerischen Tätigkeit ist es, eine möglichst hohe Rendite auf das investierte Kapital zu erwirtschaften. In Kulturunternehmen treten weitere Ziele hinzu, die das erwerbswirtschaftliche Prinzip ergänzen und neben der Gewinnerzielung einen hohen Stellenwert haben. Aber auch Kulturunternehmen müssen Gewinne erwirtschaften, um den Lebensunterhalt des Gründers und ggf. der Mitarbeiter dauerhaft sichern und sich im Wettbewerb behaupten zu können.
- *Faktorkombination nach dem Prinzip der Wirtschaftlichkeit*: Die Kombination aller zur Produktion der Güter bzw. Dienstleistungen benötigten Faktoren erfolgt nach dem Prinzip einer effizienten Mittelverwendung. Alle Unternehmen sollten danach streben, eine möglichst hohe Wirtschaftlichkeit zu erreichen.

- *Prinzip der Erhaltung des finanziellen Gleichgewichts*: Eine unternehmerische Tätigkeit setzt voraus, dass der Betrieb seinen Zahlungsverpflichtungen jederzeit nachkommen kann. Die finanzielle Planung einer Existenzgründung sollte berücksichtigen, dass Geldmittel in ausreichendem Umfang vorhanden sein müssen, um in der Startphase der Gründung unvorhergesehene Rückschläge überstehen zu können, ohne sofort von einer Zahlungsunfähigkeit bedroht zu sein.

Auf dem Weg in die Selbständigkeit gibt es kaum Routineprozesse. Vieles ist neu, Produkte oder Dienstleistungen müssen erst noch entwickelt werden. Es gibt keine etablierten Strukturen, Kontakte zu Ansprechpartnern außerhalb des Unternehmens müssen nach und nach aufgebaut werden: Die Gründungsphase eines (Kultur-)Unternehmens ist daher als ein Projekt zu betrachten.

Projekte sind Erst- und Einmalvorhaben (vgl. Schelle/Ottmann/Pfeiffer (2005), S. 27), die sich durch Eigenschaften wie

- Komplexität,
- Außergewöhnlichkeit,
- Neuartigkeit und
- Interdisziplinarität der Aufgabenstellung

auszeichnen (vgl. Caupin et al., (1999), S. 3).

Es gibt viele Studien, die sich mit dem Erfolg von Projekten befassen und analysieren, welche Faktoren maßgeblichen Einfluss auf deren erfolgreiche Durchführung haben. Aufgrund des Projektcharakters von Gründungsvorhaben erscheint es durchaus angemessen, sich die Ergebnisse der Erfolgsfaktorenforschung von Projekten näher anzuschauen.

Lechler hat eine Reihe von Studien der Erfolgsfaktorenforschung in einer Metaanalyse zusammengefasst (vgl. Lechler (1997)). Bevor die Ergebnisse dieser Metaanalyse diskutiert werden, ist der Begriff des *kritischen Erfolgsfaktors* zu definieren: „*Kritische Erfolgsfaktoren sind die wenigen Dinge, die richtig laufen müssen, um den Projekterfolg zu sichern. Sie repräsentieren die Managementbereiche, denen besondere und kontinuierliche Aufmerksamkeit geschenkt werden muss, um hohe Erfolgschancen zu gewährleisten*" (Lechler (1997), S. 45). Wichtig ist, dass diese Parameter im Einflussbereich des Unternehmens liegen. Lechler hat elf Erfolgsfaktoren von Projekten identifiziert, die sich in 44 empirischen Studien als maßgeblich herausgestellt haben (vgl. Tab. 1).

Die wichtigsten Faktoren, die den Erfolg beeinflussen, sind der Studie zufolge die Zieldefinition und die Kommunikation.

2.1 Begriffsbestimmungen

- *Zieldefinition*: Übertragen auf eine Existenzgründung im Kulturbetrieb kommt einer sorgfältigen Analyse der Ausgangslage, einer präzisen Zielformulierung und einer durchdachten Strategie zur Umsetzung der Ziele eine zentrale Bedeutung zu (vgl. Abschnitt 2.3).

- *Kommunikation*: Wichtig ist der regelmäßige Austausch von Informationen innerhalb des Unternehmens und über die Unternehmensgrenzen hinweg zu den Partnern und Interessensgruppen des Unternehmens. Das frühzeitige Informieren der Betroffenen ist entscheidend, sollte sich aber auf die relevanten Fakten beschränken, um eine Überforderung der Beteiligten zu vermeiden.

Tabelle 1: Erfolgsfaktoren des Projektmanagements nach Lechler (vgl. Schelle/ Ottmann/Pfeiffer (2005), S. 93)

Erfolgsfaktoren	Erfolgswirkungen			
	++	+	0	−
Zieldefinition	17	2	1	0
Kommunikation	16	6	0	0
Planung	9	3	1	0
Topmanagement	9	2	0	0
Controlling	7	1	0	1
Projektleiterbefugnis	6	3	0	0
Know-how Projektteam	6	0	1	0
Motivation Projektteam	5	3	0	0
Know-how Projektleiter	4	3	1	2
Planungs- & Steuerungsinstrumente	4	1	0	0
Partizipation	3	4	0	0

Legende: ++ besonders starke positive Wirkung
    + signifikant positiver, aber schwächerer Einfluss
    0 kein Einfluss nachweisbar
    − negativer Einfluss

Weiterhin sind eine gute Planung und eine Unterstützung durch das Topmanagement wichtige Erfolgsfaktoren. Die Bedeutung einer gründlichen Planung spiegelt sich in einem Zitat von Gero Lomnitz wider: *„Sage mir, wie Dein Projekt beginnt und ich sage Dir, wie es endet"*. Für die Planungsphase sollte dementsprechend ausreichend viel Zeit vorgesehen werden. Schlechte Planung rächt sich im Projektverlauf. Das gute Gefühl, frühzeitig aktiv in die ersten Schritte gestartet zu sein, verkehrt sich schnell in das Gegenteil.

Die Unterstützung durch das Top-Management, die als weiterer wichtiger Erfolgsfaktor genannt wird, ist jungen Kulturunternehmen gewiss – die Gründer übernehmen die Aufgaben des Managements zumeist selbst und sind hoch motiviert.

2.1.4 Produktionsfaktoren und Unternehmensfunktionen

Was braucht man zum Betrieb eines Unternehmens? In einem Unternehmen werden sogenannte Produktionsfaktoren eingesetzt (vgl. zu den folgenden Ausführungen z.B. Thommen/Achleitner (2009), S. 39), um den Leistungserstellungs- und -verwertungsprozess in Gang setzen und aufrecht erhalten zu können. Die benötigten Produktionsfaktoren können unterschieden werden in Elementarfaktoren, dispositive Faktoren, die sich auf die Leitung des Unternehmens beziehen, und Wissen. In Abbildung 3 werden einige Produktionsfaktoren am Beispiel eines Theaters vorgestellt.

Abbildung 3: Beispiele für Produktionsfaktoren eines Theaters

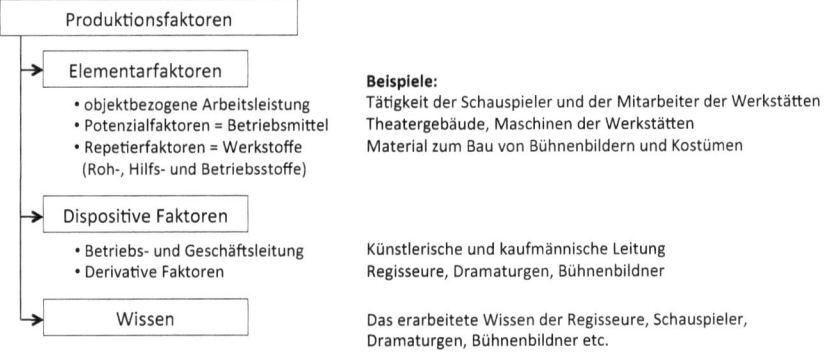

Zur Gewährleistung des reibungslosen Ablaufs der unternehmerischen Tätigkeit sind verschiedene *Unternehmensfunktionen* erforderlich. Diese lassen sich in Grund- und Querschnittsfunktionen einteilen (vgl. hierzu Eckardt (2010), S. 12f. und Abb. 4):

Zu den *Grundfunktionen* zählen z.B. die Funktionen Forschung & Entwicklung, Beschaffung, Produktion und Vertrieb.

Marketing, Rechnungswesen, Personal, Finanzierung und Recht sind typische *Querschnittsfunktionen*, die übergreifend in allen Bereichen des Unternehmens zum Einsatz kommen.

2.1 Begriffsbestimmungen

Abbildung 4: Eine Auswahl von Funktionen eines Unternehmens

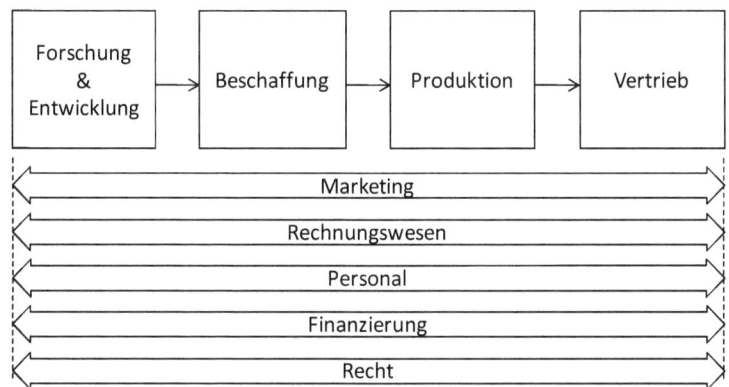

Selbst kleinste Unternehmen im Kulturbetrieb müssen sich mit Aufgaben der Querschnittsfunktionen beschäftigen: Rechtliche, finanzielle und buchhalterische sowie marketingbezogene Aufgaben sind für alle Unternehmen relevant. Häufig fallen alle diese Tätigkeiten in die Verantwortung einer einzelnen Person.

Abhängig davon, ob das Unternehmen Produkte oder Dienstleistungen anbietet, sind die Grundfunktionen unterschiedlich stark ausgeprägt.

2.1.5 Management

Jedes Unternehmen – unabhängig von seiner Größe oder der Lebensphase, in der es sich befindet – benötigt ein Management. Eine Anekdote unbekannter Herkunft[11] möge für die Besonderheiten des Bereiches sensibilisieren:

> „Ein Mann fliegt einen Heißluftballon und realisiert, dass er die Orientierung verloren hat. Er reduziert seine Höhe und macht schließlich einen Mann am Boden aus. Er lässt den Ballon noch weiter sinken und ruft: ‚Entschuldigung, können Sie mir helfen? Ich versprach meinem Freund, ihn vor einer halben Stunde zu treffen, aber ich weiß nicht, wo ich mich befinde.'
>
> Der Mann am Boden sagt: ‚Ja, Sie befinden sich in einem Heißluftballon. Ihre Position ist 54° 19' Nord und 10° 8' Ost' [Koordinaten vom Verfasser geändert].
>
> ‚Sie müssen Ingenieur sein', sagt der Ballonfahrer.
>
> ‚Bin ich', antwortet der Mann. ‚Wie haben Sie das gewusst?'
>
> ‚Sehen Sie', sagt der Ballonfahrer, ‚alles, was Sie mir gesagt haben, ist technisch korrekt, aber ich habe keine Ahnung, was ich mit Ihren Informationen anfangen soll und ich weiß immer noch nicht, wo ich bin.'

---

11 Die Anekdote ist wieder gegeben in Anlehnung an Eckardt (2010), S. 22.

Der Ingenieur sagt hierauf: ‚Sie müssen ein Manager sein.'
‚Bin ich', antwortet der Ballonfahrer. ‚Wie haben Sie das gewusst?'
‚Sehen Sie', sagt der Ingenieur, ‚Sie wissen nicht, wo Sie sind oder wohin Sie gehen. Sie haben ein Versprechen gegeben, von dem Sie keine Ahnung haben, wie Sie es einhalten können und Sie erwarten, dass ich Ihnen dieses Problem löse. Tatsache ist: Sie befinden sich in exakt derselben Position, in der Sie waren, bevor wir uns getroffen haben, aber irgendwie ist jetzt alles meine Schuld.'[12]

Dieser Dialog ist frei erfunden, birgt aber doch einen wahren Kern: Es ist in technisch geprägten Unternehmen häufig der Fall, dass betriebswirtschaftlich ausgebildete Manager und Ingenieure eine „unterschiedliche Sprache sprechen" und völlig verschiedene Denkansätze zur Problemlösung verwenden. Eine große Herausforderung besteht darin, eine gemeinsame Basis zur Verständigung zu finden und gemeinsame Ziele zu formulieren, die von allen verstanden werden und mit denen sich alle am Prozess Beteiligten – auch außerhalb des Unternehmens – identifizieren und für die sie die Verantwortung übernehmen können.

In Unternehmen des Kulturbetriebs könnten sich entsprechend Konflikte oder Missverständnisse zwischen der kaufmännischen und der künstlerischen Leitung z.B. bzgl. der Umsetzung einer Ausstellung oder der Inszenierung eines Theaterstücks entzünden. Kaufleute werden die betreffenden Projekte (auch) unter Kostenaspekten betrachten, das ist ihre Aufgabe. Der jeweilige Kurator oder Regisseur hat hingegen evtl. eine feste künstlerische Vorstellung von seinem Konzept und ist Kostenargumenten möglicherweise nur eingeschränkt zugänglich. Es entsteht also ein Spannungsfeld zwischen ökonomischen und künstlerischen bzw. kulturpolitischen Dimensionen, die für den Kulturbetrieb typisch sind.

Existenzgründer im Kulturbetrieb könnten z.B. im Kontakt mit Bankern im Rahmen der Beschaffung von Fremdkapital ähnliche Erfahrungen machen wie der Ingenieur in der Anekdote. Daher ist es erforderlich, das Vokabular und die Denkweise aller für das Unternehmen relevanten Gruppen zu verstehen.

Nach diesen einführenden Bemerkungen wird der Begriff *Management* konkret definiert als die Gestaltung und Steuerung der Unternehmensprozesse, damit diese koordiniert und zielgerichtet ablaufen (vgl. Thommen/Achleitner (2009), S. 937).

Zielgerichtetes Handeln setzt zunächst einmal voraus, dass das Unternehmen überhaupt Ziele formuliert (vgl. Abschnitt 2.3), die als Leitlinien des Managements dienen können. Sorgfältiges strategisches bzw. operatives, d.h. lang- bzw. kurzfristiges, Management ist für ein Unternehmen von existenzieller Bedeutung.

---

12 In dieser kurzen Geschichte schneidet der Manager schlechter ab als der Ingenieur – vermutlich stammt die Anekdote aus Ingenieurkreisen.

2.1 Begriffsbestimmungen

Im Arbeitsalltag und bei der Planung unternehmerischer Aufgaben steht das Management vor der Herausforderung, zwischen der Bedeutung einzelner Aufgaben und dem Zeitdruck, der mit der Erledigung dieser Aufgaben verbunden ist, zu differenzieren. Häufig geschieht es, dass man Aufgaben mit hoher Dringlichkeit für wichtig hält. Nüchtern betrachtet handelt es sich dabei oft um eilige Angelegenheiten, die dem Unternehmer Stress verursachen, die aber keinen entscheidenden Einfluss auf den Erfolg des Unternehmens haben. Es besteht die Gefahr, sich in diesen Dingen zu „verzetteln" und keine Zeit mehr für die zentralen Aspekte der Unternehmensführung zu haben. Dieser Zusammenhang wird auch als das *Greshamsche Gesetz der Planung* bezeichnet: Es bringt zum Ausdruck, *„dass die unwichtigeren, aber scheinbar drängenden Planungsaufgaben die wichtigeren, aber scheinbar aufschiebbaren Planungsaufgaben im geschäftlichen Alltag verdrängen, so dass letzteren auf Dauer keine angemessene Behandlung zuteil wird"* (vgl. Link (1988), S. 106).

Abbildung 5 verdeutlicht diesen Zusammenhang: Aus den beiden Dimensionen „Aufgabenbedeutung" und „Zeitdruck" lässt sich eine 4-Felder-Matrix aufspannen. Aufgaben mit geringer Bedeutung und wenig Zeitdruck sind unkritisch und werden deshalb als „peanuts"[13] bezeichnet.

Aufgaben mit großer Bedeutung und geringem Zeitdruck haben strategischen Charakter. Stehen Aufgaben geringer Bedeutung unter großem Zeitdruck, spricht man von operativen Aufgaben. Wirklich gefährlich für ein Unternehmen sind Aufgaben mit hoher Bedeutung, die unter großem Zeitdruck stehen – diese sind als Krisen einzustufen.

---

13 Diese Verwendung des Wortes „peanuts" stammt aus dem Jahr 1988. Sechs Jahre später nutzte Hilmar Kopper diesen Begriff auf einer Pressekonferenz, um eine Schadenssumme (immerhin ca. 50 Millionen DM), die Handwerkern im Zusammenhang mit der Immobilien-Affäre um Jürgen Schneider entstanden war, zu bewerten.

Abbildung 5: Greshamsches Gesetz der Planung (in Anlehnung an Link (1988), S. 106)

		Aufgabenbedeutung	
		gering	groß
Zeit-druck	klein	„peanuts"	Strategische Aufgaben
	groß	Operative Aufgaben	Krisen

So klar dieses Raster ist, so schwer ist es für einen Unternehmer im Kulturbetrieb, einzelne Aufgaben hinsichtlich Bedeutung und Zeitdruck einzuordnen und sich genügend Freiraum für die Bearbeitung strategischer Aufgaben zu schaffen.

Zu den strategischen Aufgaben zählt Link diejenigen, bei denen viel Geld auf dem Spiel steht und/oder das Unternehmen viel Wohlwollen („Goodwill") der Stakeholder[14] (z.B. bei Mitarbeitern, Lieferanten, Kunden oder in der Öffentlichkeit) verlieren könnte.

Eine wesentliche Herausforderung eines Unternehmers ist darin zu sehen, ein ausgewogenes Verhältnis der Bewältigung operativer und strategischer Aufgaben zu erreichen.

Ein Existenzgründer, für den alle unternehmerischen Aufgaben neu sind, hat möglicherweise anfänglich wegen eines Mangels an Erfahrung zusätzliche Schwierigkeiten bei der Einstufung seiner Aufgaben. Viele (junge) Kulturunternehmer arbeiten extrem hart und aufopferungsvoll, die Grenzen zwischen Arbeits- und Freizeit verwischen. Eventuell lohnt es sich, einmal ein wenig Abstand von seiner Arbeit zu gewinnen und darüber nachzudenken, welches operative und welches strategische Aufgaben sind, um den Arbeitsablauf zu beeinflussen und sich möglicherweise einige kleine Freiräume zu schaffen.

---

14 Vgl. hierzu Abschnitt 2.8.

2.1 Begriffsbestimmungen

2.1.6 Betrieblicher Umsatzprozess

Wie gestaltet sich der betriebliche Umsatzprozess? Im Zeitraffer kann man sich diesen Prozess in sieben Schritten vorstellen (vgl. Abb. 6, in Anlehnung an Thommen/ Achleitner (2009), S. 46). Dieser Prozess gilt in gleicher Weise für klassisch gewinnorientierte, physische Güter und Dienstleistungen anbietende Unternehmen sowie für alle Kulturunternehmen. Klein- oder Kleinstunternehmen stehen möglicherweise vor der besonderen Herausforderung bei der Beschaffung finanzieller Mittel (Eigen- oder Fremdkapital), da möglicherweise nicht ausreichend hohe persönliche Sicherheiten zur Verfügung stehen.

Abbildung 6: Betrieblicher Umsatzprozess

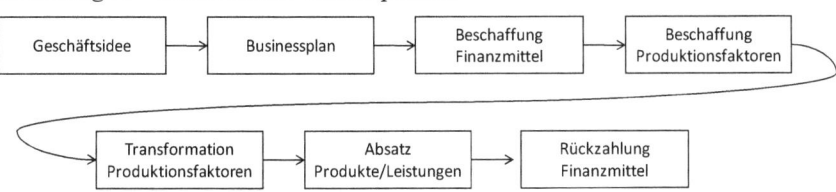

Die Geschäftsidee des Einzelgründers oder des Gründerteams wird zunächst in einem Businessplan ausgearbeitet. Mit diesem als Grundlage wird Eigenkapital bei Personen eingeworben, die sich unter Inkaufnahme des Risikos eines Totalverlustes an der Gründung beteiligen möchten, und Fremdkapital (z.B. Kredite) bei Banken aufgenommen, die sich nach einer kritischen Inaugenscheinnahme des Geschäftsplans von der Tragfähigkeit des Konzeptes überzeugt haben. Mit den akquirierten Finanzmitteln werden alle benötigten Produktionsfaktoren beschafft. Abhängig von der Art der herzustellenden Güter oder Dienstleistungen zählen dazu materielle Faktoren wie z.B. Gebäude, Maschinen, Büroausstattung, Rohstoffe, Computer und immaterielle Faktoren wie beispielsweise Fachwissen oder kreatives Potenzial, das u.a. über qualifiziertes Personal oder Lizenzen erworben werden kann. In dieser Phase müssen alle Schritte abgearbeitet werden, die notwendig sind, um die eigentliche Geschäftstätigkeit aufnehmen zu können und zu dürfen. Bei einer Existenzgründung zählen dazu auch formal-juristische Aspekte wie die Wahl der Rechtsform, erforderlichenfalls die Einholung von Genehmigungen und eine Eintragung ins Handelsregister. Daran schließt sich der Einsatz der Produktionsfaktoren an, d.h. der geordnete Betrieb des Unternehmens wird aufgenommen. Falls das Unternehmen physische Produkte anbieten möchte, werden diese hergestellt. Plant das Unternehmen, Dienstleistungen anzubieten, werden die Angebote soweit entwickelt und vorbereitet, dass das Unternehmen die Kundenwünsche angemessen bedienen kann. Im Anschluss daran werden die erzeugten Güter und Dienstleistungen abgesetzt. Dies erfordert umfangreiche Vertriebs- und Marketingtätigkeiten, die auf dem Businessplan basieren und bereits parallel zur vorherigen Phase der Kombination der Produktionsfaktoren vorbereitet werden können. Aus den Verkaufserlösen werden schließlich Zinsen gezahlt, Kredite getilgt, neue Werkstoffe gekauft und der Lebensunterhalt der Gründer bestritten.

2.1.7 Problemlösungsprozess des Unternehmens

In der Betriebswirtschaftslehre hat sich ein allgemeingültiger Problemlösungsprozess etabliert, der sich auf viele Fragestellungen junger Kulturunternehmen anwenden lässt und dessen Kenntnis notwendig ist, um ein Verständnis für unternehmerisches Denken und Handeln zu entwickeln.

Dieser Prozess ist in sechs Schritte gegliedert (in Anlehnung an Thommen/Achleitner (2009), S. 48ff.) und soll hier mit dem Beispiel der Aufnahme einer selbständigen unternehmerischen Tätigkeit im Kulturbetrieb, der Eröffnung einer Galerie, unterlegt werden:

1. *Analyse der Ausgangslage:* Vor dem Hintergrund der ersten groben Geschäftsidee des zu gründenden Unternehmens – in unserem Fall einer Galerie – wird die Ausgangssituation betrachtet. Einerseits werden die eigenen Potenziale und Möglichkeiten geprüft und bewertet, andererseits wird das Marktumfeld der Galerie untersucht. Um diesen Schritt umzusetzen, kann eine SWOT-Analyse durchgeführt werden, die in Kapitel 2.6.3 vorgestellt wird. Die Analyse der Ausgangslage unterteilt sich in drei Phasen:

    a. Im Rahmen der *Problemerkennung* gilt es, eine Diskrepanz zwischen dem gegenwärtigen und dem gewünschten Zustand zu ermitteln, d.h. konkret herauszufinden, ob überhaupt eine Nachfrage nach den Produkten oder Dienstleistungen besteht oder generiert werden kann, die vom Unternehmen angeboten werden sollen. Die Beantwortung dieser Frage erscheint einfacher als sie in Wirklichkeit ist. Man sollte sich dabei nicht nur auf seine Intuition und subjektive Bewertung verlassen, sondern evtl. erste Gespräche mit potenziellen Kunden und Branchenexperten führen. Für das Beispiel der Galerieeröffnung wäre also zunächst generell die Nachfrage zu ermitteln. Hierzu wäre die Befragung potenzieller Kunden und Kenner der Szene sinnvoll und empfehlenswert.

    b. Die folgende Phase der *Problembeschreibung und -analyse* dokumentiert die Art des Problems, die Ursachen und Einflussfaktoren. Es könnte z.B.

2.1 Begriffsbestimmungen

festgestellt werden, dass in der betrachteten Region ein bestimmtes Angebot fehlt, es bis dato in dem Einzugsgebiet z.b. keine Galerie für moderne Kunst gibt. Bei der Analyse des Problems wird versucht zu klären, aus welchen Gründen dies der Fall ist und welche Faktoren Einfluss auf den Erfolg des jungen Unternehmens haben – etwa die Bevölkerungsdichte der Region, die Alters- und Einkommensstruktur, das Freizeitverhalten der Menschen etc. Wichtig ist ebenfalls, sich frühzeitig über die Struktur und das Ausmaß des Wettbewerbs bewusst zu werden.

c. In der Phase der *Problembeurteilung* muss geklärt werden, ob das Problem gelöst werden soll, ob also die Galerie gegründet werden soll, um die Angebotslücke zu schließen. Es ist zu klären, in welchem Verhältnis Aufwand und Ertrag zueinander stehen. Lohnt es sich, ein unternehmerisches Risiko zur Umsetzung der Geschäftsidee einzugehen? Sind das Leistungspotenzial der Galerie und das Marktpotenzial ausreichend?

2. *Festlegung der Ziele*: Die gründliche Analyse der Ausgangslage ist wichtig, um die Ziele des Unternehmens abstecken zu können. Wer nicht weiß, wo er eine „Reise" beginnt, kann auch seine Ziele nicht sinnvoll festlegen. Es ist also wichtig, die Voraussetzungen eines Gründungsvorhabens zu bestimmen, um den zeitlichen und finanziellen Aufwand ermitteln und abzuschätzen zu können, ob es realistisch ist, die gesetzten Ziele zu erreichen. Ebenfalls bedeutsam ist es zu wissen, ob es Wettbewerber gibt, die das gleiche Ziel verfolgen und wo diese sich ggf. befinden – eine Existenzgründung kann durchaus mit einer Gipfelbesteigung verglichen werden, bei der die Ehre bzw. die Marktanteile und Gewinne auf den Pionier entfallen.

Auf Basis der analysierten Ausgangslage werden die Ziele des Unternehmens festgelegt, die als Leitlinien zur Steuerung des betrieblichen Handelns dienen. In der Regel wird sich ein mehrdimensionales Zielsystem herauskristallisieren. Die Ziele sollten einerseits langfristigen Charakter im Sinne einer Vision haben – diese übergeordneten Ziele sind abstrakt und allgemein gefasst. Andererseits benötigt das Unternehmen konkrete operative Ziele, die das kurzfristige Handeln des Unternehmens betreffen (zu den Zielen von Unternehmen vgl. Abschnitt 2.3). Insbesondere bei Kulturunternehmen sind neben den persönlichen und betriebswirtschaftlichen Zielen künstlerisch-inhaltliche zu berücksichtigen, die zusammen ein Zielsystem bilden. Zu den Zielen der Galerie könnte z.B. langfristig zählen, jungen unbekannten Künstlern Ausstellungsmöglichkeiten zu bieten, einen Stamm gut situierter Kunden aufzubauen und ein gesichertes Einkommen zu erwirtschaften. Kurzfristig könnte der Galerist anstreben, mit spektakulären Ausstellungen und Aktionen auf die Galerie aufmerksam zu machen und Interesse bei vielen Menschen zu wecken.

3. *Festlegung der Maßnahmen*: Aus einer Menge an Handlungsoptionen werden im dritten Schritt die Maßnahmen mit dem höchsten Zielerreichungsgrad ausgewählt. Hier könnte es z.b. um die Festlegung der Art der Kunst gehen, die in der in Gründung befindlichen Galerie angeboten werden soll, um die Größe und Lage der Galerie und um erste Ausstellungskonzepte. Außerdem kann überlegt werden, ob neben der Präsentation von Kunst noch weitere Leistungen (Lesungen, Vorträge, Reisen) und Produkte, die für das kunstaffine Publikum interessant sein könnten, angeboten werden sollen, um ein weiteres Standbein zur Sicherung der Existenz zu schaffen.

4. *Festlegung der Mittel*: Dieser Schritt befasst sich vor allem mit der Ermittlung der finanziellen und personellen Ressourcen, die eingesetzt werden müssen, um die zuvor geplanten Maßnahmen umzusetzen. Welche Geldmittel und wie viel Personal sind notwendig, um die Galerie wie geplant zu etablieren?

5. *Durchführung*: Die konkrete Umsetzung der Maßnahmen folgt zu Recht erst im fünften Schritt. Sorgfältige Planung ist eine wichtige Voraussetzung für Erfolg. In diesem Schritt würde man also das konkrete Gründungsvorhaben der Galerieeröffnung in die Tat umsetzen.

6. *Evaluierung der Ergebnisse*: Abschließend wird das Erreichte betrachtet. Wie fallen die Ergebnisse in Relation zu den Planungen aus? Hierzu kann ein Soll-Ist-Vergleich vorgenommen werden. Falls es Abweichungen gibt, ist zu analysieren, worin diese begründet sind. Eventuell sind Rückkopplungen zu vorangegangenen Schritten und die wiederholte veränderte Bearbeitung einzelner Tätigkeiten erforderlich. Wie erfolgreich arbeitet die Galerie? Wie zufrieden sind die Kunden? Stimmen die Erträge der Galerie oder sollten Veränderungen am wirtschaftlichen und/oder künstlerischen Konzept der Galerie vorgenommen werden? Allerdings ist zu beachten, dass der Erfolg einer Existenzgründung erst mit zeitlicher Verzögerung bewertet werden kann. Es dauert also eine gewisse Zeit, bis sich definitive Aussagen über den Erfolg treffen lassen. Finanzielle Planungen sind so zu gestalten, dass die Startphase des Unternehmens, in der sich das Geschäft noch nicht trägt, überbrückt werden kann. Die Dauer dieser Frist ist schwer abzuschätzen, sollte in der Regel aber zwei bis drei Jahre nicht überschreiten.

2.1.8 Steuerungsfunktionen des Unternehmens

> „Man sollte die Dinge so nehmen, wie sie kommen. Aber man sollte dafür sorgen, dass die Dinge so kommen, wie man sie nehmen möchte."[15]

Dieses Zitat veranschaulicht, dass gutes Management eine gründliche Vorbereitung erfordert. Um dies zu gewährleisten, sind für die bestmögliche Durchführung der einzelnen Schritte des Problemlösungsprozesses jeweils spezielle Steuerungsfunktionen nötig (vgl. Thommen/Achleitner (2009), S. 50f.):

- *Planung*: Jeder einzelne Schritt von der Analyse der Ausgangslage bis zur Evaluierung der Ergebnisse muss genau geplant werden. Wie können die Aufgaben im Team verteilt werden, bis wann sollen die Alternativen ausgearbeitet sein, wo liegen die Schwerpunkte, welche Hilfsmittel sollen zur Umsetzung genutzt werden? Es sind jeweils unterschiedliche Alternativen mit einer Abschätzung von Aufwand und Nutzen aufzustellen. *„Planung ist das Entwerfen einer Ordnung, in deren Rahmen sich zielgerichtet Prozesse vollziehen sollen. Im Hinblick auf das Unternehmensziel beinhaltet das regelmäßig die Festlegung von Subzielen, ähnlich den Stufen einer Treppe, die nach oben führt"* (De (2005), S. 197).

- *Entscheidung*: In jedem Prozessschritt wird die Alternative ausgewählt, die am besten geeignet erscheint, einen hohen Zielerreichungsgrad mit einem angemessenen Aufwand zu erreichen.

- *Aufgabenübertragung*: Mit Ausnahme des Ein-Mann-Unternehmens im Kulturbetrieb, in dem sich der Existenzgründer um alle Aufgaben selbst kümmert[16], sind Unternehmen soziale Gefüge, in denen mehrere Personen zusammenarbeiten. Dementsprechend sind die Aufgaben auf die Mitarbeiter zu übertragen.

- *Kontrolle*: Jeder einzelne Schritt des Problemlösungsprozesses ist dahingehend zu prüfen, ob das gewünschte Ziel erreicht wurde. Gegebenenfalls sind Veränderungen vorzunehmen und Schritte zu wiederholen.

---

15 Curt Goetz (1888-1960), deutscher Schauspieler und Schriftsteller, vgl. Bundesministerium für Wirtschaft und Arbeit (2004), S. 10.
16 Und selbst ein Mikrounternehmer beschäftigt eventuell freie Mitarbeiter oder hat feste Kooperationspartner.

2.2 Rechtsformen

Im Anschluss an die Begriffsbestimmungen des vorangegangenen Abschnitts werden in diesem Kapitel die wichtigsten Rechtsformen vorgestellt, die für Existenzgründungen im Kulturbetrieb relevant sind.

Bei der Gründung eines Unternehmens müssen sich die Jungunternehmer für eine Rechtsform entscheiden. Unsere Rechtsordnung stellt eine Reihe von Rechtsformen für Unternehmen bereit (vgl. z.B. Wöhe/Döring (2008), S. 221ff.), die auch für Kulturunternehmen geeignet sind. Die Rechtsform eines Unternehmens gibt die innere Ordnung vor, d.h. sie regelt im Innenverhältnis die Beziehungen der Gesellschafter und bestimmt im Außenverhältnis die rechtlichen Beziehungen zur Umwelt. Den gesetzlichen Rahmen bilden u.a. das Bürgerliche Gesetzbuch (BGB), das Handelsgesetzbuch (HGB), das Aktiengesetz (AktG) und das Gesetz betreffend die Gesellschaften mit beschränkter Haftung (GmbHG).

Dem Gründer obliegt die Entscheidung, nach betriebswirtschaftlichen, steuerlichen und weiteren Kriterien eine Rechtsform für das zu gründende Unternehmen zu wählen. Jede Rechtsform weist spezielle Vor- und Nachteile bzw. Stärken und Schwächen auf. Pauschal lässt sich kein Urteil darüber fällen, welche Rechtsform am besten für eine Existenzgründung im Kulturbetrieb geeignet ist. Es kommt jeweils auf die besonderen Umstände der Gründung an.

Existenzgründer der Kreativ- und Kulturwirtschaft sollten einige Kriterien berücksichtigen, welche die Wahl einer geeigneten Rechtsform erleichtern können:

- Regelung der Haftung, d.h. Klärung, ob mit dem gesamten Privat- oder nur mit dem Gesellschaftsvermögen gehaftet werden soll,
- Umfang des benötigten Eigenkapitals bei der Gründung,
- Möglichkeiten der Kapitalbeschaffung bzw. der Finanzierung des Vorhabens,
- Leitungs- und Kontrollbefugnisse,
- Anzahl der Gründer bzw. der Gesellschafter,
- Veröffentlichungs- und Prüfungspflichten,
- Steuerbelastung des Unternehmens,
- Flexibilität bei der Übertragung von Kapitalanteilen bzw. der Änderung der Gesellschafterverhältnisse.

Private und öffentliche Betriebe haben unterschiedliche, den jeweiligen Anforderungen entsprechende Rechtsformen. Bei den Rechtsformen privater Unternehmen, die hier ausschließlich betrachtet werden, lassen sich grundsätzlich die *Einzelunternehmung* (gleichbedeutend wird der Begriff *Einzelunternehmen* verwendet), *Per-*

2.2 Rechtsformen

sonen- und *Kapitalgesellschaften* unterscheiden (vgl. Abb. 7). Genossenschaften und Versicherungsvereine auf Gegenseitigkeit, die ebenfalls zu den Rechtsformen privater Betriebe zählen, werden nicht berücksichtigt.

Abbildung 7: Rechtsformen privater Unternehmen

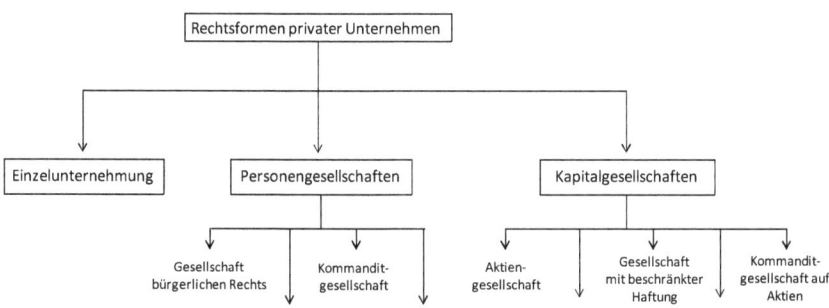

Ein wesentliches Unterscheidungsmerkmal stellt der Haftungsumfang gegenüber Gläubigern dar: Bei Einzelunternehmen und Personengesellschaften haften die Inhaber persönlich mit ihrem Privatvermögen, bei Kapitalgesellschaften ist die Haftung auf das Gesellschaftsvermögen des Unternehmens begrenzt.

Viele Existenzgründer wählen die Rechtsform der Einzelunternehmung, dabei liegen Leitungs-, Überwachungs- und Kontrollfunktionen direkt in der Hand des Gründers.

Im Gegensatz dazu schließen sich bei den Personengesellschaften mehrere Eigenkapitalgeber zu einer Gesellschaft zusammen. Zu den Personengesellschaften zählen die Gesellschaft bürgerlichen Rechts (GbR), die Offene Handelsgesellschaft (OHG), die Kommanditgesellschaft (KG) und die „stille" Gesellschaft.

Bei den Kapitalgesellschaften sind z.B. die Aktiengesellschaft (AG), die Europäische Gesellschaft, die Gesellschaft mit beschränkter Haftung (GmbH), die Unternehmergesellschaft (UG), die im Rahmen der Modernisierung des GmbH-Rechts als eine Alternative zur britischen Limited (Ltd.[17]) zum 1. November 2008 eingeführt wurde, und die Kommanditgesellschaft auf Aktien zu nennen.

---

17 Informationen zur internationalen Rechtsform der Limited und ein Vergleich mit einer GmbH findet sich bei Volkmann/Tokarski (2006), S. 178ff.

34   2. Grundlagen und Handwerkszeug einer erfolgreichen Existenzgründung

Eine empirische Studie privatwirtschaftlich organisierter Kulturunternehmen aus dem Jahr 2007 kommt zu dem Ergebnis, das 43% der befragten Kulturunternehmen als Einzelunternehmen und 41% als Gesellschaft bürgerlichen Rechts organisiert sind (vgl. Mandel (2007), S. 66).

Im Folgenden werden die wichtigsten Rechtsformen kurz vorgestellt (vgl. hierzu Wöhe/Döring (2008), S. 221ff.; Thommen/Achleitner (2009), S. 78ff.).

Die Wahl der Rechtsform sollte vor der Gründung des Unternehmens unbedingt mit einem Steuerberater und/oder einem Rechtsanwalt abgestimmt werden[18].

2.2.1 Einzelunternehmung

Die *Einzelunternehmung*, deren rechtliche Grundlagen in den §§ 1-104 HGB geregelt sind, wird von einer Person gegründet. Das Vermögen der Unternehmung steht dieser Person zu. Der Inhaber eines Einzelunternehmens ist Eigentümer bzw. Unternehmer. Er führt das Unternehmen eigenverantwortlich und selbständig. Eine bestimmte Mindestkapitalausstattung bei der Gründung ist nicht erforderlich. Die Fähigkeit, Kapital für das Unternehmen zu beschaffen, ist abhängig vom Privatvermögen des Gründers und seiner Kreditwürdigkeit. Dem Einzelunternehmer stehen die Gewinne voll zu, er haftet aber auch unbegrenzt mit seinem Geschäfts- und Privatvermögen. Die Gründung erfolgt formlos, Publizitäts- und Prüfungspflichten des Jahresabschlusses bestehen nicht. Viele Galerien, Verlage, Kulturveranstaltungs- und Künstleragenturen werden als Einzelunternehmen geführt (vgl. Zimmermann (2006), S. 28).

2.2.2 Personengesellschaften

Aus den unterschiedlichen Rechtsformen der Personengesellschaften werden in diesem Abschnitt die Gesellschaft bürgerlichen Rechts, die offene Handelsgesellschaft, die Kommanditgesellschaft und die stille Gesellschaft vorgestellt, die als Rechtsformen für Existenzgründer im Kulturbetrieb interessant sind.

Eine *Gesellschaft bürgerlichen Rechts* (GbR) ist eine vertragliche Vereinigung mindestens zweier Personen, die vereinbarte Beiträge, d.h. Geld- oder Sachleistungen erbringen, um gemeinsame Ziele zu fördern. Rechtsgrundlage sind die §§ 705ff. BGB. Es ist kein Mindestkapital zur Gründung vorgeschrieben. Die Finanzierung der GbR ist limitiert durch das Vermögen und die Kreditwürdigkeit der Eigentümer des Unternehmens. Die Gründung ist formlos möglich. Die Ausübung eines Handelsgewerbes ist *nicht* Gegenstand der GbR. Die Geschäftsführung steht den Gesellschaftern gemeinschaftlich zu. Die Gesellschafter haben das

---
18   Hinweise zu relevanten rechtlichen Aspekten und zu Beratungsstellen finden sich im Abschnitt 5.1 (Rechtsplattform „startothek/Gründungsstarter").

2.2 Rechtsformen

Recht auf gleiche Gewinnanteile, haften aber auch unbeschränkt mit dem Firmen- und Privatvermögen. Die Leitung des Unternehmens obliegt allen Gesellschaftern gemeinsam, im Gesellschaftervertrag können abweichende Regelungen getroffen werden. Es gibt keine Publizitäts- und Prüfungsvorschriften für diese Unternehmensform. Die GbR ist eine typische Rechtsform für kleine Werbeagenturen.

Die *Offene Handelsgesellschaft* (OHG) ist ein Handelsbetrieb, der von mindestens zwei Personen gegründet wird. Ein Eintrag des Unternehmens ins Handelsregister ist zwingend vorgeschrieben. Eine bestimmte Kapitalausstattung bei der Gründung ist nicht erforderlich. Die Finanzierungsmöglichkeiten sind besser als die eines Einzelunternehmens, da bei der OHG mehrere Vollhafter an der Gesellschaft beteiligt sind, die Kapital einbringen können. Alle Gesellschafter haften unbeschränkt mit ihrem Geschäfts- & Privatvermögen. Zur Führung der Geschäfte der OHG sind gesetzlich alle Gesellschafter berechtigt. Allerdings kann im Gesellschaftsvertrag die Geschäftsführungsbefugnis z.B. auf ein bestimmtes Aufgabengebiet beschränkt oder ganz aufgehoben werden. Die rechtliche Grundlage bilden die §§ 105-160 HGB. Kunsthandlungen, Antiquariate und Verlage sind z.T. in der Rechtsform der OHG organisiert.

Eine *Kommanditgesellschaft* (KG) nach §§ 161-177 HGB ist eine Personengesellschaft zum Betrieb eines Handelsgewerbes, gegründet von mindestens zwei Personen: Dem Komplementär, der unbeschränkt haftet, und dem Kommanditisten, dessen Haftung auf seine Einlage, also das Kapital, das er in die Unternehmung eingebracht hat, beschränkt ist. Es handelt sich bei der KG um eine Sonderform der OHG, da die Haftung der Gesellschafter unterschiedlich ausgestaltet ist. Die Kommanditisten beteiligen sich nur entsprechend ihrer Einlage an Gewinn und Verlust des Unternehmens. Die Geschäftsführung liegt bei einem oder mehreren Komplementär(en). Generell gilt als zugrunde liegendes Prinzip, dass die Personen, die mit ihrem Privatvermögen haften, auch die Leitungsfunktion im Unternehmen inne haben. Ein hohes Maß an Verantwortung ist an umfangreiche Entscheidungsbefugnisse gekoppelt. Die Kommanditisten haben ein Kontrollrecht. Eine bestimmte Kapitalausstattung bei der Gründung ist nicht erforderlich. Für die Komplementäre gelten die gleichen Vorschriften wie für die Gründer einer OHG. Viele Verlage und Kunsthandlungen sind in der Rechtsform einer Kommanditgesellschaft tätig.

Die *stille Gesellschaft* wird in den §§ 230-237 HGB geregelt. Die Bezeichnung dieser Rechtsform leitet sich aus der Tatsache ab, dass der stille Gesellschafter nicht nach außen in Erscheinung tritt. Er ist üblicherweise von der Leitung des Unternehmens ausgeschlossen und verfügt über beschränkte Kontrollrechte. Seine Kapitaleinlage geht in das Vermögen des Unternehmers über. Wird eine stille

Gesellschaft insolvent, so wird der stille Gesellschafter zum Insolvenzgläubiger des Unternehmens. Vorschriften für eine Mindesteigenkapitalausstattung bestehen nicht. Die Finanzierungsmöglichkeiten der stillen Gesellschaft sind besser als die einer Einzelunternehmung, da der stille Gesellschafter zusätzliches Kapital in das Unternehmen einbringt. Die Gewinn- bzw. Verlustbeteiligung wird üblicherweise im Gesellschaftervertrag geregelt. Besondere Publizitäts- und Prüfungsvorschriften existieren nicht.

2.2.3 Kapitalgesellschaften

Von den Rechtsformen der Kapitalgesellschaften werden im Folgenden die Gesellschaft mit beschränkter Haftung (GmbH), die Unternehmergesellschaft (UG) und die Aktiengesellschaft (AG) skizziert.

Die *Gesellschaft mit beschränkter Haftung* (GmbH) ist eine juristische Person, deren Gesellschafter (einer oder mehrere) mit Stammeinlagen von mindestens 100 € am Stammkapital von mindestens 25.000 € beteiligt sind. Mindestens die Hälfte des Stammkapitals muss bei der Unternehmensgründung eingezahlt werden. Die Rechtsgrundlage bildet das GmbH-Gesetz. Die Leitungsfunktion liegt beim Geschäftsführer der GmbH, der den Weisungen der Gesellschafterversammlung unterliegt. Die Gesellschafterversammlung ist damit das beschließende Organ des Unternehmens. Der Geschäftsführer kann zugleich Gesellschafter des Unternehmens sein. Gewinne und Verluste des Unternehmens werden gemäß des Gesellschaftervertrages oder, falls hier keine Regelung getroffen wurde, im Verhältnis der Stammeinlagen auf die Gesellschafter verteilt. Ein Vorteil der GmbH liegt in der Tatsache, dass sich die Haftung auf das Gesellschaftsvermögen bzw. die Eigenkapitaleinlage beschränkt. Damit verbunden ist allerdings der Nachteil, dass sich die Akquisition von Fremdkapital als schwierig erweisen kann und Gläubiger eventuell weitere Sicherheiten der Gesellschafter verlangen.

Viele Verlage, Musicals und Theater sind in der Rechtsform der GmbH organisiert, wie z.B. die S. Fischer Verlag GmbH, die Springer Fachmedien München GmbH oder die Schmidts TIVOLI GmbH in Hamburg.

Seit dem 01. November 2008 gibt es eine Einstiegsvariante der GmbH für Gründer mit geringem Eigenkapital – die *Unternehmergesellschaft* (UG haftungsbeschränkt), die auch als „Mini-„ oder „1-Euro-GmbH" bezeichnet wird. Im Rahmen der Modernisierung des GmbH-Rechts wurde diese Rechtsform geschaffen, um das Abwandern gründungswilliger Personen aus Deutschland nach Großbritannien möglichst zu verhindern. Dort haben viele Existenzgründer ihre Unternehmen in der Rechtsform der Limited (Ltd.) registrieren lassen. Der Charme der neuen Rechtsform gegenüber einer regulären GmbH basiert auf Gründungserleichterungen bei gleichzeitig begrenzter Haftung des Unternehmers. Die Unternehmergesellschaft kann mit einem Stammkapital von 1 € gegründet werden. Aus den jährlichen Gewinnen, die das Unternehmen erwirtschaftet, müssen Rückstellungen in Höhe von 25% gebildet werden, bis das Stammkapital einer GmbH (25.000 €) erreicht wird. Dann kann eine Umwandlung in eine klassische GmbH vorgenommen werden.

Die *Aktiengesellschaft* (AG) ist eine juristische Person. Die Gründung kann von einem Gesellschafter vorgenommen werden. Die rechtlichen Grundlagen sind im Aktiengesetz (AktG) zusammengefasst. Die Gesellschafter sind an der AG mit Einlagen auf das in Aktien zergliederte Grundkapital beteiligt, ohne persönlich für Verbindlichkeiten der Gesellschaft zu haften. Das Grundkapital muss zu Beginn mindestens 50.000 € betragen. Aufgrund der einfachen Veräußerbarkeit der Anteile sind Änderungen in den Eigentümerverhältnissen des Unternehmens jederzeit möglich.

Bei der AG unterscheidet man drei Organe:

- Der *Vorstand* leitet das Unternehmen.
- Der *Aufsichtsrat* bestellt und überwacht den Vorstand.
- In der *Hauptversammlung* werden die grundlegenden Entscheidungen der Gesellschaft getroffen.

Nach der Vorstellung wichtiger Rechtsformen privater Betriebe, die für eine Existenzgründung in der Kulturwirtschaft in Frage kommen, wird im folgenden Abschnitt auf Unternehmensziele eingegangen.

2.3 Ziele von Kulturunternehmen

In der Betriebswirtschaftslehre lassen sich Unternehmensziele definieren als *„Maßstäbe, an denen unternehmerisches Handeln gemessen werden kann"* (Wöhe/ Döring (2008), S. 74). Ziele sind notwendig, um die optimale Handlungsalternative identifizieren zu können. Sind die Ziele eines Kulturunternehmens nicht präzise formuliert, ist das Unternehmen orientierungslos und kann nicht erfolgreich geführt werden.

Drei Zitate mögen veranschaulichen, warum es so wichtig ist, sich mit Zielen im Allgemeinen und mit Unternehmenszielen im Speziellen auseinander zu setzen:

- *„Wer den Hafen nicht kennt, in den er segeln möchte, für den ist kein Wind der richtige"*[19]. Wenn der Zielhafen unbekannt ist, helfen auch die besten

---

19 Seneca – römischer Philosoph und Schriftsteller, etwa 1-65 n. Chr.

Wetterbedingungen und Navigationsmittel wie Sextant, Kompass oder GPS Satellitennavigationssystem nicht bei der Planung und Durchführung einer Seereise. Ohne Ziel lässt sich kein Kurs abstecken. Zugleich muss der Ausgangspunkt der Reise bekannt sein. Der Unternehmer muss also sowohl die Ausgangsposition bzw. -situation des Unternehmens kennen als auch genau wissen, welche Ziele er mit dem Unternehmen anstrebt.

- *„Der Langsamste, der sein Ziel nicht aus den Augen verliert, geht noch immer geschwinder als jener, der ohne Ziel umherirrt"*[20]. Dieses Zitat verdeutlicht, dass es sinnvoll ist, erst einmal seine Ziele abzustecken und dann zielstrebig zu agieren. Der vermeintliche Vorsprung eines unüberlegt Handelnden ist schnell wieder aufgeholt.

- *„Wenn du ein Schiff bauen willst, so trommle nicht Männer zusammen, um Holz zu beschaffen, Werkzeuge vorzubereiten, Aufgaben zu vergeben und die Arbeit einzuteilen, sondern lehre die Männer die Sehnsucht nach dem weiten, endlosen Meer!"*[21]. Nicht nur der Inhalt eines Ziels, auch die Formulierung und das Vertreten des Ziels z.B. gegenüber den Mitarbeitern – im Sinne einer Vision – können den Grundstein für den Erfolg des Unternehmens legen. Die Formulierung von Zielen kann einen stark motivierenden Charakter haben.

Die meisten Unternehmen verfolgen eine Reihe von Zielen, die in einem Zielsystem abgebildet werden. Dabei ist es möglich, dass sich die Ziele wechselseitig beeinflussen und es zu Zielkonflikten kommt, z.B. wenn ein Unternehmen anstrebt, die Qualität der angebotenen Produkte oder Dienstleistungen zu erhöhen und gleichzeitig die Kosten zu senken – eine Erhöhung der Angebotsqualität dürfte vermutlich zu steigenden Kosten führen.

Daher ist es wichtig, sich zunächst über die Beziehungen zwischen den Zielen klar zu werden. Es sind komplementäre, konkurrierende und indifferente Ziele zu unterscheiden (vgl. Wöhe/Döring (2008), S. 79 und Abb. 8):

1. *Komplementäre Ziele* beeinflussen sich in ihrer Wirkung wechselseitig positiv. Zum Beispiel könnten für ein Theater die Ziele „Verbesserung der Auslastung des Theaters", „Steigerung der Erlöse aus dem Verkauf von Eintrittskarten" und „Intensivierung der Wahrnehmung des Theaters in der Öffentlichkeit" als komplementäre Ziele einzustufen sein: Steigende Besucherzahlen führen zu Umsatzwachstum aus dem Verkauf von Tickets und sorgen dafür, dass das Theater von mehr Menschen wahrgenommen wird.

---

20 Dieses Zitat wird Gotthold Ephraim Lessing (1729-81) zugeschrieben.
21 Antoine de Saint-Exupéry, französischer Schriftsteller (1900-1944).

2.3 Ziele von Kulturunternehmen

2. *Konkurrierende Ziele* liegen vor, wenn sie konträre Wirkung haben. So stehen beispielsweise die Ziele, die Kosten eines Plattenlabels zu senken und die Bekanntheit zu steigern – was vermutlich den Einsatz eines erhöhten Marketingbudgets erfordern würde – zueinander in Konkurrenz.
3. *Indifferente Ziele* sind voneinander unabhängig, sie beeinflussen sich also weder positiv noch negativ. Indifferent sind z.b. die Ziele, Umweltbelastungen durch die Tätigkeit eines Verlages (z.b. durch die sorgfältige Auswahl von Papierlieferanten) zu verringern und den Marktanteil der verlegten Bücher zu erhöhen.

Abbildung 8: Komplementäre, konkurrierende und indifferente Zielbeziehungen (in Anlehnung an Wöhe/Döring (2008), S. 79)

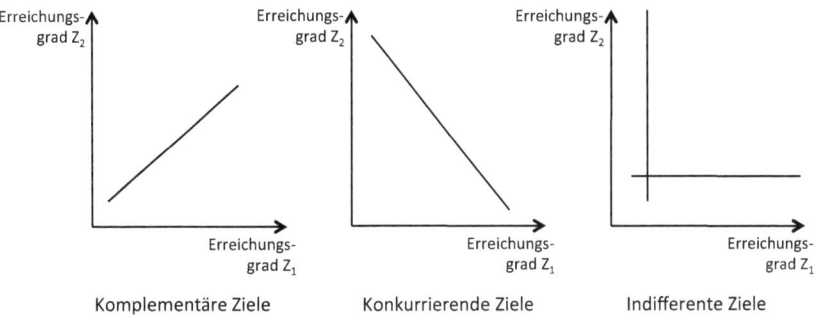

Verfolgt ein Unternehmen konkurrierende Ziele, so ist festzulegen, welches Ziel als übergeordnet anzusehen ist, ob also z.b. die höhere Qualität der gefertigten Produkte als wichtiger eingestuft wird als eine Reduzierung der Kosten. Eine Entscheidung hierüber sollte anhand möglichst objektiver Kriterien erfolgen. In dem genannten Fall könnte z.b. eine Kundenbefragung vorgenommen werden, um zu erheben, ob den (potenziellen) Kunden eine hohe Produktqualität wichtiger ist als ein besonders niedriger Preis des Produktes, der über eine Kostenreduktion ermöglicht werden könnte. Aufgabe des Unternehmens ist es also, eine Zielhierarchie unter Berücksichtigung etwaiger Zielkonflikte zu bestimmen.

Der Gründer sollte frühzeitig die Ziele des Unternehmens festlegen und diese in regelmäßigen Abständen einer Prüfung unterziehen, um festzustellen, ob neue

40 2. Grundlagen und Handwerkszeug einer erfolgreichen Existenzgründung

Ziele formuliert oder die bisherigen Ziele überarbeitet werden sollten, denn ein Unternehmen ist eine lernende Einheit, die sich ständig weiter entwickelt.
Neben den formalen Zielbeziehungen sind selbstverständlich die Zielinhalte von entscheidender Bedeutung. Diese lassen sich in Formal- und Sachziele differenzieren (vgl. Thommen/Achleitner (2009), S. 114ff.). Formalziele orientieren sich am Erfolg des Unternehmens und sind als übergeordnete Ziele einzustufen, nach denen die Sachziele ausgerichtet werden (vgl. Abb. 9).

Abbildung 9: Formal- und Sachziele (in Anlehnung an Thommen/Achleitner (2009), S. 121[22])

Formalziele (Erfolgsziele)			
Produktivität	Wirtschaftlichkeit	Gewinn	Rentabilität

⇩

Sachziele				
Leistungsziele	Finanzziele	Führungs- & Organisationsziele	Soziale und ökologische Ziele	Künstlerische Ziele
• Marktziele • Produktziele	Ziele hinsichtlich • Liquidität • Kapitalbeschaffung • Kapital- & Vermögensstruktur	Ziele hinsichtlich • Problemlösungsprozess • Führungsfunktionen • Führungsstil • Arbeitsteilung	• mitarbeiterbezogene Ziele • gesellschaftsbezogene Ziele	• Selbstverwirklichung • Unterstützung bestimmter Künstler • Begeisterung der Öffentlichkeit

⇩

Betriebliche Tätigkeiten

Die *Formalziele* werden durch Kennzahlen wie Produktivität, Wirtschaftlichkeit, Gewinn und Rentabilität abgebildet, die im Abschnitt 2.5 vorgestellt werden. Formalziele werden auch als Erfolgsziele bezeichnet. Die *Sachziele* können in Leistungs-, Finanz-, Führungs- & Organisationsziele, soziale und ökologische sowie speziell im Kulturbetrieb künstlerische Ziele differenziert werden.

Um die Formalziele erreichen zu können, muss auf der Ebene der Sachziele u.a. entschieden werden, welche Märkte bearbeitet werden, welche Marktanteile angestrebt werden und welche Eigenschaften die Produkte oder Dienstleistungen aufweisen sollen, wie die Kapitalstruktur des Unternehmens gestaltet werden

---
22 Das Zielsystem wurde um künstlerische Ziele ergänzt.

2.3 Ziele von Kulturunternehmen

soll, welcher Führungsstil zum Tragen kommen und welche gesellschaftsbezogenen Ziele verfolgt werden sollen. Im Kulturbetrieb kommen dann noch künstlerische Ziele hinzu, wie etwa die Selbstverwirklichung des Gründers, die Unterstützung bestimmter Künstler oder die Begeisterung der Öffentlichkeit.

Die Formalziele sind in der Abb. 9 bewusst auf der obersten Ebene abgebildet: Viele Unternehmen verfolgen vor allem finanzielle Ziele mit ihrer Tätigkeit, zum Beispiel das Ziel der Gewinnmaximierung oder der Umsatzsteigerung. Das Erwirtschaften von Gewinnen ist häufig die entscheidende Triebfeder des Denkens und Handelns klassischer Unternehmen. Bei Unternehmen der Kreativ- und Kulturwirtschaft fallen die Formalziele häufig bescheidener aus. Die Unternehmer sind vielfach bereits zufrieden, wenn sie ihren Lebensunterhalt mit der unternehmerischen Tätigkeit finanzieren können und die Möglichkeit haben, die kulturspezifischen Inhalte ihres Unternehmens, von denen sie begeistert und überzeugt sind, mit Leidenschaft zu vermarkten. Die finanziellen Aspekte werden häufig als lästige Pflicht betrachtet, die Umsetzung der Ideen bildet die Kür.

Über ethische Aspekte von Unternehmenszielen lässt sich streiten. Kulturunternehmer könnten Bedenken haben, mit ihrem Unternehmen Geld zu verdienen und Gewinne zu erwirtschaften[23]: Ein Ziel in einem möglicherweise mehrdimensionalen Zielsystem einer Existenzgründung sollte es aber sein, Gewinne zu erzielen. Die Erlöse aus der selbständigen Tätigkeit müssen neben den Kosten für die Fertigung der Produkte bzw. die Erstellung von Leistungen auch den Lebensunterhalt und die soziale Absicherung des Unternehmers abdecken und eine Risikoprämie enthalten, damit das Unternehmen vorübergehende Krisenzeiten überstehen kann. Das Geldverdienen – auch als explizit formuliertes Ziel und nicht nur als zufälliges Nebenergebnis der unternehmerischen Tätigkeit – ist also eine Notwendigkeit. Auch für Existenzgründer im Kulturbetrieb gilt, dass es durchaus nicht unanständig ist, mit der unternehmerischen Tätigkeit anständig Geld zu verdienen.

Maria Kräuter hat eine Erfolgsformel für Existenzgründer in Kultur- und Medienberufen aufgestellt, die verschiedene Dimensionen einer erfolgreichen selbständigen Tätigkeit im Kulturbetrieb umfasst (vgl. Kräuter (2002), S. 180):

Erfolg = Sicherung des sozio-kulturellen Existenzminimums + Faktor „X" + Faktor „S" + Faktor „Z"

---

[23] In Gesprächen mit Kreativen und Kulturschaffenden werden Vorbehalte gegen eine Gewinnerzielungsabsicht immer wieder deutlich.

Die einzelnen Erfolgsfaktoren werden folgendermaßen operationalisiert:

- *Sicherung des sozio-kulturellen Existenzminimums*: Lebensunterhaltssicherung, Deckung weiterer sozialer und kultureller Bedürfnisse.
- *Faktor „X"*: Rücklagenbildung (für größere Investitionen, Zeiten schlechter Auslastung – „Saure-Gurken-Zeit"), Altersvorsorge, Absicherung von Lebens- und Berufsrisiken.
- *Faktor „S"*: Erfüllung nicht-monetärer subjektiver Ziele (z.b. Arbeitszufriedenheit, Selbstverwirklichung, Setzen von Impulsen in der Kulturszene).
- *Faktor „Z" (Z wie Zeit)*: Langfristige Sicherung des Überlebens des Unternehmens.

Die Bestimmung der Ziele von Existenzgründern in der Kreativ- und Kulturwirtschaft kann sich an dieser Erfolgsformel orientieren, um die einzelnen Zieldimensionen des Unternehmens festzulegen. Die beiden ersten Aspekte betreffen den finanziellen Erfolg der unternehmerischen Tätigkeit, der um eine subjektive und eine langfristige Zielkomponente erweitert wird.

Die Ziele des Unternehmens – sei es auf der Ebene der Formal- oder Sachziele – sollten klar und konkret formuliert werden. Beabsichtigt ein Kulturbetrieb wie z.B. ein Musiktheater bei der Aufstellung seiner Marktziele, *„in den nächsten Jahren seine Besucherzahlen zu steigern, ist das noch kein Ziel, sondern lediglich eine Absicht"* (Schneidewind (2006), S. 22).

Gemäß Schneidewind sollte die konkrete Zielformulierung vier Dimensionen umfassen:

- einen *Zielinhalt* – die Zahl der Besucher in der Sparte Musiktheater zu steigern,
- ein *Zielausmaß* – Steigerung der Besucherzahl um 20%,
- einen *zeitlichen Geltungsbereich* – in der nächsten Spielzeit,
- einen *sachlichen Geltungsbereich* – im Segment der 25- bis 40-jährigen.

Eine präzise Zielformulierung für das konkrete Beispiel lautet also, die Zahl der Besucher in der Sparte Musiktheater in der nächsten Spielzeit im Segment der 25- bis 40-jährigen um 20% zu steigern (vgl. Schneidewind (2006), S. 22). Wer seine Ziele präzise formuliert, hat feste Anhaltspunkte für die Planung und Umsetzung von Maßnahmen und kann im Nachhinein einen Vergleich von Soll und Ist vornehmen und eventuell die Ursachen von Abweichungen ermitteln und gegensteuern.

Im Fachgebiet des Projektmanagements hat sich ein System zur Formulierung von Zielen entwickelt, das auch von Existenzgründern im Kulturbetrieb genutzt werden kann.

Ziele sollten demnach SMART[24] definiert werden:

- *S – spezifisch*: Die Ziele müssen eindeutig und präzise definiert werden,
- *M – messbar*: Die Zielgrößen sollten sich „messen, zählen oder wiegen lassen", falls es sich um quantitative Größen handelt. Bei der Nutzung qualitativer Größen sollte es objektive Kriterien zu deren Erfassung geben. Man sollte sich allerdings davor hüten, in die Falle „erhebbarer, aber nicht erheblicher" Zielgrößen zu tappen[25].
- *A – aktiv beeinflussbar*: Die Größen, die zur Zielerreichung im Prozess angesteuert werden, sollten im Einflussbereich des Unternehmers liegen.
- *R – realistisch*: Die Ziele sollten so formuliert werden, dass sie mit den Möglichkeiten des Unternehmens erreicht werden können.
- *T – terminiert*: Feste Termine, d.h. eine Meilensteinplanung, sind erforderlich, um einen Anreiz zur effizienten und fristgerechten Umsetzung der Ziele zu haben (vgl. Abschnitt 3.2.6 zum Realisierungsfahrplan einer Existenzgründung).

Kulturunternehmer können sich in der Gründungsphase an diesem System orientieren, um ihre Ziele zu formulieren. Nach und nach wird den Existenzgründern dies bei der Zielformulierung in Fleisch und Blut übergehen: Ziele sollten SMART sein!

2.4 Ökonomisches Prinzip, Effektivität und Effizienz

Eng verknüpft mit der Formulierung von Formalzielen in Unternehmen sind das ökonomische Prinzip und die Begriffe „Effektivität" und „Effizienz", die zum Rüstzeug erfolgreicher Unternehmensgründungen im Kulturbetrieb zählen.

„Von den übrigen sozialwissenschaftlichen Teildisziplinen unterscheiden sich die Wirtschaftswissenschaften in einem wesentlichen Punkt: Sie beschränken ihre Untersuchung menschlichen Handelns auf den Aspekt ökonomischer Nützlichkeit" (Wöhe/Döring (2008), S. 46). Die ökonomische Nützlichkeit bezieht sich zumeist auf Größen, die sich quantifizieren lassen. Soziale, ethische oder kulturprägende Dimensionen bleiben zunächst im Hintergrund – unter anderem deshalb, weil sie sich nicht direkt in Zahlen fassen lassen. Dies darf Kulturunternehmer keinesfalls abschrecken und davon abhalten, sich mit betriebswirtschaftlichen Fragestellun-

---

24 S.M.A.R.T. steht als ein Apronym für die Begriffe spezifisch, messbar, aktiv beeinflussbar, realistisch und terminiert. Der genaue Ursprung dieses Vorgehens ist unbekannt.
25 Dies ist ein Zitat von Prof. Dr. Dr. h.c. Jürgen Hauschildt von der Christian-Albrechts-Universität zu Kiel, das er gerne im Zusammenhang mit empirischer Forschung vortrug: Es impliziert, dass man auf der Suche nach Messbarem häufig vergisst, darauf zu achten, ob die identifizierten Größen tatsächlich für den Sachverhalt von Bedeutung sind. Alle verwendeten Messgrößen sollten also kritisch auf die Relevanz für das Erreichen des verfolgten Zieles hinterfragt werden.

gen und Instrumentarien zu beschäftigen. Vielmehr sollte es darum gehen, Aspekte der Betriebswirtschaft als einen wichtigen Baustein einer unternehmerischen Tätigkeit zu betrachten, diesen aber um Dimensionen weiterer sozialwissenschaftlicher, künstlerischer und kultureller Strömungen zu bereichern.

Nun aber zum angesprochenen betriebswirtschaftlichen Rüstzeug: Das *ökonomische Prinzip* beschreibt rationales Verhalten bei allen unternehmerischen Entscheidungen und ist in drei Ausprägungen anzutreffen (vgl. Wöhe/Döring (2008), S. 39):

- Das *Maximalprinzip* bedeutet, mit einem gegebenen Input (Mitteleinsatz) einen möglichst hohen Output (Ergebnis der Leistungserstellung) zu erreichen.
- Das *Minimalprinzip* verfolgt das Ziel, einen fest vorgegebenen Output mit einem Minimum an Input zu realisieren.
- Das *Optimumprinzip* zielt darauf, ein möglichst günstiges Verhältnis zwischen Output und Input zu erreichen.

In diesem Kontext ist das Begriffspaar Effektivität und Effizienz von Bedeutung: *Effektivität* ist ein Maß für die Zielerreichung. Peter F. Drucker hat diesen Begriff wesentlich geprägt: *„Intelligence, imagination, and knowledge are essential resources, but only effectiveness converts them into results"* (Drucker (2007), S. 8). Drucker bezieht den Begriff Effektivität auf Führungspersönlichkeiten („executives") im Unternehmen, die strategische Entscheidungen treffen, welche die Geschicke des Unternehmens langfristig und nachhaltig beeinflussen. *„...the executive is, first of all, expected to get the right things done"* (Drucker (2007), S. 1). Drucker beschränkt den Kreis der „executives" dabei nicht auf das Top-Management eines Unternehmens, sondern bezieht alle Mitarbeiter ein, die im Rahmen ihrer geistigen Tätigkeit den Unternehmenserfolg maßgeblich gestalten können. Beispielsweise kann die Effektivität eines einzelnen Mitarbeiters in der Forschungsabteilung entscheidend für die Zukunft des Unternehmens sein, wenn ihm auf seinem Forschungsgebiet eine bahnbrechende Erfindung gelingt. Im Kulturbetrieb könnte z.B. die Verpflichtung eines Opernweltstars zu einer 100%-igen Auslastung eines Musiktheaters führen. Dies wäre also eine effektive Maßnahme. Ob es auch effizient ist, hängt entscheidend von der Gage des Stars ab.

Effizienz misst die Wirtschaftlichkeit auf dem Weg der Zielerreichung. Es geht darum, Dinge mit möglichst geringem Mitteleinsatz umzusetzen. Den Begriff Effizienz, der sich im ökonomischen Prinzip widerspiegelt, verwendet Drucker für ausführende Tätigkeiten: *„For manual work, we need only efficiency; that is, the ability to do things right rather than the ability to get the right things done"* (Drucker (2007), S. 2).

Die Effektivität ist eine übergeordnete Funktion. Zunächst geht es darum, die angestrebten Ziele zu erreichen. Im zweiten Schritt ist auf effizienten Mitteleinsatz, also auf eine sparsame Verwendung der Ressourcen, zu achten. Es ist folglich ein *„doing the right things right"* anzustreben.

Ein völlig absurdes Beispiel veranschaulicht die Zusammenhänge: Käme die Deutsche Bahn auf den Gedanken, die Bahntrasse Hamburg – Berlin mit Gleisen aus Gold zu versehen, so wäre das durchaus effektiv, denn das Ziel, den Personen- und Güterverkehr zwischen Hamburg und Berlin zu gewährleisten, wäre erreicht (sofern die Gleise nicht gestohlen werden). Effizient wäre es nicht, denn das Ziel ließe sich mit einem deutlich geringeren Einsatz finanzieller Mittel erreichen.

2.5 Kennzahlen

Nach der Einführung des ökonomischen Prinzips und der Begriffe Effektivität und Effizienz im vorhergehenden Abschnitt werden im Folgenden einige Kennzahlen vorgestellt, die für die Steuerung eines Unternehmens unentbehrlich sind.

Das Verständnis betriebswirtschaftlicher Kennzahlen ist notwendig, um die Sprache der Kaufleute und Banker verstehen und ihnen mit ihrem Vokabular das Geschäftsmodell des Gründungsvorhabens erklären zu können. Auch für die Gründer von Kleinstunternehmen und Freiberufler, die eventuell keine Kredite benötigen, ist ein Verständnis für diese Kennzahlen notwendig, um die wirtschaftlichen Zusammenhänge verstehen und alle Aktivitäten zum Wohle des eigenen Unternehmens steuern zu können.

In diesem Kapitel werden die Begriffe Produktivität, Aufwand, Ertrag, Wirtschaftlichkeit, Gewinn und Rentabilität definiert (vgl. hierzu Wöhe/Döring (2008), S. 43ff.). Des Weiteren wird die Break-Even-Analyse vorgestellt, mit deren Hilfe sich die Produktions- und Absatzmenge bestimmen lässt, die mindestens erforderlich ist, um ein Unternehmen profitabel betreiben zu können.

Als *Produktivität* bezeichnet man das Verhältnis von Output, also dem mengenmäßigen Ergebnis eines Produktionsschrittes, zu Input, dem mengenmäßigen Einsatz an Produktionsfaktoren:

$$Produktivität = \frac{Output}{Input}$$

Zum Beispiel ließe sich die Produktivität einer Druckerpresse einer Kunstdruckerei berechnen als

$$\textit{Produktivität (Druckerpresse)} = \frac{\textit{Anzahl der Drucke}}{\textit{Maschinenstunde}}$$

Zur Definition der Begriffe „Wirtschaftlichkeit" und „Gewinn", bedürfen die Termini „Aufwand" und „Ertrag" einer kurzen Erläuterung: *Aufwand* lässt sich beschreiben als Wert aller innerhalb einer Periode in Form von Sach- und Dienstleistungen verzehrten Güter (vgl. Peters/Brühl/Stelling (2005), S. 175). Die Einnahmen einer Periode, die der Erstellung von Gütern oder Dienstleistungen zugerechnet werden können, bezeichnet man als *Ertrag* (vgl. Gabler Wirtschaftslexikon (2004)).

Mit diesen Begriffen kann die *Wirtschaftlichkeit* definiert werden als eine dimensionslose Größe (zwei Größen mit den gleichen Einheiten (Aufwand und Ertrag – beide z.B. in Euro gemessen) werden zu einander in Relation gesetzt), die sich aus dem Quotienten von Ertrag und Aufwand ergibt:

$$\textit{Wirtschaftlichkeit} = \frac{\textit{Ertrag}}{\textit{Aufwand}}$$

Errechnet sich die Wirtschaftlichkeit zum Wert „1", so reichen die Erträge aus dem Verkauf von Produkten oder Dienstleistungen im Kulturbetrieb gerade zur Deckung des Aufwandes aus. Anzustreben ist eine Wirtschaftlichkeit > 1. In diesem Fall erwirtschaftet das Kulturunternehmen einen Gewinn. Werte < 1 bedeuten für das Unternehmen einen Verlust.

Der *Gewinn* wird absolut als Differenz aus Ertrag und Aufwand berechnet:

$$\textit{Gewinn (absolut)} = \textit{Ertrag} - \textit{Aufwand}$$

Die *Rentabilität* ist direkt verknüpft mit dem Gewinn und ist ein relatives Maß für das Verhältnis von Gewinn zu durchschnittlich eingesetztem Kapital:

$$\textit{Rentabilität} = \frac{\textit{Gewinn}}{\textit{durchschnittl. eingesetztes Kapital}} * 100$$

Beabsichtigt ein Gründer in der Kulturwirtschaft, den Weg in die Selbständigkeit zu beschreiten, ist es im Vorfeld unerlässlich, sich Gedanken darüber zu machen, wie viele Produkte oder Dienstleistungen mindestens abgesetzt werden müssen, um das Unternehmen profitabel betreiben zu können. Die *Break-Even-* oder *Gewinnschwellenanalyse* ermöglicht es dem Unternehmensgründer abzuschätzen,

2.5 Kennzahlen

ab welcher kritischen Produktionsmenge erstmals ein Gewinn erwirtschaftet wird (vgl. zur Break-Even-Analyse z.B. Thommen/Achleitner (2009), S. 249ff.; Wöhe/Döring (2008), S. 911f.; Schneidewind (2006), S. 129f.).

Abbildung 10 veranschaulicht das Vorgehen bei linearen Erlös- und Kostenfunktionen, d.h. bei konstanten Verkaufspreisen und konstanten variablen Produktionskosten von der ersten Einheit bis an die Kapazitätsgrenze des Unternehmens.

Abbildung 10: Break-Even-Analyse

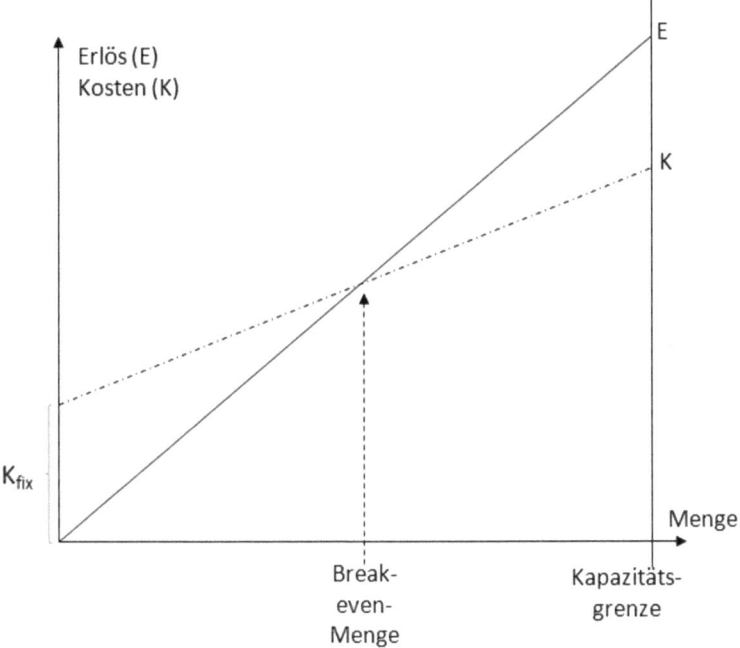

Die Kosten der Geschäftstätigkeit sind dabei durch die gestrichelte Kostenfunktion (K) gegeben. Sie setzen sich aus Fixkosten K_{fix} und variablen Kosten k_{var} zusammen. Die Fixkosten sind unabhängig von der Menge x der gefertigten Produkte oder der verkauften Dienstleistungen. Kosten für Miete können exemplarisch als Fixkosten betrachtet werden. Die variablen Kosten entstehen erst im Zusammenhang mit der Herstellung, zum Beispiel Kosten für die eingesetzten Rohstoffe bei der Fertigung von Produkten. Die variablen Kosten geben in der Grafik die Steigung der Kostenkurve vor. Die Höhe der Fixkosten lässt sich im Schnittpunkt der Kostenfunktion mit der y-Achse ablesen.

Die Kostenfunktion hat folgende Gestalt:

$$Kosten = K_{fix} + k_{var} * x$$

Die Erlöskurve E verläuft (hoffentlich) steiler als die Kostenkurve K. Die Steigung der Erlöskurve entspricht dem Verkaufspreis p je Einheit des Produktes oder der Dienstleistung. Wenn der Preis höher ist als die variablen Kosten für eine Einheit, dann trägt der Verkauf jeder Einheit des Produktes/der Dienstleistung zur Deckung der Fixkosten bei. Verliefe die Erlöskurve flacher als die Kostenkurve, so würde der Verlust des Unternehmens mit jeder weiteren verkauften Einheit ansteigen.

Die Erlösfunktion hat folgende Gestalt:

$$Erlös = p * x$$

Der Erlös errechnet sich also als Produkt aus dem Verkaufspreis und der Anzahl der verkauften Einheiten. Solange die Erlöskurve unterhalb der Kostenkurve verläuft, erwirtschaftet das betrachtete Unternehmen einen Verlust.

Aufgrund der Rahmenbedingungen des Unternehmens wird es nicht möglich sein, die Produktion ins Unendliche zu steigern. Das Unternehmen stößt irgendwo an seine Kapazitätsgrenzen, die z.B. von den im Unternehmen eingesetzten Maschinen oder Arbeitskräften abhängig sind.

Der Gewinn eines Unternehmens errechnet sich aus der Differenz der Erlöse und Kosten, die mit der Herstellung und dem Verkauf der abgesetzten Produkte oder Dienstleistungen verbunden sind:

$$\boxed{Gewinn = Erlös - Kosten \quad oder \quad Gewinn = p * x - (K_{fix} + k_{var} * x)}$$

Im Schnittpunkt der beiden Geraden wird die Gewinnschwelle erreicht, dort gilt: $G = 0$.

$$\boxed{Erlös = Kosten \quad oder \quad p * x = K_{fix} + k_{var} * x}$$

Die kritische Menge x (Break-Even-Menge) errechnet sich daraus wie folgt:

2.5 Kennzahlen

$$x = \frac{K_{fix}}{p - k_{var}}$$

Der Nenner dieses Bruches *(p – k_{var})* wird auch als *Deckungsbeitrag* bezeichnet und gibt an, wie stark jede verkaufte Einheit zur Deckung der Fixkosten des Unternehmens beiträgt. Die kritische Menge ergibt sich also aus dem Quotienten der fixen Kosten und des Deckungsbeitrags.

Diese Überlegungen geben einen ersten Eindruck über den Umfang der Leistungserstellung und -verwertung, der mindestens notwendig ist, um das Unternehmen profitabel betreiben zu können. Erscheint es realistisch, diese kritische Menge zu erreichen? Ist dies nicht der Fall, ist zu überlegen, wie das Produkt oder die Dienstleistung verändert werden könnte, um den potenziellen Absatz zu erhöhen oder ob sich die Kostenstruktur anders gestalten ließe, um die Break-Even-Menge auf der x-Achse nach links zu verschieben.

Ein Beispiel soll die Break-Even-Analyse an einem konkreten Projekt veranschaulichen: Ein Eventveranstalter plant ein Konzert und möchte kalkulieren, ab welcher Zuschauerzahl ein Gewinn erwirtschaftet wird. Der Konzertsaal biete Platz für bis zu 750 Personen – dies ist also die Kapazitätsgrenze. Für die Ausrichtung des Konzertes fallen Fixkosten in Höhe von 3.000 € an, die von der Zahl der Besucher unabhängig sind. Zu diesen Kosten zählen u.a. die Reise- und Übernachtungskosten und eine fixe Gage für die Band, Kosten für Auf- und Abbau der Bühne und die Kosten für eine private Sicherheitsfirma. Die Ticketpreise liegen bei ortsüblichen 20 € für ein Konzert in diesem Segment. Für die Verkaufserlöse ist eine Aufteilung von 70:30 zwischen Band und Veranstalter vereinbart. Von jedem verkauften Ticket erhält die Band also einen Anteil von 14 € – dieser Betrag kann aus Sicht des Veranstalters als variabler Kostenanteil je verkaufte Einheit interpretiert werden. Der Differenzbetrag von Verkaufspreis eines Tickets und Anteil der Band in Höhe von 6 € geht als Deckungsbeitrag an den Veranstalter. Nach obiger Formel ergibt sich die kritische Menge – also die Zahl der Besucher, die erreicht werden sollte, um rentabel arbeiten zu können als Quotient aus fixen Kosten und dem Deckungsbeitrag, also:

$$x = \frac{K_{fix}}{(p-k_{var})} = \frac{3.000\ €}{20\ € - 14\ €} = \frac{3.000\ €}{6\ €} = 500\ (Besucher)$$

Es wären also mindestens 500 Besucher nötig, um das Konzert wirtschaftlich rentabel durchführen zu können. Sollte die Veranstaltung mit 750 Besuchern ausverkauft sein, wäre ein Gewinn von 1.500 € (250 Besucher * 6 € Deckungsbeitrag je

Besucher) möglich. Es bleibt die spannende Frage, welche Besucherzahlen vorab als realistisch angenommen werden können, für deren Beantwortung es kein Patentrezept gibt.

2.6 Instrumente des strategischen Managements

Um die Unternehmensziele, die im Abschnitt 2.3 vorgestellt wurden, umsetzen zu können, benötigen Existenzgründer Strategien: Eine *Strategie* ist *„a pattern in a stream of decisions"* (vgl. Mintzberg (1978)). Instrumente des strategischen Managements helfen, diese Muster zu erkennen, zu bewerten und Handlungsalternativen des Unternehmens zu strukturieren. Sie ermöglichen einen Perspektivenwechsel und können dazu beitragen, Potenziale des Unternehmens freizusetzen. Aus einer Vielzahl strategischer Ansätze sollen im Folgenden drei näher betrachtet werden, die auch für Unternehmen der Kreativ- und Kulturwirtschaft interessant sind.

2.6.1 Marktanteils-/Marktwachstums-Portfolio

Zur Identifikation interessanter Geschäftsfelder und der relevanten Wettbewerber kann ein Marktanteils-/-wachstums-Portfolio genutzt werden, das von der Boston Consulting Group entwickelt wurde (vgl. z.B. Welge/Al-Laham (2006), S. 477f., Eckardt (2010), S. 36f.). Die folgende Abbildung 11 zeigt ein Beispiel. Die Attraktivität potenzieller Geschäftsfelder eines in Gründung befindlichen Unternehmens wird anhand des Marktwachstums bewertet und auf der y-Achse des Portfolios abgetragen. Außerdem werden die relativen Marktanteile der Wettbewerber, die bereits in diesen Geschäftsfeldern tätig sind, auf der x-Achse verzeichnet. Die Größe der eingezeichneten Kreise veranschaulicht die Bedeutung des jeweiligen Geschäftsfeldes für die einzelnen Unternehmen, z.B. gemessen als Anteil des Unternehmensumsatzes in diesem Feld am Gesamtumsatz des Unternehmens. Ein großer Kreis bedeutet also einen hohen Anteil dieses Feldes am Gesamtumsatz des Unternehmens, ein kleiner Kreis einen geringen Umsatzanteil.

Dieses Portfolio ist in vier Quadranten eingeteilt, die mit Schlagworten charakterisiert sind. Die Darstellung gibt einen schnellen Überblick über die attraktivsten Geschäftsfelder und die Wettbewerber, denen bei der Ausarbeitung einer Strategie besondere Beachtung geschenkt werden sollte. Die gut positionierten Unternehmen können jeweils auch für ein Benchmarking herangezogen werden, um zu analysieren, was diese Unternehmen besonders stark macht, also eine Art Erfolgsfaktorenforschung zu betreiben und von den besten Unternehmen einer Branche zu lernen. In einer groben Rasterung lassen sich vier unterschiedliche Strategien aus dem Portfolio ableiten:

2.6 Instrumente des strategischen Managements

- Quadrant 1: *niedriger Marktanteil/niedriges Marktwachstum (" dogs")*: Diese Märkte sind für ein Engagement auf den ersten Blick wenig attraktiv. Sollte ein Unternehmen des Kulturbetriebes auf einem derartigen Markt aktiv werden wollen, ist zu überlegen, wie das Unternehmen Kunden akquirieren kann. Neue Kunden scheint es – wegen des geringen Marktwachstums – nur wenige zu geben, d.h. der Markt ist durch die bereits etablierten Unternehmen weitestgehend gesättigt. Ein junges Unternehmen müsste also bestehenden Unternehmen Marktanteile abnehmen, um an Kunden zu gelangen. Das ist durchaus möglich, erfordert aber eine klare Strategie, wie dies geschehen soll und wie man sich gegen die vermeintlich größeren etablierten Unternehmen zur Wehr setzen kann, denn diese werden ihre Marktanteile nicht kampflos abgeben. Auf der anderen Seite haben die Wettbewerber in diesem Quadranten nur niedrige Marktanteile und damit keine allzu starke Position, so dass diese nicht als übermächtige Kontrahenten gefürchtet werden müssen.

- Quadrant 2: *hoher Marktanteil/niedriges Marktwachstum (" cash cows")*: Es handelt sich um denselben Markt, nur betrachtet man hier die Unternehmen mit hohen relativen Marktanteilen, die in einer starken Position sind. Die Bezeichnung „cash cows" signalisiert, dass mit diesen Geschäftseinheiten viel Geld verdient wird. Meistens befinden sich die Geschäftseinheiten dieses Quadranten in der Schlussphase des Lebenszyklus: Nach der Einführung eines Produktes/einer Dienstleistung und einer Phase des Wachstums und der Reife kommt es zur Marktsättigung. Die Unternehmen, die mit hohen Marktanteilen in diesen Geschäftsfeldern tätig sind, schöpfen die Erträge in diesen Märkten noch ab, meiden aber größere Investitionen, da langfristig mit einem weiteren Rückgang der Nachfrage und einer Verlagerung auf alternative Produkte oder Dienstleistungen zu rechnen ist. Ein Beispiel könnten CD-ROMs sein, die den Zenit ihres Absatzes überschritten haben und durch andere Datenträger wie die DVD ersetzt werden. Auch von diesen starken Unternehmen ist kein großer Widerstand gegenüber neuen Marktteilnehmern zu erwarten. Es fragt sich allerdings, ob es für ein junges aufstrebendes Unternehmen die richtige Strategie ist, diesen Zielmarkt in Angriff zu nehmen[26].

- Quadrant 3: *niedrige Marktanteile/hohes Markwachstum (" question marks")*: Der entsprechende Markt ist aufgrund des hohen Wachstums für eine unterneh-

---

26 Im Einzelfall könnte es aber auch ausgehend von diesen Marktbeobachtungen gute Chancen für Existenzgründungen geben: So könnte eine erfolgreiche Strategie vorsehen, Langspielplatten (LPs), die ihrerseits von den CDs abgelöst wurden, zu produzieren und zu vermarkten. Es gibt nach wie vor einen exklusiven Kreis kaufkräftiger LP-Liebhaber und hervorragende Plattenspieler. Mit einem geeigneten Konzept ließen sich auch auf diesem vergleichsweise kleinen Nischenmarkt, auf den der LP-Markt inzwischen geschrumpft ist, möglicherweise angemessene Erträge erwirtschaften.

merische Tätigkeit interessant. Das hohe Wachstum des Gesamtmarktes lässt vermuten, dass es eine Reihe neuer Kunden gibt, die vom jungen Kulturunternehmen gewonnen werden könnten. Die in diesem Quadranten verzeichneten Unternehmen haben geringe Marktanteile, verfügen also (noch) nicht über eine unüberwindbare Marktmacht – sofern sie nicht in anderen Geschäftsfeldern eine beherrschende Stellung innehaben und somit über große personelle und finanzielle Ressourcen verfügen. Allerdings werden die etablierten Unternehmen vermutlich versuchen, mit dem Markt zu wachsen und Neukunden für ihr Unternehmen zu gewinnen. Dieser Quadrant ist mit der Bezeichnung „question marks" überschrieben, da das Verhalten der Wettbewerber nicht prognostizierbar ist, d.h. es ist nicht vorherzusehen, ob die Unternehmen sich wegen ihres geringen gegenwärtigen Marktanteils aus diesem Feld zurückziehen werden oder aufgrund der positiven Marktentwicklung ihr Engagement auszuweiten versuchen.

- Quadrant 4: *hohe Marktanteile/hohes Markwachstum („stars")*: Die Strategie dieser Unternehmen ist eindeutig. Sie sind die starken Akteure in einem wachsenden Markt und werden versuchen, ihre Position weiter zu festigen und hohe Eintrittsbarrieren zu errichten, da der Markt langfristig attraktiv ist. Diese Unternehmen haben alle Voraussetzungen, jungen Unternehmen das Leben schwer zu machen.

Abbildung 11: Marktanteils-/Marktwachstums-Portfolio der Boston Consulting Group (in Anlehnung an Eckardt (2010), S. 37)

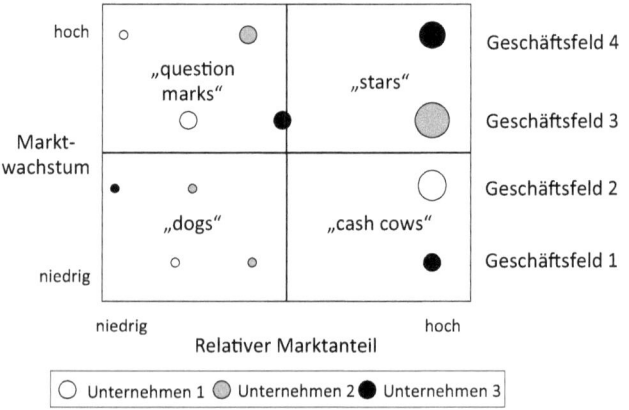

Ein solches Portfolio kann die Auswahl interessanter Geschäftsfelder und die Identifikation der Wettbewerber, auf die besonderes Augenmerk gelenkt werden sollte, erleichtern. Dabei ist es nicht kritisch, wenn keine exakten Zahlen über das Marktwachstum und die -anteile der Wettbewerber vorliegen. Man sollte sich aber die Zeit nehmen, die entsprechenden Daten sorgfältig abzuschätzen und eventuell auch Gespräche mit Branchenexperten zu führen, um die subjektiv angenommenen Zahlen zu validieren.

Und generell gilt: Es ist durchaus kein Manko, wenn es auf einem anvisierten Markt bereits einige Wettbewerber gibt. Sollten bisher keine Wettbewerber auf dem Zielmarkt aktiv sein, so lässt dies zwei Interpretationen zu. Entweder die Idee hat einen hohen Innovationsgrad und das Unternehmen wird als Pionier aktiv oder es gibt einfach keinen Markt für das Produkt oder die Dienstleistung[27]. Möglicherweise ist es aber nicht ganz einfach zu klären, welches der beiden zuvor genannten Argumente die Sachlage treffend beschreibt.

2.6.2 Analyse der Wettbewerbskräfte nach Michael Porter

Michael Porter hat fünf Kräfte identifiziert, die den Wettbewerb in einer Branche maßgeblich beeinflussen (vgl. Abb. 12). Die Analyse dieser Wettbewerbskräfte erleichtert es einzuschätzen, ob es attraktiv sein könnte, in einen Markt einzutreten (vgl. Welge/Al-Laham (2008), S. 301ff.):

- Eine Größe zur Bewertung der Attraktivität eines Marktes ist der *Wettbewerb unter den etablierten Unternehmen.* Wie viele Unternehmen bieten Produkte bzw. Leistungen an, welche Marktanteile und -macht haben die Unternehmen, welche herausragenden Kompetenzen kennzeichnen diese Firmen? Je stärker der Wettbewerb unter den bereits etablierten Unternehmen, desto höher die Einstiegshürden für junge Unternehmen.

- Die *Verhandlungsmacht der Käufer* stuft Porter als eine weitere wichtige Facette in diesem Spiel der Kräfte ein. Die Situation auf dem deutschen Automobilmarkt in den Jahren 2009 und 2010 ist ein gutes Beispiel dafür, wie sich die Käufermacht auswirken kann. Durch Überproduktion und als Konsequenz der Finanz- und Wirtschaftskrise kam es zu einer sinkenden Nachfrage nach PKW. Die Hersteller waren gezwungen, das Überangebot an Fahrzeugen mit zum Teil ungewöhnlich hohen Preisnachlässen zu verkaufen. Die Käufer sitzen am „längeren Hebel" – demzufolge wird ein solcher Markt als Käufermarkt bezeichnet. Werden weniger Produkte oder Leistungen angeboten als nachgefragt werden, spricht man von einem Verkäufermarkt – die anbietenden

---

27 Vgl. Abschnitt 3.3.2.

Unternehmen sind in einer starken Position. Im Hinblick auf diesen Aspekt sollten Unternehmensgründer also eher Verkäufer- als Käufermärkte anvisieren.

- Die *Verhandlungsmacht der Lieferanten* ist eine weitere Größe zur Beurteilung der Wettbewerbskräfte eines Marktes. Je stärker die Lieferanten, desto besser ist ihre Verhandlungsposition. Die Handlungsalternativen der Unternehmen des betrachteten Marktes, also die Kunden der liefernden Unternehmen, sind dementsprechend eingeschränkt.
- Eine *Bedrohung* könnte auch *von neu in den Markt eintretenden Unternehmen* ausgehen. Ein Beispiel für eine derartige Konstellation ist der Stromanbieter Lichtblick, der in einer Kooperation mit VW 100.000 Blockheizkraftwerke absetzen will, die in privaten Haushalten aufgestellt werden und in einem als Schwarmstrom bezeichneten Prinzip die Leistung zweier Atomkraftwerke erbringen und diese ersetzen könnten (vgl. hierzu die Informationen zu SchwarmStrom auf den Internetseiten von Lichtblick – www.lichtblick.de). Es tritt in diesem Fall ein neues Unternehmen in den Markt ein, das mit einem alternativen Konzept in Konkurrenz zu den etablierten Stromkonzernen tritt.
- Schließlich könnten *innovative Produkte bzw. Dienstleistungen* die Unternehmen des betrachteten Marktes unter Druck setzen. Bestehende Produkte könnten am Ende ihres Lebenszyklus angekommen sein. Beispielsweise hat die Markteinführung von PCs zu einem (fast) vollständigen Verschwinden von Schreibmaschinen geführt. DVD-Player haben Videorekorder verdrängt, LPs wurden weitestgehend durch CDs ersetzt, diese werden ihrerseits durch neue Musikformate bedrängt. Auch die Verwendung innovativer Materialien kann zu starken Veränderungen auf einem Markt führen. Im Yachtbau beispielsweise haben sich durch die Verwendung von Kunststoffen anstelle von Holz massive Änderungen ergeben, die völlig neue Anforderungen an die Kernkompetenzen der Werften stellen. Wird man von einer solchen Veränderung überrascht, kann die gesamte Existenz eines Unternehmens auf dem Spiel stehen.

2.6 Instrumente des strategischen Managements 55

Abbildung 12: Die fünf Triebkräfte des Wettbewerbs in einer Branche nach Porter (in Anlehnung an Welge/Al-Laham (2008), S. 301)

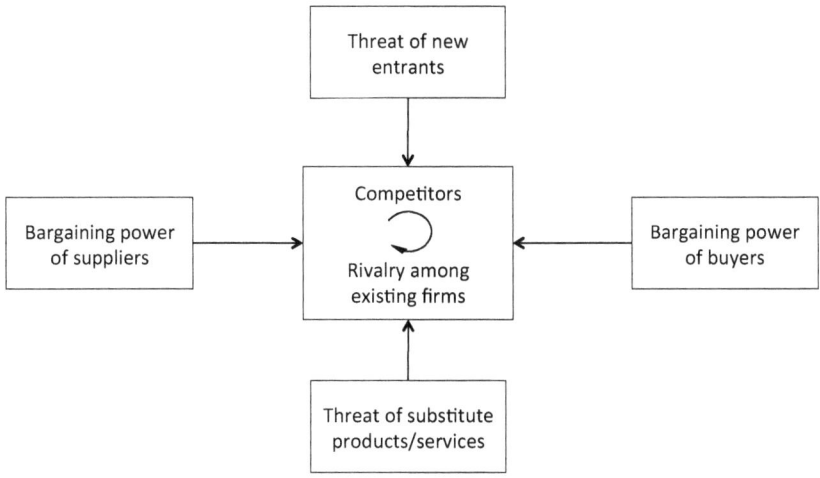

Ausgehend von den Ergebnissen der Analyse der Wettbewerbskräfte empfiehlt Porter unterschiedliche Strategien (vgl. z.B. Eckardt (2010), S. 39f.):

- „Effizienter als die anderen!": In reifen Branchen, d.h. Branchen mit weitestgehend ausgereiften Technologien, könnte eine mögliche Strategie die *Kostenführerschaft* sein. Unternehmen erarbeiten sich einen Kostenvorteil z.B. durch
  - den Aufbau von Produktionsanlagen effizienter Größe,
  - die Ausnutzung von erfahrungsbedingten Kostensenkungspotenzialen,
  - eine strenge Kontrolle der variablen Kosten und der Gemeinkosten.
- „Anders als die anderen!": Eine weitere Strategie ist die *Differenzierung* vom Wettbewerb, z.B. durch
  - ein gutes Design und/oder einen einprägsamen Markennamen,
  - eine einzigartige Technologie,
  - ein unverwechselbares Marketing,
  - einen hervorragenden Kundenservice,
  - ein ausgebautes Händlernetz.
- *„Find a need and fill it"* (v. Hippel (2006), S. 31): Dieses Zitat impliziert eine *Fokussierung* auf Marktnischen. Wegen hoher Spezialisierungserfordernisse

sind diese Nischen häufig für sehr große Unternehmen nicht attraktiv, können aber eine Chance für kleine aufstrebende Firmen sein. Als Nischen kommen in Frage:

- eine bestimmte Abnehmergruppe,
- ein bestimmter Teil des Produktionsprogramms oder
- ein geografisch abgegrenzter Markt.

Für Existenzgründungen im Kulturbetrieb sind vermutlich die Differenzierungs- und die Nischenstrategie relevant. Die Strategie der Kostenführerschaft eignet sich prinzipiell eher für sehr große Unternehmen, die über hohe Investitionen in Rationalisierungsmaßnahmen entsprechende Skaleneffekte erzielen können.

Im Anschluss an die Analyse der fünf Wettbewerbskräfte und die Darstellung möglicher Strategien, die hieraus abgeleitet werden können, wird die SWOT-Analyse als weiteres Instrument zur Festlegung der Strategie eines Unternehmens vorgestellt.

2.6.3 SWOT-Analyse

Eine SWOT[28]-Analyse ermöglicht es, unternehmensinterne Stärken und Schwächen mit externen Trends, die in einer Umweltanalyse identifiziert wurden, zu vergleichen und daraus Chancen und Risiken für das Unternehmen sowie Ziele und Strategien abzuleiten (vgl. z.B. Klandt (2006), S. 220ff., Welge/Al-Laham (2008), S. 448f.). Voraussetzung für eine Nutzung dieses Instrumentes ist es, dass sich das Gründerteam seiner Stärken („Was können das Unternehmen oder Mitglieder des Gründungsteams besonders gut?") und Schwächen („Wo bestehen Defizite?") bewusst wird[29].

Das Vorgehen einer SWOT-Analyse ist in Abbildung 13 veranschaulicht. Eine gründliche Umweltanalyse ist notwendig, um aus technologischen Entwicklungen/revolutionären Technologiesprüngen, dem Nachfrageverhalten und der Zahlungsbereitschaft der Kunden, dem Zugang zu Fördergeldern und Sponsoren, aktuellen Trends in der Kunst- und Kulturszene, dem Besucherverhalten und den Möglichkeiten neuer Medien etc. in Verbindung mit den Stärken und Schwächen des Unternehmens die Chancen und Risiken des betrachteten Geschäftsfeldes ableiten zu können.

Zu den Stärken eines jungen Unternehmens in der Kulturwirtschaft könnten zählen:

- ein hohes Maß an Kreativität und Enthusiasmus,
- sehr flexible Strukturen,

---

28 SWOT steht als Akronym für Strengths, Weaknesses, Opportunities & Threats.
29 Zur SWOT-Analyse allgemein vgl. z.B. Klandt (2006), S. 220ff. und Volkmann/Tokarski (2006), S. 419f.

2.6 Instrumente des strategischen Managements

- kurze Entscheidungswege,
- geringe Fixkosten (z.B. niedrige Aufwendungen für Miete und Personal),
- ein starkes Netzwerk der Unternehmensgründer.

Als Schwächen könnten sich eventuell entpuppen:

- mangelnde Bekanntheit des Unternehmens,
- geringe Zahl von Referenzen,
- schlechte finanzielle Ausstattung des Unternehmens,
- unzureichende betriebswirtschaftliche Kenntnisse und
- Unerfahrenheit in unternehmerischer Tätigkeit.

Abbildung 13: Ablauf einer SWOT-Analyse (in Anlehnung an Macharzina/Wolf (2005), S. 320)

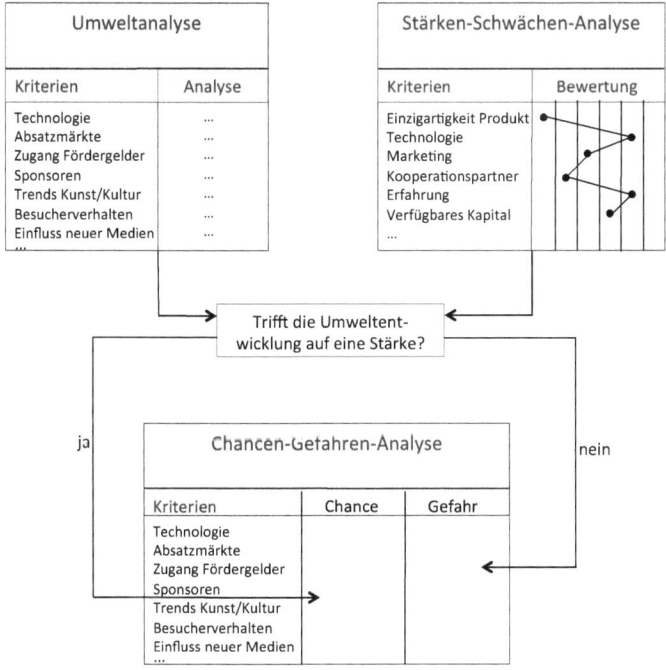

58   2. Grundlagen und Handwerkszeug einer erfolgreichen Existenzgründung

Aus der SWOT-Analyse lassen sich die Ziele des Unternehmens ableiten (vgl. Abb. 14). Für die einzelnen Quadranten der Matrix ergeben sich unterschiedliche Strategieansätze (vgl. Eckardt (2010), S. 32):

- *Strengths*: Die Stärken des Unternehmens sollten ausgebaut und voll ausgeschöpft werden.
- *Weaknesses*: Das Unternehmen sollte seine Schwächen genau analysieren und sukzessive abbauen.
- *Opportunities*: Die Chancen, die sich aus dem Umfeld ergeben, müssen ergriffen werden.
- *Threats*: Den Bedrohungen, die sich aus den Marktverhältnissen ergeben, hat sich das Unternehmen zu stellen und diese nach Möglichkeit zu begrenzen.

Abbildung 14: Ableitung von Zielen aus einer SWOT-Analyse (vgl. Eckardt (2010), S. 32)

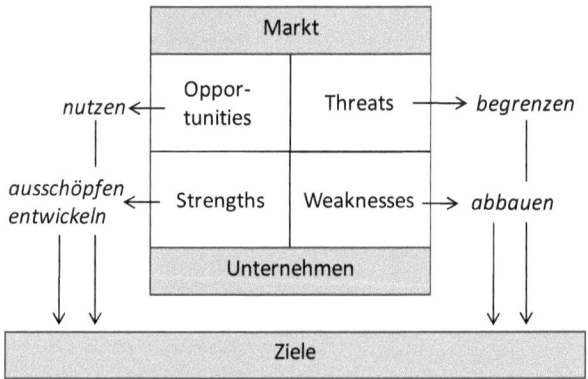

Aus den Zielen des Unternehmens können Strategien zu deren Umsetzung abgeleitet werden. Diese Strategien gliedern sich in abstrakte langfristige und konkretisierte kurzfristige (operative) Strategien. Dieses Vorgehen entspricht den Schritten eins bis drei des in Abschnitt 2.1.7 dargestellten Problemlösungsprozesses. Eine Hilfe kann es sein, sich gezielt Unternehmen anzuschauen, die als Verhaltensvorbild in Frage kommen, also Unternehmen, die sich in diesem oder eventuell einem vergleichbaren Markt – möglicherweise in einer anderen Region – als besonders erfolgreich erwiesen haben. Was kann man von diesen Unternehmen lernen? Wie ist es diesen Wettbewerbern gelungen, eine derart starke Position zu erlangen?

2.7 Geschäftsmodelle in der Kulturwirtschaft

Es gibt einige allgemeingültige Geschäftsmodelle, die typisch für die Kulturwirtschaft sind und die zu deren Segmentierung verwendet werden können. Diese Geschäftsmodelle zeigen, wie generell im Kulturbetrieb Erträge erwirtschaftet werden können.

Drei dieser Geschäftsmodelle sind der Projekt-, der Dienstleistungs- und der Vermögensaufbauansatz, die von Dieter Puchta beschrieben werden (vgl. Puchta (2009), S. 54ff.). Diese Ansätze werden im Folgenden kurz vorgestellt:

Das erste Geschäftsmodell basiert auf dem *Projektansatz:*

- In abgeschlossenen Projekten werden Leistungen für einen Auftraggeber erbracht. Nach Beendigung eines Projektes wird mit einem Folgeauftrag begonnen. Eine große Herausforderung für den Unternehmer ist es, bereits in der möglicherweise stressigen Phase der Bearbeitung eines Projektes Folgeaufträge zu akquirieren, damit nach der Fertigstellung eines Projektes kein Leerlauf entsteht und unmittelbar ein Folgeauftrag bearbeitet werden kann. Der finanzielle Rahmen der Projekte sollte so kalkuliert sein, dass auftretende Diskontinuitäten in der Auslastung ausgeglichen werden können.
- Es steht von vornherein fest, dass das Volumen eines Auftrags die Kosten des Projektes komplett oder zu einem Großteil abdeckt. Das Risiko einer erfolgreichen Vermarktung entfällt bzw. reduziert sich stark. Das Projektrisiko beschränkt sich darauf, die vertraglich vereinbarte Qualität termintreu zu liefern.
- Investitionen zur Schaffung eigener (materieller) Werte entfallen zumeist. Projekte tragen nicht zu einer direkten Wertsteigerung des Unternehmens bei, wie es z.B. bei einem produzierenden Betrieb der Fall wäre, wenn in Gebäude und Anlagen investiert wird und diese im Laufe der Zeit über die Erträge aus den Verkäufen amortisiert werden und das Anlagevermögen wächst. Die Chance dieser geistigen Tätigkeit beim Projektansatz liegt darin, Know-how aufzubauen. Wissen ist ein entscheidender Produktionsfaktor. Die Referenzen des Unternehmens können bei der Akquisition neuer Projekte als Indikator dieses Know-hows eingesetzt werden. Die Nennung namhafter Kunden und die kurze Beschreibung erfolgreich abgeschlossener Projekte schaffen Vertrauen und signalisieren Qualität. Unternehmen, die neu in einen Markt eintreten

und noch keine Expertise haben, stehen möglicherweise unter dem Druck, ihre Tätigkeit mit niedrigen Preisen aufnehmen zu müssen, um Kunden zu gewinnen. Mit einer zunehmenden Anzahl an Referenzen können die Preise dann sukzessive angehoben und an die der Wettbewerber angepasst werden. Beispiel: Junge Designbüros.

Ein zweites weit verbreitetes Geschäftsmodell beruht auf dem *Dienstleistungsansatz:*

- Auf Stundenbasis wird für einen externen Auftraggeber gearbeitet. Als Beispiel lassen sich Werbeagenturen anführen, die gegenüber ihren Auftraggebern die geleisteten Arbeitsstunden abrechnen.
- Aufgrund vornehmlich geistiger Tätigkeit sind zumeist relativ geringe Investitionen erforderlich. Anlagen und Großmaschinen werden zur Leistungserbringung nicht benötigt. Investitionen in Büroausstattung, Hardware und Software und evtl. Firmenfahrzeuge reichen aus, um den Betrieb des Unternehmens zu gewährleisten.
- Das Finanzierungsrisiko resultiert aus einer Abweichung der erwarteten von der tatsächlichen Nachfrage und kann dazu führen, dass die vorgehaltenen Kapazitäten eventuell nicht ausgelastet sind. Dieser Fall könnte eintreten, wenn ein wichtiger Auftraggeber die Werbeagentur wechselt oder von einem Unternehmen, das seine Strategie auf Wachstum ausgerichtet hat, nicht ausreichend viele Neukunden gewonnen werden können. Eine Agentur, die in der Wirtschaftskrise 2009/10 viel Stammpersonal beschäftigt und damit einen hohen Fixkostenblock aufgebaut hat, könnte aufgrund rückläufiger Werbe- und Anzeigenaktivität vieler potenzieller Auftraggeber in finanzielle Schwierigkeiten geraten.

Dem dritten Geschäftsmodell, das in der Kulturwirtschaft genutzt wird, liegt der *Vermögensaufbauansatz* zugrunde:

- Dieser Ansatz verfolgt das Ziel, immaterielle Vermögensgüter aufzubauen und zu vermarkten. Musiklabels beispielsweise bauen sich durch Investition in die Aufnahme neuer Musikstücke einen Rechtestock auf. Diese Unternehmen planen, durch Verleih und/oder Verkauf der Rechte Erträge zu erwirtschaften. Den gleichen Ansatz verfolgen auch Internet-Portale oder Social Networks, wie z.B. facebook, StudiVZ oder Xing, die Nutzergemeinschaften aufbauen. Dabei sind unterschiedliche Ertragsmodelle denkbar:
    - Es können Umsätze direkt über die Mitglieder in Form leistungsabhängiger Beiträge erwirtschaftet werden oder

2.7 Geschäftsmodelle in der Kulturwirtschaft

- Einnahmen werden über geschaltete Werbung oder den Verkauf von Produkten oder Dienstleistungen Dritter über die Plattform generiert. Solche Netzwerke haben den Vorteil hoher Homogenität der Nutzer. Aufgrund ähnlicher Präferenzen und Nutzergewohnheiten bilden sich scharf abgegrenzte Marktsegmente. Die Plattformteilnehmer identifizieren sich mit ihrer Community und sind häufig sehr aktiv, so dass solche Netzwerke für Unternehmen eine hohe Attraktivität besitzen.
- Es besteht ein großer Investitionsbedarf zum Aufbau des Unternehmens über eine Innen- und Außenfinanzierung. Die Geschäftsmodelle können sehr langfristig angelegt sein, so dass die Finanzierungsformen einen entsprechend langen Zeithorizont aufweisen sollten.
- Für externe Geldgeber ist es schwierig, den Wert einer Geschäftsidee bzw. der immateriellen Vermögensgüter des Unternehmens einzuschätzen. Vertrauen zwischen Investor und Unternehmen spielt deshalb eine große Rolle.
- Durch den Aufbau eines immateriellen Vermögens steigt sukzessive der Unternehmenswert.

Es sind zwei weitere Geschäftsmodelle im Kulturbetrieb denkbar, die als Handelsansatz und als Veranstaltungsansatz bezeichnet werden können.

Handelsansatz:
- Das Unternehmen tätigt Investitionen zur Schaffung der Voraussetzungen für den Handel mit Kulturgütern, z.B. Kunstwerken in einer Galerie. Hierzu könnten etwa Investitionen in die Einrichtung und Technik der Galerie sowie evtl. der Kauf einer Immobilie zählen.
- Dieser Ansatz ist durch ein höheres Risiko als beispielsweise der Projektansatz gekennzeichnet, da umfangreiche Investitionen und ein größerer zeitlicher Vorlauf notwendig sind, bevor der erste Umsatz generiert werden kann. Die Planungen müssen von vornherein berücksichtigen, dass es zu einem deutlichen zeitlichen Auseinanderfallen der Aufwendungen zur Aufnahme des Betriebes und den ersten Erträgen kommen kann. Es sind entsprechend längerfristige Finanzierungsformen vorzusehen.

Veranstaltungsansatz:
- Zu diesem Ansatz zählen die Planung und Vorbereitung von Aufführungen oder Events, wie beispielsweise der Betrieb eines privaten Theaters. Der Investitionsbedarf für eine ansprechende Ausgestaltung des Zuschauerraumes,

die Bühnen-Technik, die Konzeption eines Theaterstücks etc. ist hoch. Das Führen eines Theaters ist sehr personalintensiv – neben den Schauspielern und einer kaufmännischen Leitung wird Personal u.a. für Maske, Technik, Bühnenbild, Kasse, Garderobe benötigt.

- Bis zu der Erzielung erster Einnahmen ist ein langer Vorlauf mit einem entsprechenden finanziellen Polster einzuplanen, um die hohen Kosten für die Entwicklung und das Einstudieren des Stückes und die Bezahlung des Personals zu decken.
- Dieser Ansatz ist ebenfalls durch ein hohes Risiko geprägt, da aufwendige Vorbereitungen erforderlich sind und nicht klar ist, ob die Ausgaben durch eine entsprechende Zuschauerresonanz wieder eingespielt werden können.

2.8 Anspruchsgruppen von Kulturunternehmen: Die Stakeholderanalyse

Kulturunternehmen sind – unabhängig von ihrer Größe – soziale Gefüge mit einer Vielzahl von Schnittstellen zu Personen und Einrichtungen außerhalb des Unternehmens. Als Anspruchsgruppen – auch Stakeholder genannt – werden alle Personen oder Institutionen bezeichnet, die von den Entscheidungen und Handlungen des Unternehmens direkt oder indirekt betroffen sind (vgl. Wöhe/Döring (2008), S. 55ff.). Das Handeln des Unternehmens hat Einfluss auf die Stakeholder, aber auch das Verhalten dieser Anspruchsgruppen hat Auswirkungen auf die Unternehmung (vgl. Abb. 15).

Abbildung 15: Wechselseitige Beeinflussung eines Unternehmens und dessen Stakeholder

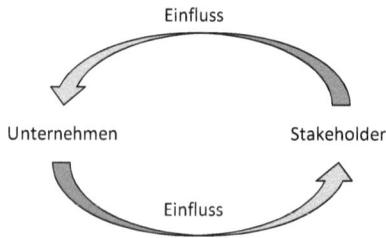

2.8 Anspruchsgruppen von Kulturunternehmen: Die Stakeholderanalyse

In der folgenden Abbildung 16 sind wichtige Stakeholder genannt, die von Existenzgründern im Kulturbetrieb von Anfang an in strategische Überlegungen einbezogen werden sollten. Diese Anspruchsgruppen sind in unternehmensinterne und -externe zu differenzieren. Zu den internen Stakeholdern zählen die Mitarbeiter, das Management und die Eigenkapitalgeber. Die unternehmensexternen Anspruchsgruppen setzen sich u.a. zusammen aus Kunden, Lieferanten, Wettbewerbern, Öffentlichkeit, Kulturpolitik, Medien, Behörden, Gewerkschaften, Verbänden, Kooperationspartnern und Fremdkapitalgebern[30].

Ein Existenzgründer sollte sich genau überlegen, welche Personen und Institutionen Interesse an seinem Unternehmen haben könnten. Wer ist Freund, wer Feind der Existenzgründung? Für wen bringt die Gründung des Kulturunternehmens Vorteile, wer hat Nachteile zu befürchten? Die Motivationen und Verhaltensweise der beteiligten Personen sind dabei keine statischen Gegebenheiten, sie können sich verändern: Wer heute Förderer ist, kann sich morgen der Sache schon entgegenstellen. Anspruchsgruppen, die die Geschäftsidee anfänglich unterstützt haben, können ihre Meinung aus den unterschiedlichsten Gründen schlagartig ändern. Deshalb sollte der Unternehmensgründer regelmäßig den Status der einzelnen Anspruchsgruppen prüfen, um frühzeitig agieren zu können, falls sich Probleme abzeichnen sollten.

Abbildung 16: Stakeholder eines Unternehmens

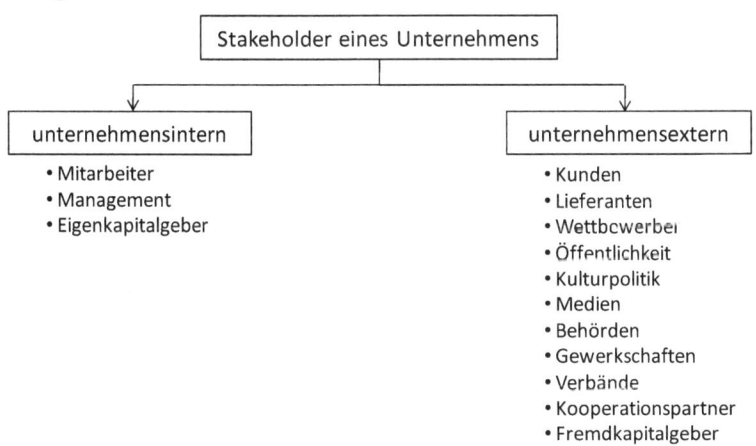

---

30   Vgl. hierzu auch z.B. Thommen/Achleitner (2009), S. 57f. und Wöhe/Döring (2008), S. 55f.

Die Aufgabe des Existenzgründers, die Interessen aller Akteure aufzunehmen und einen angemessenen Kompromiss zu erarbeiten, der allen Beteiligten gerecht wird, bedeutet eine große Herausforderung. Die Motive und Interessen sind zu vielfältig, um es allen Anspruchsgruppen recht machen zu können. Beispielsweise streben die (freien) Mitarbeiter eines Unternehmens sichere Arbeitsverhältnisse und eine gute Entlohnung an. Diese beiden Anforderungen stellen an sich bereits konkurrierende Ziele dar, da ein hohes Lohniveau fest angestellter Mitarbeiter oder hohe Honorare für freie Mitarbeiter die Kosten des Unternehmens und das finanzielle Risiko der unternehmerischen Tätigkeit erhöhen. Die Kunden fordern hohe Qualität zu angemessenen Preisen und die Lieferanten versuchen ihrerseits, hohe Preise für die gelieferten Werkstoffe durchzusetzen. Hohe Produktqualität bei niedrigen Verkaufspreisen, hohen Löhnen und hohen Einkaufspreisen anbieten zu können, ist für das Unternehmen kaum zu realisieren. Und die Floskel „der Kunde ist König" ist nur eine Seite der Medaille, da das Unternehmen bei ausschließlicher Fokussierung auf die Kundenwünsche und gleichzeitiger Vernachlässigung der Interessen der Lieferanten und Mitarbeiter in Schwierigkeiten geraten könnte.

In der Planung sollten die Gründer gedanklich einmal in die Rolle aller relevanten Anspruchsgruppen schlüpfen und versuchen, jeweils die Ziele und Verhaltensweise der Akteure zu antizipieren. Des Weiteren sollte eine Hierarchie der Bedeutung der einzelnen Stakeholder aufgestellt werden, um bei konkurrierenden Interessen entscheiden zu können, welchen Anforderungen vorrangig Folge geleistet werden soll. Dann kann das eigene Verhalten von vornherein an die vermuteten Verhaltensmuster der wichtigsten Stakeholder angepasst werden.

Bei dieser Analyse wird man auf Ansprüche stoßen, die eingehalten werden müssen – etwa gesetzliche Vorgaben – und solche, die nicht zwingend beachtet werden müssen, die aber entscheidenden Einfluss auf den Erfolg des Unternehmens haben können.

2.9 Wahl des Unternehmensstandortes

Nach der Darstellung der Anspruchsgruppen eines Kulturunternehmens im vorangegangenen Abschnitt werden im Folgenden unterschiedliche Aspekte zur Wahl eines geeigneten Unternehmensstandortes diskutiert.

Eine Reihe von Faktoren beeinflusst die Wahl eines geeigneten Unternehmensstandortes. Die Bedeutung der einzelnen Faktoren ist stark abhängig u.a. von der Art und Größe des betrachteten Unternehmens, von den angebotenen Produkten oder Dienstleistungen und der Zielgruppe, die hauptsächlich angesprochen werden soll.

2.9 Wahl des Unternehmensstandortes

Die Faktoren, die allgemein in eine Standortentscheidung einbezogen werden sollten, werden hier zunächst kurz beschrieben (vgl. Thommen/Achleitner (2009), S. 108ff.):

- *Arbeitsbezogene Standortfaktoren*: Wie sieht es an den Standorten, die generell für das Unternehmen in Frage kommen, in Bezug auf die Anzahl, die Qualifikation und die Kosten für die Arbeitskräfte aus?
- *Materialbezogene Standortfaktoren*: In materialintensiven Produktionsbetrieben könnte die Standortwahl vom Fundort oder dem Entstehungsort des zu verarbeitenden Materials dominiert werden. Wichtige Kriterien sind bei diesem Faktor die Transportkosten, die Zuliefersicherheit und die Art des Produktes[31].
- *Absatzbezogene Standortfaktoren*: In diesem Fall richtet sich der Standort nach dem Absatzmarkt. Entscheidungskriterien bezüglich dieses Faktors sind die notwendige Kundennähe, die Wettbewerbs- und die Nachfragesituation sowie evtl. die Transportfähigkeit der hergestellten Güter.
- *Verkehrsbezogene Standortfaktoren*: Eine Standortentscheidung wird auch von der Verkehrsanbindung, der Art und der Länge der Verkehrs- und Transportwege beeinflusst.
- *Immobilienbezogene Standortfaktoren*: Generell spielen Immobilien- bzw. Mietpreise für Grundstücke und Gebäude bei jeder Standortentscheidung eine erhebliche Rolle.
- *Umweltbezogenen Standortfaktoren* kommt aufgrund eines gestiegenen Umweltbewusstseins, einer steigenden Anzahl von Umweltschutzauflagen und einer Verknappung freier Güter, z.B. sauberer Luft und sauberem Wasser, eine große Bedeutung bei der Standortwahl zu. Dabei sind neben Kosten- auch Imageaspekte relevant.
- *Abgabenbezogene Standortfaktoren*: Ein weiteres Kriterium bei der Standortwahl ist die Höhe von Steuern, Abgaben und Beiträgen, die vom Unternehmen an alternativen Standorten zu leisten sind. Eventuell lassen sich nationale bzw. internationale Steuergefälle oder spezielle Förderungen nutzen.
- *Clusterbildung*: Für Unternehmen bestimmter Branchen kann es bedeutsam sein, sich dort anzusiedeln, wo auch Wettbewerber, Zulieferer und Kunden ihren Standort haben. Aufgrund der räumlichen Nähe dieser Unternehmen kann es zu einem gewünschten Know-how-Transfer und einer Atmosphäre kommen, die schöpferische Energie freisetzt, die unter anderen Umständen nicht zu realisieren wäre. Ein prominentes Beispiel für eine ausgeprägte Clus-

---

[31] Dieser Standortfaktor ist für die meisten Kulturunternehmen von untergeordneter Bedeutung.

terbildung ist das Silicon Valley in Kalifornien in den USA. Die „Silizium geschwängerte Luft" des Tals ist Inspirationsquelle für sehr viele IT-Experten und Internetfreaks, deren Schaffenskraft anderenorts vermutlich deutlich schwächer ausgeprägt wäre.

Auch für viele Kreative ist die Clusterbildung eine Voraussetzung für gute Arbeitsbedingungen: *„Wohl fühlen sie sich in Städten mit den drei Ts: Talent, Technologie und Toleranz"* (Gross/Timm (2010), S. 50), also in Städten oder Regionen, in denen sie ihre *Talent* entfalten können und auf andere Talente treffen, mit denen sich kooperieren lässt, in denen die *Technologie* und das Know-how vorhanden ist, um die Ideen der Gründer zu entwickeln und in denen *Toleranz* dominiert und Andersartigkeit nicht kritisch beäugt wird. So gesehen sind Berlin, Hamburg oder Köln sicher für kreative Köpfe attraktivere Standorte als Oer-Erkenschwick oder Hanerau-Hademarschen. Das erklärt z.T. die hohe Dichte an Galerien in Berlin oder in Hamburg.

Diese acht Standortfaktoren haben jedoch zum Teil gegensätzliche Wirkungen, sie stehen also in einer Konkurrenzsituation.

Falls die Existenzgründer beabsichtigen, z.B. ein Ladengeschäft zu mieten, ist unbedingt die Fristigkeit des gewerblichen Mietvertrages zu beachten. Die Miete verursacht hohe Fixkosten. Mietverträge sollten – falls möglich – nicht über mehrere Jahre ohne Kündigungsmöglichkeit oder die Option, einen Nachmieter zu stellen, abgeschlossen werden. Lässt sich die Geschäftsidee nicht erfolgreich umsetzen, so wäre die Miete ggf. über Jahre weiter zu zahlen, obwohl das Unternehmen schon lange nicht mehr existiert.

Möglicherweise besteht die Chance, in der Startphase der Existenzgründung leer stehende Gebäude in einem interessanten Viertel zwischenzunutzen mit dem Vorteil, ohne lange Kündigungsfristen Räume sehr günstig anmieten zu können und nur ein geringes Risiko einzugehen. Dies ist allerdings mit dem Nachteil verbunden, die Immobilie kurzfristig räumen zu müssen, wenn ein regulärer Mieter bereit ist, die volle Miete zu zahlen. Falls sich das Geschäftskonzept trägt, kann später ein dauerhaftes Mietverhältnis eingegangen werden.

Die Gründer des Unternehmens müssen darüber hinaus überlegen, ob das Unternehmen auf regen Kundenverkehr angewiesen ist oder ob dies für den Erfolg des Unternehmens nicht bedeutsam ist. Auf dieser Grundlage ist zu entscheiden, in welcher Lage das Geschäft eröffnet werden soll. Dabei gilt generell:

- Je besser die Lage, desto höher die Miete.
- Räume mit Schaufenster oder Ladenfront im Erdgeschoss zur Straße sind teurer als Räume im oberen Stockwerk eines Gebäudes.

2.9 Wahl des Unternehmensstandortes

Um aus einer Menge von Alternativen den besten Standort auszuwählen, kann eine *Nutzwertanalyse* vorgenommen werden (vgl. zum Vorgehen Thommen/Achleitner (2009), S: 110ff.): Zu diesem Zweck werden in einem ersten Schritt die relevanten Faktoren der Standortwahl bestimmt.

Um keine wichtigen Faktoren zu vergessen, könnte ggf. das Unternehmerteam ein Brainstorming durchführen. Anschließend werden die ausgewählten Standortfaktoren gewichtet, dergestalt, dass in summa 100 Punkte auf alle Faktoren verteilt werden, wobei den wichtigsten Faktoren die meisten Punkte zugewiesen werden. Anschließend werden die einzelnen Standorte, die grundsätzlich in Frage kommen (Standorte, die zwingend notwendige Kriterien (Muss-Kriterien) nicht erfüllen, scheiden von vornherein aus), hinsichtlich der jeweiligen Faktoren bewertet. Die Bewertungsmöglichkeiten reichen von „1" (schlecht) über „3" (befriedigend) bis zu „5" (gut). Der Nutzen je Standortfaktor wird als das Produkt aus der Gewichtung des Faktors und der Bewertung des Standorts gebildet. Abschließend wird für jeden potenziellen Standort die Summe der Nutzenwerte über alle Standortfaktoren gebildet. Es wird derjenige Standort für das Unternehmen gewählt, der den höchsten Gesamtnutzen aufweist.

Eine beispielhafte Nutzwertanalyse[32] für die Auswahl eines Galeriestandortes soll das Vorgehen veranschaulichen. Angenommen es stehen drei Standorte zur Auswahl (vgl. Tab. 2). Die Art und Anzahl der ausgewählten Standortfaktoren wird für jede potenzielle Gründung unterschiedlich ausfallen.

Als relevante Standortfaktoren wurden für das Beispiel eine „gute Lage", „niedrige Miete", „kurze Kündigungsfrist des Mietvertrages", „gute Verkehrsanbindung", „flexibles Raumangebot", „ausreichend Parkflächen" und „attraktives Umfeld des Standortes" gewählt. Am höchsten gewichtet werden die gute Lage, eine niedrige Miete und eine kurze Kündigungsfrist. Die beiden erst genannten Faktoren stehen in einem konfliktären Verhältnis, denn ein Objekt in einer Toplage wird im Allgemeinen einen höheren Mietpreis haben als ein Objekt in einer weniger attraktiven Lage. Die Tabelle fasst die einzelnen Bewertungen der drei Standorte und die Nutzenwerte je Standortfaktor zusammen. In der letzten Zeile sind die aufsummierten Nutzenwerte der Standorte abzulesen.

---

[32] In Anlehnung an Thommen/Achleitner (2009), S. 112.

Tabelle 2: Beispielhafte Nutzwertanalyse für die Wahl eines Galeriestandortes

Standortanforderung	Gewichtung	Standort A		Standort B		Standort C	
		X	R	X	R	X	R
Gute Lage	20	1	20	5	100	3	60
Niedrige Miete	17	5	85	1	17	3	51
Kurze Kündigungsfrist	18	3	54	5	90	1	18
Gute Verkehrsanbindung	10	1	10	5	50	4	40
Flexibles Raumangebot	15	2	30	1	15	4	60
Ausreichend Parkflächen	8	5	40	1	8	4	32
Attraktives Umfeld des Standortes	12	1	12	5	60	2	24
Summe	100		251		340		285

Legende: X = Bewertung: 1 = „schlecht";
                             3 = „befriedigend";
                             5 = „gut"
         R = Nutzen pro Standortfaktor

Auf Basis der zugrunde liegenden Standortfaktoren erweist sich der Standort B mit 340 Punkten als erste Wahl. Dieser Standort überzeugt durch eine gute Lage, kurze Kündigungsfrist, eine gute Verkehrsanbindung und ein attraktives Umfeld. Die hohe Miete am Standort kann hoffentlich durch die ansonsten fast durchweg hervorragend ausgeprägten Standortfaktoren ausgeglichen werden.

Bewusst sein sollte man sich darüber, dass die Ergebnisse der Nutzwertanalyse der Subjektivität desjenigen unterliegen, der die Analyse vornimmt. Daher sollten die Ergebnisse innerhalb des Gründerteams oder mit externen Experten kritisch diskutiert werden. Liegen die Gesamtpunktzahlen zweier Standorte nur knapp auseinander, kann im Rahmen einer *Sensitivitätsanalyse*[33] geprüft werden, wie stabil das Ergebnis ist: Eventuell kann eine kleine Veränderung in der Einschätzung eines Faktors schon zu einem anderen Ergebnis führen. Dann ist noch einmal genau abzuwägen, welcher Standort den Vorzug erhalten soll.

Des Weiteren ist zu überlegen, ob die einzelnen Standortbewertungen über einen längeren Zeitraum als konstant betrachtet werden können oder ob kurzfristig Veränderungen zu erwarten sind. Auch dies ist in die endgültige Standortentscheidung einzubeziehen.

---

33   Zur Sensitivitätsanalyse vgl. z.B. Klandt (2006), S. 266f.

3. Der Businessplan als Leitgerüst einer Existenzgründung

*„Der Mensch erkennt, dass es nichts nützt, wenn er den Geist an sich besitzt,
weil Geist uns dann erst Freude macht, sobald er zu Papier gebracht."*[34]

Nachdem im vorhergehenden Kapitel die begrifflichen und betriebswirtschaftlichen Grundlagen vorgestellt wurden, die für eine Existenzgründung im Kulturbetrieb relevant sind, wird in diesem Abschnitt erläutert, warum es sinnvoll ist, vor der Gründung eines Unternehmens einen sorgfältig ausgearbeiteten Businessplan zu erstellen. Die Inhalte eines Businessplans[35] werden ausführlich dargestellt. An vielen Stellen werden konkrete Hinweise für die Aufstellung eines Businessplans für Existenzgründungen im Kulturbetrieb gegeben.

Eine aussichtsreiche Unternehmensgründung basiert auf vier notwendigen, aber durchaus nicht hinreichenden Voraussetzungen (vgl. Abb. 17), die neben weiteren Aspekten in einem Businessplan abgebildet werden.

Den Kern der Existenzgründung bildet die Geschäftsidee: Die sonstigen Rahmenbedingungen können noch so gut sein – wenn die Idee nicht tragfähig ist, wird sich daraus kein erfolgreiches Unternehmen entwickeln.

Ist man sicher, eine herausragende Geschäftsidee gefunden zu haben, wird man schnell bemerken, wie wichtig es ist, ein qualifiziertes und hoch motiviertes Gründerteam zusammenzustellen, das alle zum Geschäftsbetrieb notwendigen Kompetenzen in das Unternehmen einbringt.

Ein weiterer wesentlicher Erfolgsfaktor ist ein fundiertes Konzept,

- um das Unternehmen langfristig im Hinblick auf
  - die angebotenen Produkte oder Dienstleistungen,
  - die Auswahl der richtigen Märkte und Kundensegmente,
  - die Positionierung gegenüber den Wettbewerbern,
  - technologische Entwicklungen,
  - die Wahl geeigneter Kooperationspartner etc.
  mit der richtigen Strategie aufstellen zu können,

---

34 Eugen Roth (1895-1976), Schriftsteller, vgl. Bundesministerium für Wirtschaft und Arbeit (2004), S. 24.
35 Zu Businessplänen allgemein, die auch als Geschäfts- oder Unternehmensplan bezeichnet werden, vgl. z.B. Cristea et al. (2010); Klandt (2006), S. 141ff. und Volkmann/Tokarski (2006), S. 100ff.

- um dem Unternehmen von Anfang an eine Struktur zu geben, die allen steuerlichen, finanzwirtschaftlichen, rechtlichen und organisatorischen Anforderungen gerecht wird.

Sind diese drei Voraussetzungen erfüllt, fehlt noch immer ein fundamentaler Aspekt: Ein angemessenes Startkapital, um die Pläne umsetzen zu können.

Eine Existenzgründung kann nur dann erfolgreich sein, wenn alle vier Voraussetzungen erfüllt sind. Treten Defizite in einem dieser Bereiche auf, ist der Erfolg der Existenzgründung insgesamt gefährdet.

Abbildung 17: Grundlegende Anforderungen an eine erfolgreiche Existenzgründung[36]

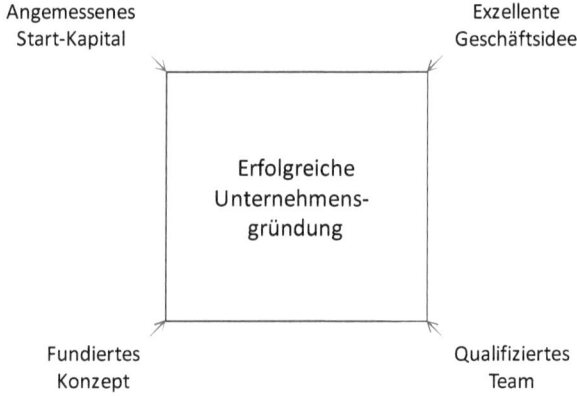

Im Folgenden werden die einzelnen Bestandteile eines Businessplans vorgestellt und auf Besonderheiten bei deren Erarbeitung hingewiesen. Zum Ende dieses Abschnittes werden mit der Business Model Map und der NABC-Methode zwei Instrumente vorgestellt, die einen schnellen Einstieg in die Erarbeitung eines Businessplans bieten und eine interessante Möglichkeit darstellen, die Geschäftsidee Dritten knapp, präzise und überzeugend zu präsentieren.

---

36 In Anlehnung an Cristea et al. (2010), S. 10, erweitert um die Notwendigkeit, die Geschäftsidee in einem fundierten Konzept auszuarbeiten.

3.1 Funktionen eines Businessplans

Ein Businessplan hilft potenziellen Existenzgründern, eine Geschäftsidee strukturiert und gründlich zu durchdenken und darzustellen sowie deren (finanzielle) Tragfähigkeit zu bestimmen[37]. Dabei sind eine nach innen und eine nach außen gerichtete Perspektive zu unterscheiden.

Bezüglich der internen Betrachtungsweise bildet der Businessplan eine Grundlage bei der Entscheidung, ob die Geschäftsidee es wert ist, ein unternehmerisches Risiko einzugehen. Die Stärken und Schwächen sowie die bestehenden Wissenslücken zur Umsetzung der Idee sind realistisch einzuschätzen. Darauf aufbauend geht es darum zu überlegen, wie eventuell bestehende Defizite der Geschäftsidee ausgeglichen werden können, d.h. zu bestimmen, welche Schritte notwendig sind, um die Schwächen abzubauen und Wissenslücken zu schließen. Um anzudeuten, wie vielfältig die Aufgaben bei der Businessplanerstellung ausfallen, sollen exemplarisch einige Aspekte genannt werden, die berücksichtigt werden sollten.

Bei den internen Überlegungen im Zusammenhang mit der Businessplanerstellung gilt es unter anderem

- mit Hilfe der in Abschnitt 2.6 vorgestellten Instrumente die Wettbewerbskräfte des Marktes zu ermitteln,
- die Bedürfnisse und Zahlungsbereitschaft potenzieller Kunden sowie die Größe der in Frage kommenden Zielgruppe zu antizipieren und festzulegen, wie die Kundenbeziehungen ausgestaltet werden sollen,
- technische Trends abzuschätzen,
- zu überlegen, wie sich die wichtigsten Kooperationspartner gegenüber dem jungen Unternehmen verhalten werden,
- politische und wirtschaftliche Entwicklungen zu berücksichtigen,
- die Kostenstrukturen und die Ertragskraft des Unternehmens z.B. über eine Break-Even-Analyse zu bewerten, um sicherzustellen, dass der Aufbau des Unternehmens auf einem tragfähigen Konzept beruht.

„Sicher is', dass nix sicher is', drum bin i' vorsichtshalber misstrauisch"[38]. Der oder die Gründer sollten sich um eine realistische Bewertung der Chancen und Risiken bemühen und ein gesundes Misstrauen gegenüber der eigenen Idee haben und alle Aspekte kritisch hinterfragen. Damit ist natürlich nicht gemeint, dass die Erfolgsaussichten gezielt pessimistisch dargestellt werden sollen. Eine möglichst

---

37 Zu den folgenden Ausführungen vgl. z.B. Cristea et al. (2010).
38 Karl Valentin (1882-1948), deutscher Komiker, vgl. Bundesministerium für Wirtschaft und Arbeit (2004), S. 50.

objektive Einschätzung ist anzustreben. Diese ergibt sich auch aus der Diskussion mit externen Personen, wie im Folgenden deutlich wird.

In der nach außen gerichteten Perspektive zielt der Businessplan auf die Überzeugung von Partnern, die für eine Kooperation begeistert oder als Mitgründer gewonnen werden sollen. Darüber hinaus hilft die wiederholte Diskussion mit Außenstehenden dem Gründer, unklare Aspekte der Geschäftsidee zu präzisieren und Probleme zu erkennen. Auf diese Weise können die Jungunternehmer ihre Idee testen und kontinuierlich weiterentwickeln. Unumgänglich ist die Erstellung eines Businessplans, falls Fördergelder oder Beteiligungs- bzw. Fremdkapital eingeworben werden sollen. Der Businessplan, der viele Aspekte der Gründung berücksichtigt, erzeugt Vertrauen in die Idee und das Gründerteam, sofern die Darstellungen überzeugend sind und das Team als kompetent wahrgenommen wird. Auch für diejenigen, die an einem Startup-Wettbewerb teilnehmen möchten, ist die Darstellung der wesentlichen Belange des Unternehmens in einem Businessplan erforderlich.

3.2 Bestandteile des Businessplans

In der Literatur finden sich unterschiedliche Gliederungsvorschläge zum Aufbau von Businessplänen. Die relevanten Inhalte stimmen dabei weitestgehend überein. In Anlehnung an Cristea et al. (2010) wird in diesem Buch zur Beschreibung einer Geschäftsidee folgende Gliederung eines Businessplans vorgeschlagen:

- Zusammenfassung des Businessplans[39],
- Produkt- oder Dienstleistungsidee,
- Gründer oder Gründerteam,
- Marketing,
- Geschäftssystem und Organisation des Unternehmens,
- Realisierungsfahrplan,
- Risiken der Gründung,
- Finanzierung.

Diesen Aspekten des Businessplans sind im Folgenden jeweils einzelne Abschnitte gewidmet.

---

39 Die Zusammenfassung des Businessplans gehört formal an den Anfang, in der Chronologie der Erstellung wird sie zum Schluss aus allen gesammelten Informationen geschrieben.

3.2 Bestandteile des Businessplans

3.2.1 Zusammenfassung des Businessplans

Die *Zusammenfassung des Businessplans* – auch als „executive summary" bezeichnet – bringt die wesentlichen Fakten der Geschäftsidee auf den Punkt. Sie gibt knapp, exakt formuliert und gut strukturiert einen Überblick zu den folgenden Aspekten:

- *Beschreibung der Geschäftsidee* inklusive einer kurzen Darstellung des Produkt- oder Dienstleistungsangebotes, der Abgrenzung des Zielmarktes und des Investitionsbedarfes.

- *Erfolgsfaktoren*: In diesem Kontext sind die kritischen Erfolgsfaktoren des Gründungsvorhabens zu beschreiben und Fragen zu beantworten, wie etwa: Welche Eigenschaften machen das Produkt oder die Dienstleistung besonders attraktiv? Warum sollte der Kunde das Produkt bzw. die Dienstleistung kaufen? Über welche Qualifikationen und Erfahrungen verfügt das Unternehmerteam, welche die Erfolgswahrscheinlichkeit der Geschäftsidee erhöhen könnten?

- *Risiken*: Welche Risiken gefährden den Erfolg der Geschäftsidee? Wie gedenkt der Gründer mit diesen Risiken umzugehen? Zusätzlich könnten alternative Vorgehensweisen und unterschiedliche Szenarien die Leser des Businessplans beeindrucken.

- *Entwicklungsperspektiven der Unternehmung*: Welches Entwicklungspotenzial sehen die angehenden Unternehmer? Die Betrachtungen könnten sich z.B. auf eine räumliche Expansion, die Eröffnung von Filialen oder die angestrebte finanzielle Entwicklung in den nächsten drei bis fünf Jahren beziehen, die über eine Rentabilitäts- & Liquiditätsplanung abgebildet werden.

„You never get a second chance to make a first impression"[40]. Beim Schreiben der Zusammenfassung des Businessplans ist es wichtig, sich bewusst zu machen, dass diese die Visitenkarte, der erste Eindruck, ist, den man hinterlässt, um Zutritt z.B. zum Kapital oder zu Mentoren zu finden. Liest ein viel beschäftigter Bankmanager, der sich zunächst kaum länger als 5-10 Minuten mit dem vorgelegten Businessplan befassen wird, diese „executive summary", so muss die Idee so klar, prägnant und mitreißend formuliert sein, dass das Interesse des Lesers geweckt wird und dieser sich den Details des Businessplans zuwendet.

Die folgende Checkliste enthält noch einmal wichtige Inhalte der Zusammenfassung des Businessplans.

---

40 Redensart unbekannter Herkunft.

Checkliste Zusammenfassung Businessplan[41]
• Name des zukünftigen Unternehmens?
• Name(n) des/der Gründer(s)?
• Wie lautet Ihre Geschäftsidee?
• Was ist das Besondere daran?
• Welche Erfahrungen und Kenntnisse qualifizieren Sie für dieses Gründungsvorhaben?
• Welche Kunden kommen für Ihr Angebot in Frage?
• Wie soll Ihr Angebot Ihre Kunden erreichen?
• Wie hoch ist der Gesamtkapitalbedarf für Ihr Vorhaben?
• Welches Umsatzvolumen erwarten Sie in den nächsten Jahren?
• Wie viele Mitarbeiter wollen Sie in drei Jahren beschäftigen?
• Welche Ziele haben Sie sich gesetzt?
• Welchen Risiken ist Ihr Vorhaben ausgesetzt?
• Wann wollen Sie mit Ihrem Vorhaben starten?

3.2.2 Beschreibung der Produkt-/Dienstleistungsidee

Dreh- & Angelpunkt einer Existenzgründung ist die Geschäftsidee. Die beste Planung kann aus einer mittelmäßigen Idee kein erfolgreiches Unternehmen machen. Eine herausragende Idee ist also eine notwendige Bedingung für eine erfolgreiche Unternehmensgründung im Kulturbetrieb. Andererseits aber ist die Idee allein ebenfalls kein Garant für Erfolg. Erst die gute Idee in Verbindung mit einem qualifizierten und motivierten Team, einem gut ausgearbeiteten Konzept und einer soliden Finanzierung schaffen die Voraussetzungen für einen nachhaltigen Erfolg. In diesem Abschnitt werden die Aspekte näher betrachtet, die mit der konkreten Geschäftsidee zusammenhängen.

Bei der Konkretisierung einer Produkt- oder Dienstleistungsidee sollte beachtet werden, dass mit der Idee Geld verdient werden soll, d.h. es müssen ausreichend viele kaufkräftige & -willige Kunden von dem Produkt oder der Dienstleistung begeistert werden. (Mindestens) sieben Dimensionen sind auszugestalten, wenn sich ein Kulturunternehmen an die Definition der Produkte (eingeschränkt gelten diese Überlegungen auch für Dienstleistungen) macht, die angeboten werden sollen (vgl. Trott (2008), S. 397f. und Abb. 18).

---

41 Vgl. BMWi-Gründerportal: Übersicht unter www.existenzgruender.de/checklisten_und_uebersichten/businessplan/index.php, dort Übersicht: Was gehört in Ihren Businessplan? Abfrage: 30.01.2011.

3.2 Bestandteile des Businessplans

Abbildung 18: Mehrdimensionale Produktdefinition

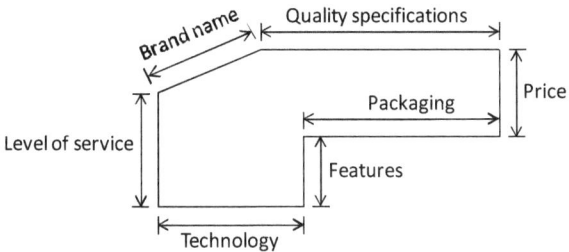

Je intensiver man sich mit der Produktgestaltung beschäftigt, desto deutlicher wird, dass man bereits in dieser Phase viele Marktinformationen benötigt, um realistisch planen zu können.

Die Dimensionen, über die sich der Gründer in der Planungsphase Gedanken machen sollte, lauten im Einzelnen:

- *Qualität*: In welcher Qualität soll das Produkt angeboten werden. Die Entscheidung über Aspekte wie die eingesetzten Materialien, die Güte und Genauigkeit der Verarbeitung, die Langlebigkeit werden u.a. beeinflusst von den Kostenstrukturen und den Qualitätsanforderungen potenzieller Kunden. Daher ist es sinnvoll, sich schon in dieser Phase einen Einblick in die zu erwartenden Kosten und die Kundenbedürfnisse zu verschaffen.
- *Preis*: Der Preis ist bereits bei der Konzeptionierung der Produktidee eine wichtige Komponente. Der Preis muss sich an der Zahlungsbereitschaft der adressierten Käuferschichten orientieren und beeinflusst den Gestaltungsrahmen der Produktumsetzung. Auf Details zur Preisfestsetzung wird in Kapitel 3.2.4.3.2 ausführlich eingegangen.
- *Verpackung*: Wer denkt, dass die Gestaltung der Verpackung eines Produktes keinen Einfluss auf den Verkaufserfolg hat, ist im Irrtum. Abhängig von der Art des Produktes und der Zielgruppe kommt der Verpackung eines Produktes eine hohe Bedeutung zu: Sie muss ansprechend, ästhetisch sein und Interesse wecken. Vereinzelt haben Unternehmen dieser Tatsache dadurch Rechnung getragen, dass zunehmend Kunden in die Gestaltung der Verpackung der Produkte eingebunden werden. Wenn man z.B. das Cover eines Buches als seine Verpackung betrachtet, so kann der Carlsen Verlag als gutes Beispiel angeführt werden: Der Verlag stellte im Jahre 2000 für die deutschsprachige Ausgabe des Harry Potter Bands IV erstmals zwei unterschiedliche Cover ins

Internet und ließ die Besucher der Internetseite an einer Abstimmung teilnehmen und das Cover auswählen, das schlussendlich das Buch zieren sollte. Damals beteiligten sich etwa 38.000 Leser an der Coverauswahl, die dann auch im Zuge der nachfolgenden Buchgestaltungen durchgeführt wurde. An der Wahl des Covers für Band VII beteiligten sich mehr als 289.000 Potter-Fans (vgl. Harry Potter Xperts[42]). Dieses clevere Vorgehen erregte bereits im Vorfeld der Buchveröffentlichung Aufmerksamkeit, verkürzte die gefühlt lange Wartezeit bis zur Veröffentlichung der deutschsprachigen Ausgabe und vermittelte den Lesern den Eindruck, dass sie sich das Cover nach ihren Wünschen individualisieren konnten. Dies ist ein interessanter Ansatz, um Aufmerksamkeit für und Identifikation mit neuen Produkten zu schaffen, dessen Nutzung auch Gründer im Kulturbetrieb durchdenken sollten.

- *Produkteigenschaften*: Wie soll das Produkt ausgestaltet, mit welchen Eigenschaften ausgestattet werden? Auch bei dieser Produktdimension ist es erforderlich, die potenziellen Kunden in die Überlegungen einzubeziehen. Welche Funktionen sind erforderlich, um das Produkt zu einem Erfolg werden zu lassen? Hierbei sind Kosten-Nutzen-Überlegungen zu beachten: Je mehr Funktionen bzw. Eigenschaften ein Produkt umfasst, desto teurer wird das Angebot. Es gilt also, die entscheidenden Aspekte mit dem höchsten Kundennutzen zu identifizieren und in einem ansprechenden Design umzusetzen.

- *Technologie*: Welche Technologie soll in dem Produkt eingesetzt werden? Gibt es alternative Technologien, die grundsätzlich in Frage kommen? Um eine Entscheidung treffen zu können, sollte man versuchen, technologische Trends zu antizipieren und zu überlegen, ob es ggf. sinnvoll ist, sich auf eine konservative ausgereifte Technologie zu verlassen, die sich kostengünstig einsetzen lässt oder ob es vorteilhaft ist, eine innovative Technologie zu verwenden, die gerade erst am Beginn ihres Lebenszyklus steht, mit der Erwartung, dass sich diese Technologie langfristig aufgrund einer höheren Leistungsfähigkeit durchsetzen wird.

- *Kundenservice*: Ein weiterer wichtiger Aspekt könnte der Service sein, der rund um das Produkt angeboten wird. Auch zur Abschätzung dieser Dimension könnten eine Kundenbefragung oder Gespräche mit Experten der Branche durchgeführt werden. Wie viel und welcher Service wird erwartet? Umfangreicher Service ist zum einen mit erhöhten Kosten des Unternehmens verbunden, zum anderen führt möglicherweise der angebotene Kundenservice

---

42 Vgl. www.harrypotter-xperts.de/book7?sid=b26708e462ef41363f8532a3ff949438; Abfrage: 30.01.2011.

überhaupt erst zum Kauf der Produkte oder zu einer im Vergleich zu ohne Serviceleistungen angebotenen Produkten erhöhten Zahlungsbereitschaft. Guter Service kann zu einer langfristigen Kundenbindung und einem positiven Image des Unternehmens beitragen.

- *Produktname*: Eine in seiner Bedeutung nicht zu unterschätzende Komponente ist der Name des Produktes. Ein einprägsamer, interessanter Name mit hohem Wiedererkennungswert kann stark zum Erfolg eines Produktes beitragen und diesem schnell „Kultstatus" verleihen. Als Beispiele können Produkte aus der Apple-Familie (iPhone, iPod, MacBook, iPad), Bionade, Red Bull oder Designer-Labels genannt werden, die allein auf Basis des Markennamens und des damit verbundenen Images höhere Preise durchsetzen können als Wettbewerbsprodukte gleicher Qualität ohne den entsprechenden Markennamen. Teilweise haben die Markenrechte erfolgreicher Unternehmen exorbitante Werte. Gründer im Kulturbetrieb sollten deshalb frühzeitig über geeignete Namen für das Unternehmen und die Produkte und Dienstleistungen nachdenken und prüfen, ob die entsprechenden Namen bereits von anderen geschützt wurden oder noch „frei" sind. Beim deutschen Patent- und Markenamt gibt es die Möglichkeit, eine Abfrage zur Verfügbarkeit der Namensrechte vorzunehmen (umfangreiche Informationen und der Zugriff auf die aktuelle Datenbank DPMAregister finden sich im Internet unter www.dpma.de). Eine Überprüfung einer freien Internetdomain zum gewünschten Namen ist ebenfalls wichtig – ein erfolgreiches Unternehmen ohne eigenen gleichlautenden Internetauftritt ist kaum mehr vorstellbar[43]. Um Rechtsstreitigkeiten zu umgehen, ist frühzeitiges Abprüfen und Handeln sinnvoll.

  Für die Sammlung potenzieller Produkt- und Unternehmensnamen lassen sich Kreativitätstechniken einsetzen. Es sollten mehrere Personen in diesen Prozess einbezogen werden. Eventuell kann man vorab gewisse „Spielregeln" festlegen, etwa, ob Phantasienamen zulässig sein sollen, ob die Namen der Gründer im Unternehmensnamen auftauchen sollen, ob Akronyme in Frage kommen, ob Kunstnamen vorstellbar sind, ob der Name unmittelbar auf das Produkt oder die Dienstleistung schließen lassen soll etc.

Je nach Hintergrund und Zusammensetzung des Gründerteams kann der eigentliche Prozess der Entwicklung des Produktes oder der Dienstleistung lange dauern. Das Team stellt möglicherweise sehr hohe Ansprüche an das Produkt, die weit über das hinausgehen können, was die Finanziers oder Berater des Unternehmens erwarten. Wenn sich beispielsweise Absolventen aus Design-Studiengängen mit

---

43 Die Suche einer freien Internetdomain mit der Endung „.de" kann bei der zentralen Registrierungsstelle DENIC eG erfolgen, www.denic.de; Abfrage: 30.01.2011.

einer Produktidee selbständig machen, haben die angebotenen Produkte für die Unternehmensgründer einen besonderen Stellenwert. Sie dienen als Referenz für die Kreativen, die viel Energie in den Designprozess investieren und sich extrem stark mit dem Produkt identifizieren. Häufig sind diese Gründer Perfektionisten, die nichts anderes als eine ästhetische Meisterleistung gelten lassen. Bankmanagern und Betriebswirten fehlt in der Regel das Verständnis für diese Herangehensweise. Sie neigen – getrieben vom Effizienzgedanken – tendenziell zur Anwendung des „80:20-Prinzips". Dieses besagt, dass man mit einem Einsatz von 20% – gemessen in Zeit- oder Geldeinheiten – zu einer Lösung gelangt, die 80% des theoretisch möglichen Potenzials ausschöpft. Ein zusätzlicher Aufwand von 80%, um mit abnehmendem Grenznutzen die letzten 20% des Potenzials freizusetzen, gilt als unwirtschaftlich und irrational. Hier liegt ein wesentliches Konfliktpotenzial zwischen kreativen und betriebswirtschaftlichen Professionen. Dies beruht auf der grundsätzlichen Einstellung und der Ausbildung dieser unterschiedlichen Berufsgruppen. Beide Sichtweisen haben ihre Berechtigung, wichtig ist es, im Dialog einen tragfähigen Kompromiss zu finden, mit dem alle Beteiligten leben können. Bei einer Existenzgründung im Kulturbetrieb ist vermutlich gerade dieser Kompromiss erfolgversprechend.

Die Auseinandersetzung mit einer Reihe von Fragen kann dazu beitragen, die Produkt- oder Serviceidee zu konkretisieren:

- Welche Art von Produkt/Dienstleistung soll angeboten werden?
- Wie ist jeweils die Wettbewerbssituation? Schon gleich zu Anfang ist es sinnvoll zu überlegen, wie viele Wettbewerber es in diesem Marktsegment gibt. Sind bereits sehr viele Unternehmen in diesem Markt tätig, sollte man sich überlegen, ob sich das Risiko lohnt, in diesen Markt einzusteigen. Wie mächtig sind die Unternehmen, die in dem betrachteten Markt bisher tätig sind? Kann es gelingen, sich gegen die „Goliaths" einer Branche durchzusetzen, weil man als kleines Unternehmen bestimmte Vorteile mitbringt und schnell und flexibel auf sich verändernde Trends reagieren kann? Haben die großen Player vielleicht keine Veranlassung, kleine Newcomer als ernsthafte Gefahr zu sehen und entsprechend zu handeln oder würden die etablierten Unternehmen versuchen, Existenzgründungen sofort zu „vernichten"?
- Wie hoch sind die Markteintrittsbarrieren? Sind diese mit vertretbarem Aufwand zu überwinden oder ist derart viel Aufwand zu betreiben oder ein ausgesprochen hohes finanzielles Engagement erforderlich, dass man besser auf einen Markteintritt verzichtet?
- Gibt es Unternehmen, die ähnliche Produkte oder Leistungen anbieten, von denen man lernen kann? Dieses „Sich-Messen-an-den-Besten" wird als

3.2 Bestandteile des Businessplans

Benchmarking bezeichnet und kann sich auf Unternehmen derselben oder auch ganz fremder Branchen beziehen.

- Soll sich das Angebot ausschließlich auf ein Produkt oder eine Leistung aus dem Kulturbereich beschränken oder gibt es Produkte oder Dienstleistungen, die zusammen mit dem Hauptprodukt vertrieben werden könnten? Der Vorteil bei einer Mehrproduktstrategie liegt darin, dass sich durch die Diversifikation das Risiko auf mehrere Bereiche verteilt. Falls die Absatzzahlen in einem Unternehmensbereich nicht so ausfallen wie geplant, kann dies eventuell durch die Umsätze in einem anderen Bereich kompensiert werden. In diesem Kontext stellt sich die Frage, welche zusätzlichen Produkte oder Leistungen zum Hauptprodukt passen und ob das Unternehmen über die nötigen Voraussetzungen verfügt, diese zusätzlich anzubieten. Was spricht jeweils für bzw. gegen die Aufnahme weiterer Produkte oder Leistungen in das Vertriebsprogramm des Unternehmens?
- Welches Kundenbedürfnis erfüllt das Unternehmen mit dem Produkt oder der Dienstleistung? Was ist das Neuartige an der Idee und warum sollten potenzielle Kunden die Angebote kaufen wollen?
- Ist das Produkt oder die Dienstleistung einzigartig? Welches ist das einzigartige Verkaufsargument, die „Unique Selling Proposition" (USP), des Unternehmens?
- Falls das Jungunternehmen mit seinem Angebot erfolgreich sein sollte, werden Wettbewerber möglicherweise schnell versuchen, die Idee zu kopieren. Daher gilt es, sich von vornherein zu überlegen, wie sich die Einzigartigkeit des Angebotes schützen lässt. Zu einer erfolgreichen Verteidigungsstrategie können neben einem herausragenden Angebot auch das Design, der Markenname und ein spezieller Kundenservice beitragen. Bei Produkten kann die Position des Unternehmens eventuell auch durch die Anmeldung von Patenten geschützt werden.
- Wo liegt der Vorteil des Produktes bzw. der Dienstleistung im Vergleich zu Angeboten der Wettbewerber?
- Lässt sich mit dem Produkt bzw. der Dienstleistung Geld verdienen? Wie hoch sind die fixen und variablen Kosten? Welche Preise werden von den Wettbewerbern derzeit gefordert? Welche Preise und daraus resultierend welche Deckungsbeiträge lassen sich erzielen? Wie hoch ist die kritische Absatzmenge, die vertrieben werden müsste, um die Gewinnschwelle zu überschreiten (Break-Even-Analyse) (s. Kap. 2.5)?
- Gibt es besondere Fähigkeiten oder Erfahrungen einzelner Mitglieder des Gründerteams, die den Erfolg der Geschäftsidee positiv beeinflussen können?

3.2.3 Gründer oder Gründerteam

„Vereinigung ist das Mittel, alles zu können."[44]

Sehr viele Existenzgründer im Kulturbetrieb sind „Solotänzer" (vgl. z.B. Kräuter (2002), S. 122f.). Eine Studie von Mandel in der Kulturwirtschaft zeigt, dass 70% der befragten Kulturunternehmer ohne Angestellte, 22% mit 1 - 4 Mitarbeitern und 8% mit mehr als 5 Angestellten arbeiten. 76% der Befragten haben aber temporäre (freie) Mitarbeiter und 95% vernetzen sich vorübergehend mit anderen Kulturschaffenden für einzelne Projekte oder Aufträge (vgl. Mandel (2007), S. 66).

Die Tätigkeit als „Solotänzer" muss nicht zwangsläufig nachteilig sein. Die Vorteile einer Einzelgründung gegenüber einer Gründung im Team liegen in der Gestaltungs- und Entscheidungsfreiheit des Einzelnen. Außerdem sind die Kosten deutlich niedriger – es muss nur ein Unternehmergehalt verdient werden – und es gibt niemanden, mit dem man sich über wichtige Aspekte oder strategische Entscheidungen streiten könnte. Interpersonelle Konflikte zwischen Gründern können nicht auftreten.

Die Nachteile des „Einzelkämpferdaseins" liegen allerdings auch auf der Hand. Der Gründer trägt die gesamte Verantwortung und Belastung und haftet allein. Die Arbeitsleistung ist geringer, Möglichkeiten zur Arbeitsteilung und Spezialisierung sind nicht vorhanden, der Gründer muss allein nach Lösungen suchen. Bei einem (z.B. krankheitsbedingten) Ausfall des Gründers kann niemand die Geschäfte weiter führen. Die Finanzierungsmöglichkeiten sind evtl. eingeschränkter als bei einer Gründung im Team (zu den Vor- und Nachteilen von Einzel- versus Teamgründungen vgl. De (2005), S. 81f.).

Um einige der Nachteile einer Einzelgründung zu kompensieren, nutzen viele Gründer die Möglichkeit, z.B. eine Büro-/Ateliergemeinschaft zu gründen, um sich die Kosten für Miete, Maschinen oder Material zu teilen oder die unterschiedlichen Talente der Gemeinschaft zu nutzen. Ein Beispiel für ein klassisches Team in der Kulturwirtschaft: Galeristen und Manager sind für die Vermarktung der von einem oder mehreren Künstlern gefertigten Werke zuständig (vgl. Bundesministerium für Wirtschaft und Arbeit (2004), S.18)[45].

Das Unternehmerteam sollte generell über die erforderlichen Qualifikationen und Erfahrungen verfügen, um das Produkt oder die Dienstleistung erfolgreich am Markt etablieren zu können. Neben fachlicher Qualifikation sind ein gu-

---

44 Hans A. Pestalozzi (*1929), Schweizer Soziologe, vgl. Bundesministerium für Wirtschaft und Arbeit (2004), S. 18.
45 Dort findet sich auch eine Checkliste für wichtige Aspekte, die bei der Bildung von Büro- und Ateliergemeinschaften beachtet werden sollten, um eine erfolgreiche und partnerschaftliche Zusammenarbeit mit gleichen Rechten und gleichen Pflichten zu sichern.

3.2 Bestandteile des Businessplans

tes persönliches Verhältnis der Teammitglieder untereinander und Vertrauen ganz wichtige Voraussetzungen für einen wirtschaftlichen Erfolg. In Stresssituationen, die mit Sicherheit auftreten werden, und in Anbetracht der Tatsache, dass man in einem wichtigen Lebensabschnitt weit mehr als einen 8-Stundentag gemeinsam verbringt, sind die weichen Faktoren der Teambildung von entscheidender Bedeutung. Ist man hier nicht zu 100 Prozent „auf einer Wellenlänge" und vertraut dem/n Partner(n) nicht blind, ist das gemeinsame Projekt früher oder später gefährdet.

In diesem Abschnitt werden zunächst Rollen dargestellt, die von den Mitgliedern des Unternehmerteams ausgefüllt werden sollten, um beim Aufbau des Unternehmens erfolgreich zu sein. Anschließend wird auf Motive und Eigenschaften eingegangen, die eine Unternehmerpersönlichkeit antreiben beziehungsweise auszeichnen.

3.2.3.1 Promotorenmodell

Die Rollen, die von den Mitgliedern des Unternehmerteams wahrgenommen werden sollten, sind vielfältig und lassen sich anhand des Promotorenmodells (vgl. z.B. Witte (1973), S. 14ff., Hauschildt/Chakrabarti (1998), S. 77f., Gemünden/Walter (1998), S. 119ff.) beschreiben, das auf Eberhard Witte zurück geht.

Das Promotorenmodell gilt als Leitbild der Organisation von (Innovations-) Projekten, die gekennzeichnet sind durch:

- eine zeitliche Befristung,
- Ergebnisorientierung,
- ein festes Budget,
- Einmaligkeit,
- ein interdisziplinäres Team,
- das Risiko des Scheiterns,
- Komplexität.

Da die Gründung eines Unternehmens im Kulturbetrieb in vielerlei Hinsicht den dargestellten Kriterien eines (Innovations-)Projektes entspricht, kann das Promotorenmodell Anregungen für Existenzgründungsvorhaben geben.

Aus dem Innovationsmanagement ist bekannt, dass eine Arbeitsteilung in Projekten die Wahrscheinlichkeit erhöht, diese erfolgreich umzusetzen. Die Rollen unterschiedlicher Promotoren lassen sich wie folgt klassifizieren:

- Der *Fachpromotor* ist Träger objektspezifischen Fachwissens und Kenner der Materie.

- Die Rolle des *Machtpromotors* „*ist dadurch gekennzeichnet, dass sie hinreichenden formalen Einfluss verleiht, der es gestattet, die Opponenten des Nichtwollens mit Sanktionen zu belegen und die Innovationswilligen zu schützen*" (vgl. Witte (1973), S. 17). Der Machtpromotor verfügt über die notwendigen hierarchischen und finanziellen Mittel, um ein Projekt auch gegen eventuell auftretende Widerstände durchzusetzen.
- Der *Prozesspromotor* vermittelt zwischen Fach- und Machtpromotor. Er ist Fürsprecher des Neuen und hilft, Widerstände gegen Innovationen im Unternehmen zu überwinden.
- Während der Prozesspromotor innerhalb des Unternehmens tätig ist, überwindet der *Beziehungspromotor* (vgl. Gemünden/Walter (1995), S. 119ff.) Schnittstellen über die Unternehmensgrenzen hinweg und versucht, alle Stakeholder, die Einfluss auf die Existenzgründung haben, zu informieren und für das Unternehmen einzunehmen.

Es sind nicht vier unterschiedliche Personen nötig, um die genannten Rollen einzunehmen. Es kann zu einer Bündelung mehrerer Rollen in einer Person kommen. Etwa könnten die Rollen des Prozess- und Beziehungspromotors von einem Teammitglied wahrgenommen werden. Für diese Rolle eignet sich ein selbstbewusstes kommunikatives Mitglied des Gründerteams, das bestenfalls bereits über gute Kontakte in der Branche verfügt, in der das Unternehmen seine Tätigkeit aufnehmen möchte. Aufgrund komplexer Herausforderungen und einer starken Spezialisierung der Menschen in der Arbeitswelt könnte sich die Rolle des Fachpromotors auf mehrere Personen verteilen.

Bei der Zusammensetzung eines erfolgversprechenden Unternehmerteams im Kulturbetrieb ist also zu klären, wer die Rolle des Fach-, Macht-, Prozess- und Beziehungspromotors übernimmt. Selbstverständlich können alle genannten Rollen auch von einer Person ausgefüllt werden. Allerdings ist dies mit einer ausgeprägten Lernbereitschaft des Gründers verbunden, da kaum eine Einzelperson alle notwendigen Vorkenntnisse besitzen wird.

Unerlässlich für den erfolgreichen Aufbau eines Unternehmens sind Fähigkeiten in folgenden Kompetenzfeldern:

- *Technik/Content*: Mindestens ein Mitglied des Gründerteams sollte sich sehr gut mit den (technischen) Inhalten der Geschäftsidee auskennen und herausragendes Wissen über die Produkte oder Dienstleistungen besitzen, die angeboten werden sollen.

3.2 Bestandteile des Businessplans

- *Marketing/Vertrieb*: Ein Teammitglied sollte ein ausgeprägtes Gespür für die Vermarktung haben und bestenfalls bereits Erfahrungen bei der Konzipierung und Umsetzung von Marketingmaßnahmen gesammelt haben.
- *Finanzen*: Eine Person aus dem Kreise des Gründerteams sollte Kompetenzen einbringen, die sich auf die Bereiche Finanzierung, Buchführung und Controlling beziehen.

3.2.3.2 Charakterisierung erfolgreicher Existenzgründer

Angehende Unternehmer lassen sich bei dem Schritt in die Selbständigkeit von verschiedenen Motiven leiten (vgl. Klandt (2006), S. 19ff.):

- *Leistungsmotiv*: Vor allem der Gedanke, sich im freien Wettbewerb mit anderen zu messen, ist Triebfeder junger Unternehmer. Als zentrale Herausforderung wird der Effizienzgedanke gesehen – häufig ziehen Gründer ihre Motivation daraus, anderen zu beweisen, dass sich die Produkte oder Dienstleistungen hochwertiger, in kürzerer Zeit oder mit geringerem Aufwand bereitstellen lassen als dies Wettbewerbern gelingt. Eine wichtige Größe zur Messung der individuellen Leistung kann dabei der wirtschaftliche Erfolg des Unternehmens sein. Im Kulturbetrieb könnte sich das Leistungsmotiv dergestalt äußern, dass die Unternehmer aus ihrer Sicht einzigartige Leistungen anbieten, die zu einer Aufwertung vieler Lebensbereiche beitragen und die ohne ein persönliches Engagement nicht erreicht werden könnten.
- *Streben nach Unabhängigkeit*: Nicht in den Fesseln eines Angestelltenverhältnisses gefangen zu sein, ist für viele Existenzgründer eine bedeutende Motivation. Die Gründer nehmen lieber das Risiko einer selbständigen Tätigkeit in Kauf als sich in eine betriebliche Hierarchie einzuordnen. Sie schätzen ihre persönliche Freiheit und bevorzugen es, unabhängige Entscheidungen treffen zu können. Sie schrecken nicht vor der Verantwortung zurück, die sie damit übernehmen.
- *Machtstreben*: Gegen die landläufige Meinung, Unternehmer strebten nach Macht, hat dieses Motiv für eine Existenzgründung keine zentrale Bedeutung. Die Machtorientierung als Leitmotiv ist bei Gründern nicht stärker ausgeprägt als in anderen Gruppen.

Eine Studie von Dangel/Piorkowsky (2006) fasst Gründungsmotive von Selbständigen aus vier Kultursparten zusammen (vgl. Tab. 3, Angaben in Prozent, Mehrfachnennungen möglich, vgl. auch Hausmann (2007), S. 223f.).

Tabelle 3: Gründungsmotive von Selbständigen in unterschiedlichen Kultursparten

Gründungsmotiv	Musik	Literatur	Bildende Kunst	Darstellende Kunst
Tätigkeit kann nur in Selbständigkeit ausgeübt werden	42,4	51,8	60,8	37,5
Verwirklichung einer Idee	38,4	44,6	47,5	55,4
Unabhängig sein	41,4	46,8	57,5	44,6
Auftrag/Engagement	29,3	42,4	14,2	26,8
Keine andere Möglichkeit, Geld zu verdienen	24,2	10,8	13,3	21,4
Ausweg aus beruflicher Frustration	24,2	27,3	18,3	21,4
Befürchteter Arbeitsplatzverlust	8,1	2,9	5,8	1,8
Durch Personen im Umfeld dazu ermutigt	39,4	25,9	37,5	32,1
Weiterhin um Haushalt und Familie kümmern	8,1	17,3	9,2	7,1
Sonstige	17,2	13,7	32,5	25,0

Der Tabelle ist zu entnehmen, dass ein ganz wesentliches Motiv für Unternehmensgründungen im Kulturbetrieb aus dem Umstand abzuleiten ist, dass die entsprechende Tätigkeit häufig nur in der Selbständigkeit ausgeübt werden kann. Dieses Phänomen ist im Bereich der bildenden Kunst besonders stark ausgeprägt. In dieser Sparte gibt es nur relativ begrenzte Möglichkeiten zur Aufnahme einer Tätigkeit im Angestelltenverhältnis. Außerdem ist das Bestreben, eine konkrete Idee umzusetzen – und damit häufig die Selbstverwirklichung des Gründers – ein wichtiges Motiv für die Aufnahme einer selbständigen Tätigkeit. Junge Kulturunternehmer fühlen sich im wahrsten Sinne des Wortes „berufen", sich kompromisslos zu 100 Prozent einer Aufgabe zu verschreiben und diese in einer unternehmerischen Tätigkeit zu realisieren. Des Weiteren hat das Streben nach Unabhängigkeit einen hohen Stellenwert. Häufig tritt auch der Fall ein, dass ein erster Auftrag oder ein erstes Engagement zur Aufnahme einer selbständigen Tätigkeit führen (vgl. Dangel (2007), S. 137). Wichtige Impulse kommen auch aus dem persönlichen Umfeld des Gründers. Freunde und die Familie geben Rückhalt und ermutigen den Gründer, den Schritt in die Selbständigkeit zu wagen.

Neben diesen Motiven, eine selbständige Tätigkeit aufzunehmen, gibt es eine Reihe von Eigenschaften, die den typischen Unternehmer auszeichnen (einige der genannten Eigenschaften finden sich bei Klandt (2006), S. 19ff.). Diese Liste erhebt keinen Anspruch auf Vollständigkeit und kann auch nicht als Ausschlusskatalog betrachtet werden, da die Möglichkeiten, sich im Rahmen des Kulturbetriebes selbständig zu machen, zu vielfältig sind, als dass man aufgrund einer pauschalen Rasterung von persönlichen Eigenschaften bestimmten Personen von einer selb-

3.2 Bestandteile des Businessplans

ständigen Tätigkeit abraten sollte. Dennoch gibt die Liste einige Anregungen, über die nachzudenken sich lohnt:

- *Risikobereitschaft*: Erfolgreiche Gründer zeichnen sich durch eine mittlere Risikobereitschaft aus. Eine hohe persönliche Risikoaversion ist ein absolutes K.O.-Kriterium. Risikoaverse Menschen streben sicher nicht in die Selbständigkeit. Eine zu hohe Risikobereitschaft andererseits könnte Leichtsinn und eventuell eine schlechte Vorbereitung der Gründung zur Folge haben („es wird schon gut gehen"). Ein erfolgreicher Gründer sollte auf jeden Fall versuchen, vor und in der Gründungsphase alle notwendigen Schritte in die Wege zu leiten, um das Risiko der unternehmerischen Tätigkeit zu reduzieren. Das umfasst die Auswahl einer geeigneten Gründungsidee und die Ausarbeitung eines fundierten Konzeptes. Das Risiko einer Existenzgründung beschränkt sich nicht auf finanzielle Aspekte, auch das Risiko negativer Auswirkungen auf das soziale und familiäre Umfeld sowie die Gefahr eines Karriereknicks im Falle eines unternehmerischen Misserfolgs spielen eine Rolle.

- *Vertrauen in die eigenen Fähigkeiten*: Dahinter verbirgt sich die Überzeugung, seine Geschicke selbst in die Hand nehmen zu können und kein Spielball des Schicksals zu sein. Dies setzt ein gesundes Selbstbewusstsein und Selbstwertgefühl voraus, um die internen und externen Widerstände überwinden zu können. Zur Umsetzung der Geschäftsidee bedarf es einer starken Persönlichkeit, die auch mit evtl. eintretenden Rückschlägen umzugehen in der Lage sein muss.

- *Begeisterungsfähigkeit/Engagement*: Erfolgreiche Gründer sind begeistert von ihrer Geschäftsidee und absolut überzeugt, diese erfolgreich umsetzen zu können. Dies ist eine Notwendigkeit, um das Unternehmerteam zu besonderen Leistungen zu motivieren und Außenstehende, die der Gründung eventuell kritisch gegenüberstehen, zu überzeugen, mit dem Virus der Idee zu infizieren und „ins Boot zu holen". Für jede Existenzgründung ist ein außergewöhnliches Engagement erforderlich. Mit einer „nine-to-five"-Mentalität wird man ein Unternehmen nicht durch die raue See der Gründungsjahre navigieren können. Eine Voraussetzung, ein Unternehmen begeistert und engagiert führen zu können, ist, dass man Freude an seiner Arbeit hat. Jerry Greenfield, einer der beiden Gründer von Ben & Jerry's Homemade Inc., hat dies so formuliert: „*If it's not fun, why do it?*"[46].

- *Offenheit/Kontaktfreude*: Diese Eigenschaft bedeutet zum einen offen zu sein im Umgang mit Menschen. Gründer sollten kontaktfreudig sein und keine Angst haben, Gespräche mit den Anspruchsgruppen des Unternehmens zu

---

46 Vgl. www.benjerry.de/ueber-uns/wie-alles-begann/index.php; Abfrage: 30.01.2011.

führen. Offenheit ist zum anderen auch im Umgang mit Neuem wünschenswert. Unternehmensgründer müssen sich auf innovative Produkte, Konzepte und Strukturen einlassen können.

- *Zielstrebigkeit/Entschlossenheit*: Gründer sollten genau wissen, welche Ziele sie erreichen wollen und die Entschlossenheit mitbringen, diese konsequent zu verfolgen. Ein hohes Maß an Durchsetzungsfähigkeit kann sich positiv auf die Geschäftsgründung auswirken. Nach einer Phase der Planung sind die Maßnahmen konsequent durchzuführen. Zögerliches Verhalten kann den Erfolg des Unternehmens gefährden. Allerdings ist auf Aktionismus zu verzichten, d.h. pures Handelnwollen ist nicht zielführend.

- *Kreativität*: Existenzgründer benötigen ein hohes Maß an Kreativität, um ein für die Kunden attraktives Leistungspaket zusammen zu stellen. Dazu gehört die Entwicklung begeisternder Produkte oder Dienstleistungen, aber auch das Erkennen einer passenden Vertriebs- und Marketingstrategie und deren Umsetzung, um erfolgreich zu sein.

- *Anpassungsfähigkeit/Flexibilität*: Eine wichtige Eigenschaft eines Gründers sollte sein, sich an veränderte Rahmenbedingungen flexibel anpassen zu können. Es ist nicht sinnvoll, den einmal eingeschlagenen Weg stur weiterzuverfolgen, unabhängig davon, ob sich äußere Einflüsse geändert haben oder nicht. Allerdings ist dies ein schmaler Grat, denn eine Veränderung der Strategie, sobald man auf erste Widerstände trifft, ist auch nicht zwangsläufig empfehlenswert. Man braucht Gespür, viel Erfahrung und Fingerspitzengefühl, um den richtigen Weg zu finden.

Weitere Qualifikationen, die ein Gründer oder ein Gründerteam mitbringen oder im Prozess der Existenzgründung entwickeln sollten, sind:

- *Soziale Kompetenz*: Unternehmen sind soziale Gefüge mit vielen zwischenmenschlichen Schnittstellen im Unternehmen und über dessen Grenzen hinaus. Deshalb ist es sehr hilfreich, eine Begabung im Umgang mit anderen Menschen mitzubringen oder sich die entsprechenden Fähigkeiten anzueignen. Dies lässt sich erlernen – nicht jeder ist ein Naturtalent.

- *Projektmanagement-Kompetenz*: Auf den Projektcharakter von Existenzgründungen wurde bereits hingewiesen. Die Fähigkeit, ein Projekt in seiner Komplexität planen und terminitreu unter Einhaltung des Budgets realisieren zu können, gehört daher ebenfalls zu den wichtigen Aspekten einer Unternehmensgründung. Der Bedarf an Finanzmitteln zum Aufbau des Unternehmens ist stark von der Umsetzungsdauer der Idee abhängig. Treten bei der Realisierung Verzögerungen auf, steigt fast zwangsläufig der Finanzbedarf. Kann dieser

3.2 Bestandteile des Businessplans

nicht durch zusätzliches Eigen- oder Fremdkapital gedeckt werden, droht die Insolvenz des Unternehmens, bevor es sich richtig am Markt etablieren konnte. Dies unterstreicht die Notwendigkeit, eine Unternehmensgründung als Projekt gut strukturiert durchzuplanen und umzusetzen.

- *Verhandlungsgeschick/Durchsetzungsvermögen*: Um bei Verhandlungen z.b. mit Kunden, Lieferanten, Banken und Mitarbeitern eine starke Position aufbauen zu können, ist Verhandlungsgeschick und souveränes, sicheres Auftreten von großem Vorteil. Falls im Team gegründet wird, sollte man versuchen herauszufinden, wer über die größte Begabung im Verhandeln verfügt und bei Verhandlungen jeder Art vermutlich das Beste für das Unternehmen herausholen kann.

3.2.3.3 Unternehmer als Manager

Jeder Unternehmensgründer ist auch Top-Manager seines eigenen Unternehmens mit der erweiterten Verantwortung, persönlich (eventuell sogar mit dem privaten Vermögen) für die Geschicke des Unternehmens zu haften.

Henry Mintzberg hat die Aufgaben von Managern analysiert und zehn Aufgaben identifiziert, die von diesen zu bewältigen sind (vgl. Mintzberg (2007), S. 13ff.). Die Ergebnisse dieser Studie werden hier kurz wieder gegeben. Für Gründungswillige gibt es eine Reihe von Anregungen und Denkanstößen, ob und inwieweit sie den genannten Aufgaben gerecht werden.

Mintzberg gruppiert die zehn Aufgaben des Managers in drei Rollen: die interpersonelle, die informierende und die Rolle des Entscheiders.

In der *interpersonellen Rolle* hat der Manager drei Aufgaben:

- Der Manager ist *Repräsentant*, der das Unternehmen nach außen vertritt, Verträge unterzeichnet, wichtige Besucher empfängt – er ist das „Aushängeschild" des Unternehmens.
- *Führung* des Unternehmens: Diese Aufgabe des Managers bezieht sich auf die Steuerung des Unternehmens. Es gilt, die Mitarbeiter zu motivieren, für gute Arbeitsbedingungen und ein gutes Betriebsklima zu sorgen und die Leitlinien des Unternehmens festzulegen und vorzuleben.
- *Kontaktpflege*: Aufgabe des Managers ist es auch, Kontakte zu allen Stakeholdern zu unterhalten und sein Netzwerk kontinuierlich zu pflegen und auszubauen, um ein stabiles Unternehmensumfeld zu schaffen, das beste Voraussetzungen für eine erfolgreiche Tätigkeit des Unternehmens bietet.

In der *informierenden Rolle* hat der Manager drei weitere Aufgaben zu bewältigen:

- *Zentrum des Informationsflusses*: Aufgrund seiner übergeordneten Funktion kann der Manager mehr Informationen sammeln als die Mitarbeiter in seinem Umfeld. Er verfügt zwar nicht notwendigerweise über das Detailwissen der jeweiligen Spezialisten, aber er kennt die Zusammenhänge und häuft mehr strategisches Wissen an als andere Mitarbeiter des Unternehmens. Seine Aufgabe besteht darin, die Informationen aufzunehmen, auszuwerten und zu verdichten.
- *Verteiler von Informationen*: Aus der Position des Managers im Zentrum des Informationsflusses leitet sich die Aufgabe ab, allen Mitarbeitern die jeweils relevanten Informationen zukommen zu lassen, damit diese ihre Tätigkeiten bestmöglich ausüben können.
- *Sprecher des Unternehmens*: Der Manager kommuniziert mit externen Partnern des Unternehmens. Er berichtet zum Beispiel über den Erfolg und die Tätigkeiten des Unternehmens, die Firmenstrategie und die Zukunftspläne.

Aufgrund seiner Position im Zentrum des Informationsflusses ist nur der Manager in der Lage, komplexe Entscheidungen zu treffen, da nur er über alle notwendigen Informationen verfügt. In der *Rolle des Entscheiders* kommen dem Manager vier Aufgaben zu:

- *Entrepreneur*: Der Manager ist Initiator und Designer von Veränderungsprozessen im Unternehmen, deren Umsetzung er komplett oder teilweise an Mitarbeiter delegieren kann.
- *Troubleshooter*: Viele Aufgaben des Managers ergeben sich durch Einflüsse aus dem Unternehmen oder dem Umfeld, auf die er reagieren muss. Mit diesen Störungen umzugehen und das Unternehmen auf Basis seines Wissens und seiner Erfahrung auf Kurs zu halten, ist eine wesentliche Herausforderung im Aufgabenfeld des Managers. Wichtig ist, dass der Unternehmer seine Zeit nicht vollständig durch die Bewältigung unbedeutender Aufgaben mit hohem Zeitdruck binden lässt (vgl. Greshamsches Gesetz der Planung in Abschnitt 2.1.5). Um ein Unternehmen erfolgreich führen zu können, muss hinreichend viel Zeit für strategische Aufgaben zur Verfügung stehen, damit die Führung des Unternehmens nicht zu einem unsystematischen, planlosen Reagieren auf äußere Einflüsse – auch als „Muddling-through" bezeichnet – verkommt, das ein praktiziertes, aber nicht wirklich empfehlenswertes Managementprinzip ist.
- *Ressourcenfreigabe*: Entsprechend seiner hierarchischen Position hat der Manager die Aufgabe, die finanziellen, personellen und maschinellen Ressourcen zu steuern und freizugeben.

3.2 Bestandteile des Businessplans

- *Verhandlungen führen*: Last but not least ist als Aufgabe des Managers das Führen von Verhandlungen mit den Anspruchsgruppen im Unternehmen und außerhalb zu nennen, z.b. mit Kunden, Lieferanten, Kapitalgebern und Behörden.

Diese Aufgabenliste beschreibt die Tätigkeiten und Herausforderungen von Managern, sie gibt potenziellen Existenzgründern einen Einblick in die Aufgaben, denen sie sich bei der Führung eines Unternehmens stellen müssen. Natürlich ist nicht zu erwarten, dass der Existenzgründer allen Anforderungen von Beginn an gerecht wird. Man wächst in diese Dinge hinein, sammelt Erfahrung und wird sich kontinuierlich weiterentwickeln. Ergänzend besteht für Existenzgründer die Möglichkeit, sich coachen zu lassen. Einige Förderprogramme stellen finanzielle Mittel zur Verfügung, die für diese Zwecke eingesetzt werden können.

Zur Prüfung der relevanten Aspekte zum Themenbereich „Gründer oder Gründerteam" sollten sich angehende Kulturunternehmer noch einmal die folgenden Fragen stellen:

- Soll allein oder im Team gegründet werden?
- Wer sind ggf. die Mitglieder des Unternehmerteams? Was zeichnet die einzelnen Mitglieder aus? Welche Ausbildung, Qualifikation und Berufserfahrung, auch in ehrenamtlicher Tätigkeit, bringen die Gründer mit? Stimmt die „Chemie" zwischen den Gründern?
- Gibt es spezielle Branchenkenntnisse oder bereits erzielte Erfolge, die auf eine positive Entwicklung des zu gründenden Unternehmens schließen lassen? Haben einzelne Teammitglieder besondere Zertifikate oder Zulassungen, die für die Gründung von Nutzen oder gesetzlich vorgeschrieben sind?
- Über welche kaufmännischen Kenntnisse verfügen die Mitglieder des Teams?
- Welche Motivation zur Geschäftsgründung haben die einzelnen Teammitglieder?
- Welche besonderen Stärken gibt es im Team?
- Welche Defizite bestehen? Fehlen bestimmte Fähigkeiten oder Erfahrungen? Wie und durch wen sollen diese Fähigkeiten kompensiert werden?
- Sind die Rollen des Fach-, Macht-, Prozess- & Beziehungspromotors im Team angemessen besetzt?

Potenzielle Gründer sollten sich ausführlich mit der Frage auseinander setzen, ob sie für die Selbständigkeit geeignet sind. Intensive Gespräche mit Freunden können genauso zu Ergebnissen führen wie Persönlichkeitstests, die man durchführen kann, um herauszufinden, ob man zum Unternehmer geboren ist oder sich zu einem entwickeln könnte. Beispielsweise sei auf den Unternehmercheck des Bundesministeriums für Wirtschaft und Technologie „Dreh- und Angelpunkt: Die Gründerperson" verwiesen[47].

3.2.4 Marketing

„Es reicht nicht aus, gute Musik zu machen, man muss sich auch verkaufen können."[48]

Dieses Zitat gilt natürlich nicht nur für die Musikindustrie – es hat Gültigkeit für alle Bereiche einer kreativen oder künstlerischen Tätigkeit.

Hier setzt dieser Abschnitt an. Es werden die Grundlagen des Marketing[49] vermittelt, die für eine Existenzgründung im Kulturbetrieb und für die Vermarktung der Produkte oder Dienstleistungen des Gründungsvorhabens von Bedeutung sind.

Zunächst wird der Begriff Marketing definiert und kurz erläutert. Es gibt eine Vielzahl von Begriffsbestimmungen aus unterschiedlichen Perspektiven (vgl. Homburg/Krohmer (2003), S. 9f.), von denen drei genannt werden sollen:

- Aus einer *aktivitätsorientierten Perspektive* wird Marketing z.B. von der American Marketing Association folgendermaßen definiert: *„Marketing is the process of planning and executing the conception, pricing, promotion, and distribution of ideas, goods, and services to create exchanges that satisfy individual and organizational goals"* (vgl. o.V., AMA Board Approves New Definition of Marketing, Marketing News, 19, 5, 1). Diese instrumentelle Definition spiegelt sich im Marketing-Mix wider, auf den im Folgenden näher eingegangen wird.

- Eine Definition des Marketing aus einer *beziehungsorientierten Perspektive* fokussiert sich auf den Aufbau und die Pflege von Kundenbeziehungen: *„Marketing is to establish, maintain, enhance and commercialize customer relationships (often but not necessarily always long term relationships) so that the objectives of the parties involved are met. This is done by a mutual exchange and fulfillment of promises"* (vgl. Grönroos (1990), S. 5).

- Aus einer *führungsorientierten Perspektive* steht die marktbezogene Steuerung des gesamten Unternehmens im Vordergrund. Die zentralen Entscheidungen

---

47 Der Unternehmercheck findet sich im Informationsangebot des Existenzgründerportals des Bundesministeriums für Wirtschaft und Technologie (www.existenzgruender.de) unter Checklisten und Übersichten → Vorbereitung und Beratung → Check: Dreh- und Angelpunkt: Die Gründerperson.
48 Vgl. Interview mit Petra Höhn, Fachbereichsleiterin RegioNet und Startups, Popakademie Baden-Württemberg GmbH Mannheim, vgl. Bundesministerium für Wirtschaft und Arbeit (2004), S. 16.
49 Zum Marketing allgemein vgl. z.B. Eckardt (2010), S. 71ff. und Wöhe/Döring (2008), S. 379ff.

werden bewusst an den Gegebenheiten des Marktes ausgerichtet. Das Management des Unternehmens ist auf allen Ebenen und in allen Funktionsbereichen durch eine marktorientierte Denkweise geprägt (vgl. Homburg/ Krohmer (2003), S. 15).

Alle drei Facetten des Marketingbegriffs sind für junge Kulturunternehmen relevant, da ausgehend von den Kundenanforderungen und den angestrebten Beziehungen zu den Kunden (beziehungsorientiert) überlegt werden sollte, mit welchen Marketingmaßnahmen die Ziele des Unternehmens umgesetzt werden sollen (aktivitätsorientiert). Bereits bei der Gründung des Unternehmens muss entschieden werden, wie das Marketing im Unternehmen verankert werden soll (führungsorientiert).

Die folgende Abbildung veranschaulicht das Aufgabenfeld des Marketing (vgl. Abb. 19).

Abbildung 19: Aufgabenfeld des Marketing

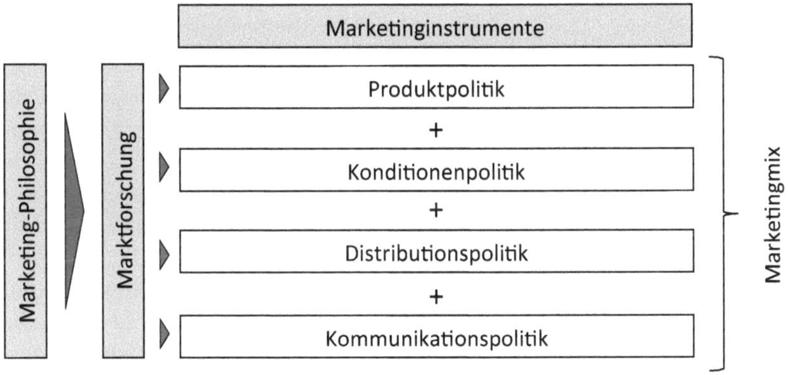

Ausgehend von der Marketingphilosophie des Unternehmens, die aus den Zielen und der Gesamtstrategie des Unternehmens abzuleiten ist, betreibt das Unternehmen Marktforschung, um u.a.

- die Kundenanforderungen z.B. hinsichtlich des geplanten Produkt- oder Dienstleistungsangebotes,
- die Zahlungsbereitschaft der Kunden,

- geeignete Vertriebswege,
- die erfolgversprechendsten Kommunikationsformen,
- die Angebote, Marktanteile und die Ausgestaltung des Marketingmix der Wettbewerber

zu ermitteln.

Die Ergebnisse der Marktforschung bilden die Basis zur Ausgestaltung der vier Instrumente des Marketings. Die Marketinginstrumente (vgl. z.B. Eckardt (2010), S. 87ff.) sind als die 4 „P"s („product"/Produktpolitik, „price"/Konditionenpolitik, „placement"/Distributionspolitik & „promotion"/Kommunikationspolitik) bekannt. Die Marketinginstrumente sollten hierbei nicht isoliert betrachtet werden. Die Herausforderung für ein Unternehmen besteht darin, den optimalen Mix, also die bestmögliche Kombination dieser Instrumente zu bestimmen.

Abbildung 20 veranschaulicht den Marketing-Managementprozess:

- Auf der normativen Ebene werden die generellen Ziele und das Selbstverständnis des Unternehmens definiert. Grundlegende Normen und Prinzipien werden in einem Mission-Statement (Unternehmensleitbild) festgeschrieben.
- Die strategische Ebene befasst sich mit Erfolgspotenzialen des Unternehmens. Zu diesem Zweck ist es zunächst notwendig, die Ausgangslage des Unternehmens aus unterschiedlichen Perspektiven zu betrachten. Dabei sollten die Nachfrage-, die Wettbewerbs- und die Beschaffungssituation analysiert werden. Außerdem sind die Stärken und Schwächen des Unternehmens in einer Potenzialanalyse sowie sonstige relevante Rahmenbedingungen in einer Umfeldanalyse zu bestimmen. In diesem Kontext können die Analyse der Wettbewerbskräfte nach Porter und die SWOT-Analyse zum Einsatz kommen (vgl. hierzu die Ausführungen in den Abschnitten 2.6.2 und 2.6.3). Aufbauend auf dieser Analyse der Ausgangslage werden die Ziele konkretisiert und präzisiert und eine Strategie zur Erreichung dieser Ziele festgelegt.
- Auf der operativen Ebene steht die konkrete Umsetzung der Implikationen der beiden übergeordneten Ebenen im Vordergrund. In diesem Zusammenhang wird die operative Marketingstrategie bestimmt, die Instrumente des Marketing werden geplant und zum optimalen Marketing-Mix des Unternehmens zusammengefügt.

3.2 Bestandteile des Businessplans

Abbildung 20: Marketing-Managementprozess (in Anlehnung an Schneidewind (2006), S. 31)

In den folgenden Abschnitten werden vertiefend die Themen „Marktforschung" und „Instrumente des Marketing-Mixes" behandelt.

3.2.4.1 Marktforschung

Um als Unternehmen erfolgreich am Markt bestehen zu können, ist es extrem wichtig, ein möglichst gutes Bild von seinen (potenziellen) Kunden zu haben. Etablierte Unternehmen sind häufig seit vielen Jahren auf denselben Märkten tätig und kennen diese in- und auswendig. Frisch gegründete Unternehmen oder solche, die einen Strategieschwenk vornehmen und neue Märkte erschließen wollen, sollten den betreffenden Zielmarkt möglichst exakt abgrenzen und genau kennen lernen, damit die Marketinginstrumente effektiv und wirtschaftlich eingesetzt werden können. Einige Hilfsmittel zur Marktanalyse werden in diesem Abschnitt vorgestellt.

Ein Markt kann anhand unterschiedlicher Kriterien beschrieben werden (vgl. Thommen/Achleitner (2009), S. 140):

- *Kunden*: Wer bildet den Markt?
- *Kaufobjekte*: Welche Produkte oder Dienstleistungen werden angeboten bzw. nachgefragt?
- *Kaufziele*: Warum kaufen die Marktteilnehmer die Produkte oder Leistungen?
- *Kaufbeeinflusser*: Welche Personen sind offen sichtbar oder unbemerkt im Stillen in den Kaufprozess einbezogen und haben Einfluss auf den Käufer? Personen, die den Käufer beeinflussen, können z.B. auftreten in der Rolle (vgl. Kotler/Bliemel (2001), S. 349f.):
  - eines *Initiators*, der die Anregung gibt, das Produkt oder die Dienstleistung zu erwerben,
  - eines *Einflussnehmers*, der zu Rate gezogen wird,
  - des *Entscheidungsträgers*, der zwar nicht als Käufer in Erscheinung tritt, aber dennoch vor dem Kaufvorgang die entsprechende Entscheidung trifft. Dieser Fall könnte z.B. bei Geschäftskunden relevant sein,
  - des *Benutzers*, d.h. derjenigen Person, welche die Dienstleistung oder das Produkt verwendet.
- *Kaufprozesse*: Wie wird gekauft?
- *Kaufanlässe*: Wann wird gekauft?
- *Kaufstätten*: Wo wird gekauft, d.h. über welche Vertriebswege wird gekauft?

Wenn man Produkte oder Dienstleistungen verkaufen möchte, sollte man wissen, wie potenzielle Kunden ihre Kaufentscheidungen treffen – was geht in den Kunden vor und wie sollte die Ansprache der Kunden erfolgen? Um das Kaufverhalten potenzieller Kunden zu beschreiben, lässt sich eine Einteilung in vier unterschiedliche Käufertypen vornehmen (vgl. Abb. 21 und Thommen/Achleitner (2009), S. 142):

- *Rationalverhalten*: Der Kunde handelt als „homo oeconomicus" und wählt das Produkt bzw. die Dienstleistung, die ihm den höchsten Nutzen stiftet. Der Kunde handelt rational und wägt seine Kaufentscheidung sehr gründlich ab. Tendenziell wird dieses Verhalten am stärksten bei hochpreisigen Produkten und Dienstleistungen anzutreffen sein.

- *Gewohnheitsverhalten*: Der Kunde trifft routinemäßig seine Kaufentscheidungen. Dieses Verhalten ist vor allem bei relativ preiswerten Produkten des täglichen Bedarfs, z.b. bei Grundnahrungsmitteln, festzustellen. Aus alter Gewohnheit kauft man Milch und Joghurt vielleicht immer vom selben Hersteller.
- Beim *Impulsverhalten* lässt sich der Kunde von seinen augenblicklichen Gefühlen leiten. Es handelt sich um spontane, stark emotional geprägte Kaufentscheidungen, die auf Basis einer eingeschränkten Informationslage erfolgen. Auf die Gefahr hin, klassische Klischees zu bedienen, könnten als typische Impulsgüter für Frauen z.B. Schuhe und bei Männern CDs und Produkte aus der Elektronikabteilung von Warenhäusern genannt werden.
- *Sozial abhängiges Verhalten*: Die Kunden erwerben bestimmte Produkte oder Leistungen, um einer Gruppe zugerechnet zu werden. Diese Käufer lassen sich von den Wertvorstellungen ihrer Umwelt leiten. Beispielsweise könnte der Kauf von Kleidungsstücken eines bestimmten Modelabels erfolgen, um von seiner Clique akzeptiert zu werden.

Abbildung 21: Typen von Kaufentscheidungen

Rationalverhalten	Gewohnheitsverhalten
Käufer handelt als homo oeconomicus. Er ist ein „eiskalter" Nutzenoptimierer.	Käufer verhält sich nach einem bestimmten Muster (routinemäßige Kaufentscheidung).
Impulsverhalten	**Sozial abhängiges Verhalten**
Käufer lässt sich von augenblicklichen Gefühlen leiten (spontane Kaufentscheidung ohne gezielte Information).	Käufer lässt sich durch Wertvorstellungen seiner Umwelt leiten.

Abhängig vom Käufertyp, der für das junge Kulturunternehmen relevant ist, sind Art und Inhalt der Kundenansprache zu wählen. Rational handelnde Kunden erwarten sachlich nüchterne Information. Den Gewohnheitskäufer zeichnet eine hohe Bindung an das Unternehmen aus – hier lohnt sich ein größerer Aufwand für die Kundengewinnung. Die anschließende Pflege des Kundenstamms ist vergleichsweise einfach. Für Existenzgründer könnte sich der Zugang zu Märkten, die stark von Gewohnheitskäufern geprägt sind, als schwierig erweisen, da die Kunden keine hohe Wechselbereitschaft zeigen. Den Impulskäufer sollte man auf einer emotionalen Ebene ansprechen. Um sozial abhängige Käufer zu gewinnen, kann man versuchen, bestimmte Trends zu setzen, die von sozialen Gruppen aufgenommen werden und so dazu führen, dass Personen die entsprechenden Produkte kaufen oder Dienstleistungen wahrnehmen, um dieser Gruppe zugerechnet zu werden.

Trotz möglicherweise intensiver Marktforschung werden dem Unternehmen nicht zu allen interessanten Fragestellungen Informationen und Kennzahlen vorliegen. Vereinzelt wird das Gründerteam gezwungen sein, Schätzungen vorzunehmen. Hierbei sind einige Regeln zu beachten:

- Schätzungen sollten auf einer sicheren Basis erfolgen. Es sollten einfach nachzuprüfende Zahlen verwendet werden, um die Planungen auf ein tragfähiges Fundament zu stellen.
- Die Schätzungen sollten logisch nachvollziehbar sein und Schritt für Schritt begründet werden.
- Falls irgend möglich, sollten unterschiedliche Quellen verglichen und Zahlen gegen geprüft werden, um Fehlkalkulationen zu verhindern.
- Um zu überprüfen, ob die Berechnungen wirklich stichhaltig sind, sollten die ermittelten Kennzahlen Branchenkennern oder auch Freunden und Bekannten vorgelegt und mit diesen diskutieren werden. Viele Dinge können mit Lebenserfahrung und gesundem Menschenverstand bewertet werden, ohne ein ausgewiesener Experte auf dem jeweiligen Gebiet zu sein. Kritische Fragen sollten sportlich aufgenommen werden als Beitrag zur Weiterentwicklung und Fundierung der Geschäftsidee.

Eine weitere wichtige Aufgabe des Marketing besteht in der Segmentierung des Marktes, der bearbeitet werden soll. Unter *Marktsegmentierung* versteht man die Aufteilung des Gesamtmarktes in homogene Käufergruppen nach verschiedenen Kriterien. *„Hauptziel einer Marktsegmentierung ist immer, eine solche Aufteilung zu wählen, die eine effiziente und erfolgreiche Marktbearbeitung ermöglicht"* (vgl. Thommen/Achleitner (2009), S. 146). Dabei gilt es, einige Anforderungen an die Kriterien zur Marktsegmentierung zu beachten (vgl. Thommen/Achleitner (2009), S. 147f.):

- *Messbarkeit*: Die Kriterien müssen objektiv ermittelbar sein. Kategorien wie „kunstinteressiert" oder „intellektuell" zur Beschreibung potenzieller Kunden in Marktsegmenten sind nicht brauchbar. Diese Kriterien müssten operationalisiert werden, um eine Messbarkeit zu erreichen. Interesse an Kunst könnte z.B. über die Häufigkeit des Besuches von Museen oder Theatern, Intellektualität über den höchsten Bildungsabschluss und die Lese- und Fernsehgewohnheiten gemessen werden.

- *Kausalzusammenhang*: Die Kriterien, die zur Beschreibung eines Segments verwendet werden, müssen einen direkten Bezug zum Kaufverhalten potenzieller Kunden haben.
- *Entscheidungsträgerorientierung*: Die Marktsegmentierung sollte auf die Personen ausgerichtet sein, die die Kaufentscheidung treffen – das sind nicht zwangsläufig die Menschen, die als Käufer oder Nutzer der Produkte oder Dienstleistungen in Erscheinung treten.
- *Segmentgröße*: Es sollte des Weiteren darauf geachtet werden, dass das ausgewählte Marktsegment weder zu groß noch zu klein ist. Ziel ist die Aufteilung des Marktes in homogene Käufergruppen. Ist das Segment zu groß, kann nicht mehr davon ausgegangen werden, eine homogene Gruppe mit relativ ähnlichen Eigenschaften und Erwartungen vorzufinden und diese mit einheitlichen Marketingmaßnahmen ansprechen zu können. Ist die Gruppe zu klein, ist es fraglich, ob die Umsätze ausreichen werden, um das Unternehmen langfristig erfolgreich führen zu können.
- *Konstanz*: Die ausgewählten Kriterien zur Beschreibung von Marktsegmenten müssen eine gewisse zeitliche Konstanz aufweisen, da die Realisierung der Marketingmaßnahmen einen bestimmten zeitlichen Vorlauf erfordert und dauerhaft wirksam sein soll.

Unter Berücksichtigung dieser Anforderungen an die Kriterien zur Marktsegmentierung kann diese nach folgenden Kategorien vorgenommen werden (vgl. Thommen/Achleitner (2009), S. 147):

- Eine *geografische Segmentierung* kann nach dem Gebiet, in dem das Unternehmen tätig werden möchte (Land, Region, Stadt), nach der Bevölkerungsdichte (ländlich vs. städtisch), nach dem Klima oder der Sprache erfolgen.
- Eine *demografische Segmentierung* kann nach Alter, Geschlecht, Haushaltsgröße, Einkommen, Beruf, Nationalität oder dem Ausbildungsgrad vorgenommen werden.
- Eine *sozialpsychologische Segmentierung* erfolgt z.B. nach der Persönlichkeit (z.B. Lebensstil, Arbeitsverhältnis, Kontaktfreude, Temperament, Werteeinstellung) oder nach der sozialen Schicht, der die potenziellen Kunden zuzurechnen sind.
- Schließlich wird im Rahmen einer *verhaltensbezogenen Segmentierung* nach der Art von z.B. Freizeitgestaltung, Ess-, Trink-, Fernsehgewohnheiten oder nach den Vorlieben für die Urlaubsgestaltung eine Einteilung vorgenommen. Auch der Kaufanlass (regelmäßiger, besonderer oder zufälliger Anlass), Kaufmotive (Qualität, Preis, Bequemlichkeit, Prestige), die Bindung des Kunden

an ein Unternehmen, der Verwenderstatus (z.B. Erstverwender, ehemaliger oder regelmäßiger Verwender) sowie die Quellen, die für eine Information über die Produkte oder Dienstleistungen eingesetzt werden, fallen in die Segmentierung nach verhaltensbezogenen Kriterien.

Bei der Segmentierung müssen sich die Existenzgründer im Kulturbetrieb darüber klar werden, welche Kriterien für die Umsetzung ihrer Geschäftsidee relevant sind. Welche Kriterien sind wirklich entscheidend, um den potenziellen Kunden bestmöglich zu charakterisieren und darauf aufbauend anzusprechen und von den Leistungen oder Produkten des Unternehmens zu überzeugen?

Um sich ein möglichst gutes Bild von den Kunden machen zu können und diese langfristig an das Unternehmen zu binden, hat sich das Customer Relationship Management (CRM) in vielen Unternehmen etabliert. CRM *„ist der systematische Aufbau und die Pflege von Kundenbeziehungen. Es umfasst als Prozess die Phasen Ansprechen, Gewinnen, Informieren, Bedienen und Pflegen eines Kundenstamms"* (Thommen/Achleitner (2009), S. 138).

Im Folgenden werden die Merkmale des klassischen Marketings und des CRM gegenüber gestellt (vgl. Abb. 22 und Thommen/Achleitner (2009), S. 137f.). Ziel des CRM ist es, langfristig Kunden für das Unternehmen zu gewinnen. Die Transaktion des Verkaufs wird als Anfang einer Kundenbeziehung betrachtet. Das Unternehmen versucht, den Kunden von den eigenen Produkten oder Dienstleistungen abhängig zu machen. Der Fokus liegt auf der Serviceorientierung. Trotz Massenfertigung werden die angebotenen Produkte individualisiert, wie es z.B. im Nike-Internetstore unter dem Label „Nike iD" möglich ist, Schuhe, Bekleidung und Ausrüstung zu personalisieren[50]. Automatisierte Fertigung wird mit individuellen Kundenwünschen kombiniert. Bei der Konfiguration werden bereits Kundendaten gesammelt. Ein weiteres Beispiel sind individualisierte Produkte von Apple. Auf den Internetseiten des Apple Stores besteht die Möglichkeit, beim Kauf eines iPod oder iPad diese Geräte kostenlos mit einer persönlichen Lasergravur versehen zu lassen. Direkt bei der Onlinebestellung kann der Gravurtext eingegeben werden[51].

---

50 Vgl. hierzu http://nikeid.nike.com/nikeid/index.jsp#home; Abfrage: 01.04.2011.
51 Vgl. z.B. für iPod classic: http://store.apple.com/de/browse/home/shop_ipod/family/ipod_classic; Abfrage: 31.01.2011.

3.2 Bestandteile des Businessplans

Abbildung 22: Vergleich von klassischem Marketing und Customer Relationship Management (in Anlehnung an Thommen/ Achleitner (2009), S. 138)

Klassisches Marketing	vs.	Customer Relationship Management
Ziel: to make a sale	vs.	Ziel: to create a customer
Verkauf als Abschluss einer Kundenbeziehung	vs.	Verkauf als Beginn einer Kundenbeziehung
Käufer & Verkäufer sind unabhängig	vs.	Käufer & Verkäufer sind abhängig
Ausrichtung auf das Produkt (mass production)	vs.	Ausrichtung auf den Service (mass customization)
Produkte & Ressourcen bestimmen Marketingaktivitäten	vs.	Beziehungen bestimmen Marketingaktivitäten
Kunde kauft Werte	vs.	Kunde schafft Werte
1-seitige Kommunikation	vs.	2-seitige Kommunikation
Anonymer Kunde	vs.	Bekannter Kunde, z.B. Name, Alter, Adresse, Lebensstil

Die Beziehungen zu den Kunden bestimmen die Marketingaktivitäten. Die Kommunikation ist zweiseitig, der Informationsfluss richtet sich nicht nur vom Unternehmen an den Kunden, auch in der Gegenrichtung fließen Informationen. Der Kunde artikuliert seine Produktanforderungen und bleibt nicht länger anonym. Das CRM ist eine interessante Form von Marketing und Marktforschung. Der Kunde äußert explizit seine Wünsche, moderne Technologie ermöglicht trotz Massenfertigung die individuelle Umsetzung, der Kunde hat eine höhere Zahlungsbereitschaft und wird aufgrund seiner Zufriedenheit langfristig an das Unternehmen gebunden.

Für die Marktforschung sind weiterhin die Begriffe Marktpotenzial, Marktvolumen und Marktanteil von Bedeutung. Diese drei Größen, die im Folgenden eingeführt werden, sind wichtige Kennzahlen zur Planung des Marketings im Unternehmen (vgl. zu den folgenden Ausführungen Thommen/Achleitner (2009), S. 149ff.).

Das *Marktvolumen* repräsentiert den Absatz (in Mengeneinheiten) bzw. den gesamten Umsatz (in Geldeinheiten) aller Unternehmen, die auf einem Markt aktiv sind.

Das Marktvolumen entfällt in der Regel nicht auf ein Unternehmen, sondern auf eine Vielzahl von Unternehmen, die sich den Markt „teilen". Der Prozentsatz des Marktvolumens, der dabei auf ein Unternehmen entfällt, wird als *Marktanteil* dieses Unternehmens bezeichnet. Auf dem Handy-Markt beispielsweise wurden im ersten Quartal 2009 weltweit etwa 269,1 Millionen Mobiltelefone verkauft, auf Nokia entfielen hiervon 97,4 Millionen Handys, das entspricht einem Marktanteil des Unternehmens von 36,2% aller verkauften Geräte. Dies sind die Ergebnisse einer Studie des Marktforschungsunternehmen Gartner[52].

Das *Marktpotenzial* umfasst neben den tatsächlichen Kunden eines bestimmten Produktes oder einer Dienstleistung auch potenzielle Kunden, die bisher noch nicht als Käufer aufgetreten sind, aber mit dem Gedanken spielen, das jeweilige Produkt oder die Dienstleistung zu erwerben. Die Marketingaktivitäten der Unternehmen sollten so ausgelegt werden, dass auch die potenziellen Kunden adressiert werden.

Die drei genannten Größen können sich im Laufe der Zeit ändern (vgl. Abb. 23). Dem Beispiel ist zu entnehmen, dass sich im Zeitablauf von Periode 1 zu Periode 2 das tatsächliche Marktvolumen erhöht hat. Auffällig ist auch, dass es Unternehmen A gelungen ist, seinen Marktanteil deutlich zu steigern. Das Marktpotenzial hat sich in den beiden betrachteten Perioden nicht verändert, daher sind die äußeren Kreise gleich groß.

Abbildung 23: Abgrenzung von Marktpotenzial, -volumen und -anteil

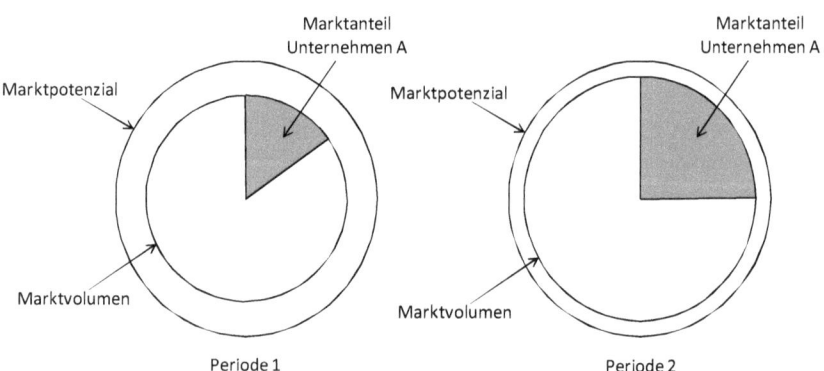

---

52 Vgl. hierzu den Artikel „Apple verdoppelt seinen Marktanteil bei Smartphones" vom 20.5.2009 unter www.heise.de/newsticker/meldung/Apple-verdoppelt-Marktanteil-bei-Smartphones-219805.html; Abfrage: 01.04.2011.

Veränderungen im Marktvolumen und -potenzial sind u.a. abhängig von der Entwicklung der Kaufkraft und des Nutzungsverhaltens der Kunden.

Gerade in der Gründungsphase fehlen vielen Kulturunternehmern vermutlich die finanziellen Mittel, um Externe, z.B. professionelle Marktforschungsinstitute, mit der Befragung potenzieller Kunden und der Datenauswertung zu beauftragen. Bei einer geeigneten Vorgehensweise können junge Unternehmer mit überschaubarem Aufwand Marktforschung mit „Bordmitteln" betreiben[53]. Wichtig ist, sich die entscheidenden Punkte des Angebotes und die entsprechenden Fragen genau zu überlegen, um den Kunden später gezielt die richtigen Angebote bieten zu können.

Zur Durchführung dieser Marktforschungsstudien können webbasierte Umfragetools, wie z.B. von „SurveyMonkey", eingesetzt werden[54]. Das Umfragetool dieses Anbieters ist in der Basisversion kostenlos und bietet die Möglichkeit, webbasiert Fragebögen zu konzipieren und online von potenziellen Kunden beantworten zu lassen. Der Existenzgründer konfiguriert seine virtuelle Befragung, er kann dabei auf 15 unterschiedliche vordefinierte Fragetypen zugreifen. Sobald der Fragebogen fertig ist, kann der Existenzgründer z.B. Mails mit einem Link zu der Befragung an seine Kunden versenden. Die kostenlose Basisvariante von SurveyMonkey umfasst bis zu 10 Fragen und 100 Teilnehmer je Umfrage. Reicht dieser Umfang nicht aus, bietet das Unternehmen ein Upgrade zu einem Preis von 25 € im Monat mit weiteren Features. Mit ein wenig Vorbereitung lässt sich die Marktforschung also durchaus intern mit Bordmitteln durchführen.

3.2.4.2 Produktpolitik

„Unter der Produktpolitik versteht man die art- und mengenmäßige Gestaltung des Absatzprogrammes eines Unternehmens sowie der zusammen mit dem Produkt angebotenen Zusatzleistungen (z. B. Montage, Reparaturdienst)" (Thommen/Achleitner (2009), S. 179). Im Zusammenhang mit diesem Marketinginstrument muss das Unternehmen Entscheidungen zu mehreren Aspekten treffen, die z.T. weitreichende Konsequenzen nach sich ziehen (vgl. hierzu auch Wöhe/Döring (2008), S. 419ff.):

- Zunächst einmal ist über das *Absatzprogramm* des Unternehmens zu entscheiden. Es ist festzulegen, wie viele unterschiedliche Produkte (Programmbreite) in welcher Variantenzahl (Programmtiefe) angeboten werden sollen (vgl. Thommen/Achleitner (2009), S. 181f.).

---

[53] Einen guten Einstieg in die Kundenbefragung im Kulturbetrieb bietet z.B. der Leitfaden für Besucherbefragungen durch Theater und Orchester von Butzer-Strothmann/Günter/Degen (2001).
[54] Vgl. http://de.surveymonkey.com; Abfrage 31.01.2011.

- Ausgehend vom Absatzprogramm ist jeweils die *Produktgestaltung* festzulegen (vgl. Thommen/Achleitner (2009), S. 183f.). Welchen Nutzen sollen die einzelnen Produkte oder Dienstleistungen bieten, d.h. welche Kundenbedürfnisse sollen erfüllt werden? Wie soll der Kundenservice ausgerichtet werden, um die Produkteigenschaften angemessen zu unterstützen?

- Im Rahmen der *Produktpolitik im engeren Sinne* ist regelmäßig über Beibehaltung oder Veränderung der angebotenen Produkte bzw. Dienstleistungen zu entscheiden (vgl. Thommen/Achleitner (2009), S. 186f.). Soll das Angebot (weiter) diversifiziert werden, sind Innovationen geplant? Wie gut verkaufen sich die einzelnen Produkte und Leistungen? Ist es eventuell an der Zeit, bestimmte Angebote aus dem Sortiment des Unternehmens zu eliminieren?

Die Festlegung der Produktpolitik im Marketing ist eng verknüpft mit der inhaltlichen Ausgestaltung der Produkt- bzw. Dienstleistungsidee, die in Abschnitt 3.2.2 vorgestellt wurde. Beide Aspekte sollten parallel entwickelt und nicht isoliert voneinander betrachtet werden.

3.2.4.3 Preispolitik

3.2.4.3.1 Die Bedeutung des Preises

Ein entscheidender Erfolgsfaktor einer Existenzgründung im Kulturbetrieb ist die Festsetzung der Preise für die angebotenen Produkte oder Dienstleistungen. Ein Beispiel soll den Einfluss des Preises auf den betriebswirtschaftlichen Erfolg einer unternehmerischen Tätigkeit verdeutlichen.

Angenommen, z.B. eine Kunstdruckerei plant die Herausgabe eines Druckes zu folgenden Konditionen an:

Verkaufspreis pro Stück:	19,99 €
Variable Stückkosten[55]:	5,00 €
Fixkosten pro Periode[56]:	10.000 €
Produktionsmenge (Auflage):	1.000 Einheiten

Unter der Annahme, dass es der Druckerei gelingt, alle Drucke in der Planperiode zu verkaufen, errechnet sich folgender Periodengewinn:

---

[55] Variable Kosten fallen bei der Erstellung jeder einzelnen Einheit eines Produktes an, z.B. Werkstoffkosten. Sie sind ausbringungsmengenabhängig (vgl. Wöhe/Döring (2008), S. 310).

[56] Die Fixkosten sind unabhängig von der Anzahl der anzufertigenden Einheiten, wie z.B. die Miete für ein gewerblich genutztes Gebäude und Leasingraten für eingesetzte Maschinen. Diese Kosten resultieren aus der Herstellung der Betriebsbereitschaft des Unternehmens (vgl. Wöhe/Döring (2008), S. 309).

3.2 Bestandteile des Businessplans

Gewinn = Umsatz − Kosten
Gewinn = Preis * abgesetzte Menge − Fixkosten − variable Kosten * abgesetzte Menge

In der Ausgangssituation zu den oben genannten Konditionen errechnet sich ein Gewinn von 4.990 €:

Gewinn (1) = 19,99 € * 1.000 − 10.000 € − 5,00 € * 0.000 = 4.990 €

Um den Gewinn der Druckerei zu steigern, stehen prinzipiell zwei Wege offen: Entweder man versucht, den Umsatz zu erhöhen oder die Kosten zu senken.

Gehen wir davon aus, dass sich die Absatzmenge nicht erhöhen lässt, da die Druckerei bereits an der Kapazitätsgrenze produziert und Investitionen in erweiterte Fertigungsanlagen gegenwärtig nicht vorgesehen sind. Um den Umsatz bei gleicher Absatzmenge zu erhöhen, besteht also nur die Möglichkeit, den Preis zu erhöhen.

Oder um die Gesamtkosten zu senken, könnte man versuchen, die Fix- und/oder die variablen Kosten zu reduzieren.

Die Effekte auf den Gewinn sollen nun für eine jeweils 10%-ige Erhöhung des Preises bzw. eine 10%-ige Reduzierung der Fix- und/oder variablen Kosten errechnet werden.

Betrachten wir zunächst die Wirkung eines um 10% erhöhten Preises – wir gehen davon aus, dass sich die Auflage von 1.000 Drucken trotz des erhöhten Preises vollständig absetzen lässt. Dies ließe sich damit erklären, dass bei dem Preis in der Ausgangssituation (19,99 €) die Zahlungsbereitschaft der Kunden nicht voll ausgeschöpft wurde[57]. Der Gewinn errechnet sich nun wie folgt:

Gewinn (2) = 21,90 € * 1.000 − 10.000 € − 5,00 € * 10.000 = 6.990 €

Der Gewinn steigt in diesem Szenario um 40% gegenüber der Ausgangssituation.

Alternativ dazu ließen sich durch Einsparmaßnahmen die Fixkosten reduzieren. Angenommen, es gelingt dem Unternehmen, diese fixen Kosten um 10% zu senken, würde sich dies wie folgt auf den Gewinn auswirken:

Gewinn (3) = 19,90 € * 1.000 − 9.000 € − 5,00 € * 10.000 = 5.990 €

Der Gewinn würde im Vergleich zur Ausgangssituation um 20% steigen.

---

57 Möglicherweise hat der Unternehmer sich nicht gründlich mit den Möglichkeiten der Marktforschung beschäftigt und aufgrund fehlender Informationen über die Kunden deren Zahlungsbereitschaft unterschätzt.

Gelingt es alternativ, die variablen Kosten um 10% zu senken, ergibt sich dieses Bild:

> Gewinn (4) = 19,99 € * 1.000 – 10.000 € – 4,50 € * 10.000 = 5.490 €

In diesem Fall steigt der Gewinn bei einer 10%-igen Senkung der variablen Kosten um 10%.

Abschließend wird betrachtet, wie sich eine gleichzeitige Senkung der fixen und variablen Kosten um jeweils 10% auf den Gewinn des Unternehmens auswirkt:

> Gewinn (5) = 19,90 € * 1.000 – 9.000 € – 4,50 € * 10.000 = 6.490 €

Der Gewinn steigt bei dieser Variante um 30%.

Das Beispiel zeigt, dass die Erhöhung des Preises – bei gleicher relativer Änderung – einen stärkeren Einfluss auf den Unternehmensgewinn hat als eine Kostensenkung. Man sollte sich also der Parameter, die sich beeinflussen lassen, um die Gewinne des Unternehmens zu steigern, bewusst sein und sich nicht ausschließlich auf die Kostenseite konzentrieren. Diese Beispielrechnung soll aber nicht zur Fixierung überhöhter Preise animieren. Denn generell gilt: „Je höher der Preis, desto geringer die Nachfrage". Man spricht in diesem Kontext auch von einer *fallenden Preis-/Absatzfunktion*[58].

Es soll vielmehr ein Bewusstsein für eine sorgfältige Auseinandersetzung mit dem Thema Preisfestsetzung geschaffen werden: Preise sollten nicht „aus dem Ärmel geschüttelt" werden. Die Marktforschung vor der Aufnahme der unternehmerischen Tätigkeit sollte auch Aussagen zur Zahlungsbereitschaft der potenziellen Kunden ermöglichen, um die Produkte oder Leistungen des Kulturunternehmens in einem optimalen Preis-/Leistungsverhältnis anbieten zu können.

3.2.4.3.2 Bestimmung optimaler Preise

Nachdem die Bedeutung des Preises verdeutlicht wurde, stellt sich nun die Frage, wie man den optimalen Preis für die Produkte oder Dienstleistungen eines jungen Kulturunternehmens findet.

Drei unterschiedliche Ansätze können eine Orientierungshilfe bieten (vgl. Abb. 24 und Homburg/Krohmer (2003), S. 593f. sowie Günter/Hausmann (2009), S. 58ff.):

---

[58] Näheres zur Preis-Absatz-Funktion, zu Elastizitäten und eine Einführung zur klassischen Preistheorie findet sich z.B. bei Wöhe/Döring (2008), S. 445ff. oder Eckardt (2010), S. 93f.

1. *Kostenorientierte Preisfestsetzung*: Welche Kosten sind mit der Herstellung der Produkte oder der Bereitstellung der Dienstleistung verbunden? Auf die ermittelten Gesamtkosten, die sich aus unterschiedlichen Kosten zusammensetzen, wird prozentual ein bestimmter Gewinn aufgeschlagen. Aber kann man diese Preise am Markt durchsetzen? Oder liegt die Zahlungsbereitschaft der potenziellen Kunden möglicherweise höher und die Existenzgründer verschenken Deckungsbeiträge? Ein Blick auf die Preise vergleichbarer Produkte der Wettbewerber lohnt sich, wie der nächste Ansatz verdeutlicht.

2. *Wettbewerbsorientierte Preisfestsetzung*: Welche Preise fordern die Wettbewerber? Sind die Produkte beziehungsweise Dienstleistungen vergleichbar? Welche Unterschiede bestehen ggf. zwischen dem Produkt des jungen Unternehmens und dem der Wettbewerber? Kann das Unternehmen so produzieren, dass es seine Produkte bzw. Leistungen zu ähnlichen Preisen profitabel anbieten kann? Eventuell gelingt es, einen starken Markennamen und ein exklusives Image aufzubauen, gute Referenzen zu sammeln oder Wettbewerbe bzw. Auszeichnungen zu gewinnen. Dann lassen sich möglicherweise sogar höhere Preise als die der Wettbewerber durchsetzen. Letztendlich aber wird entscheidend sein, welche Zahlungsbereitschaft die potenzielle Kundschaft für die angebotenen Produkte oder Dienstleistungen aufweist.

3. *Kundennutzenorientierte Preisfestsetzung*: Beim sogenannten „value-pricing" versucht ein Anbieter, die tatsächliche Zahlungsbereitschaft der Kunden zu ermitteln. Im Rahmen einer Kundenbefragung könnten z.B. die Preise, zu denen der Kunde das Produkt oder die Dienstleistung erwerben würde, direkt abgefragt werden. Diese Art der Erhebung der Zahlungsbereitschaft hat den Nachteil, dass ein Teil der Befragten vermutlich den Hintergrund der Frage erfassen und deshalb einen zu niedrigen Preis nennen würde. Um dieses Manko zu umgehen, greifen viele Unternehmen auf statistisch aufwendigere Verfahren zur Erhebung der Zahlungsbereitschaft potenzieller Kunden zurück, wie etwa auf die *Conjoint-Analyse*[59], die sich in eine computergestützte Kundenbefragung einbinden lässt. Die Anwendung eines solchen Verfahrens ist allerdings mit einem größeren Aufwand verbunden und lässt sich nicht ohne weiteres mit Bordmitteln eines kleinen Unternehmens umsetzen.

---

59 Zur Conjoint-Analyse bzw. zum Conjoint-Measurement vgl. z.B. Backhaus et al. (2006), S. 557ff.

Abbildung 24: Ansätze zur Preisbildung

> **Kostenorientierte Preisfestsetzung:**
> Die Grundlage der Preisermittlung bilden die Kosten des Produktes, auf die prozentual eine Gewinnmarge aufgeschlagen wird.

> **Wettbewerbsorientierte Preisfestsetzung:**
> Die Preise orientieren sich an denen der Wettbewerber. Wichtig beim Preisvergleich ist, die Leistungen bzw. Eigenschaften der jeweiligen Konkurrenzprodukte zu berücksichtigen.

> **Kundennutzenorientierte Preisfestsetzung:**
> Der Nutzen des Produktes steht im Vordergrund.
> Beispiel: Migränetabletten: Extrem hoher Nutzen für die Patienten, die von qualvollen Schmerzen erlöst werden => hohe Zahlungsbereitschaft der Patienten.

Die unterschiedlichen Möglichkeiten zur Preisbildung sollen an einem Beispiel verdeutlicht werden: Betrachtet wird ein Generika-Hersteller, der Migräne-Tabletten produziert. Generika sind Kopien bereits auf dem Markt befindlicher Arzneimittel mit einer dem Original therapeutisch vergleichbaren Wirkung. Nach Ablauf des Patentschutzes stehen die Rezepturen der Medikamente auch den Wettbewerbern zur Verfügung, die dieses Präparat dann in ihr Produktportfolio aufnehmen können[60]. Die Hersteller dieser Generika könnten ihre Produkte wesentlich günstiger verkaufen als der Erstanbieter, da ihre Aufwendungen für Forschung und Entwicklung deutlich unter denen des „Erfinders" des Originalproduktes liegen, denn die Grundlagenforschung wurde bereits von diesem übernommen. Achtet der Generika-Hersteller bei der Preisfestsetzung also ausschließlich auf seine Kostenstruktur, könnte er die Produkte sehr günstig an die Kunden abgeben. In diesem Fall wäre der Absatz der Produkte hoch und das Unternehmen könnte schnell einen großen Marktanteil erreichen, der Ertrag je verkaufter Tablette wäre allerdings gering. Vermutlich würde das Unternehmen Deckungsbeiträge[61] „verschenken" und wird deshalb den Preis mehr oder weniger knapp unterhalb des Preises festsetzen, den der Hersteller des Originalpräparates fordert. Kommen weitere Hersteller mit

---

60 Auf die Diskussion der Frage, ob Generika die gleiche Wirkung haben wie die Originalpräparate, soll an dieser Stelle verzichtet werden – dies ist nicht sachdienlich.
61 Als Deckungsbeitrag wird die Differenz aus dem Preis des angebotenen Produktes und den variablen Kosten je Einheit bezeichnet.

wirkstoffgleichen Präparaten auf den Markt, so müssten die Wettbewerbspreise ebenfalls in das Kalkül der Preisfestsetzung einbezogen werden.

Aber wie hat der Hersteller des Originalpräparates ursprünglich den Preis für die Migränetabletten festgelegt? Wenn er sich rational verhalten hat und über umfassende betriebswirtschaftliche Kenntnisse verfügt, könnte er sich bei der Preisbildung am Nutzen des Schmerzmedikamentes für den Patienten orientiert haben: Die Zahlungsbereitschaft von Menschen mit Migräne ist hoch, wenn das entsprechende Arzneimittel schnelle Linderung der Beschwerden verspricht. Sie liegt vermutlich deutlich oberhalb des Preises, der erforderlich wäre, um die Forschungs- und Entwicklungskosten des Herstellers zu decken.

Auf ethische Aspekte, die mit der Gewinnerzielungsabsicht von Pharmaunternehmen zusammen hängen, soll nicht vertiefend eingegangen werden. Allerdings gilt auch in diesem Fall, dass eine angemessene Gewinnerzielung nichts Anrüchiges hat. Die Gewinne dieser Unternehmen sind „Triebfeder" und „Treibstoff" weiteren Fortschritts, der dazu beiträgt, die Lebensbedingungen aller Menschen kontinuierlich zu verbessern. Aus den Gewinnen speist sich die Finanzierungsquelle des Unternehmens, um langfristig neue Produkte entwickeln zu können. An dieser Stelle sei nochmals darauf hingewiesen, dass eine Erwirtschaftung von Gewinnen auch für Unternehmen der Kreativ- und Kulturwirtschaft von großer Bedeutung ist, um deren Fortbestand und die Entwicklung zu sichern.

Die Preisbildung basiert aber nicht allein auf rationalen Überlegungen der Arithmetik. Ein wichtiger Aspekt der Preisfindung ist Psychologie. So kann es sinnvoll sein, bestimmte Preisschwellen nicht zu überschreiten. Ergibt sich z.B. ein kalkulierter Preis von 100 € für eine Dienstleistung, die von einem Unternehmen im Kulturbetrieb angeboten werden soll, so wäre zu überlegen, den Preis z.B. auf 99,90 € festzulegen – so hat der potenzielle Kunde das Gefühl, „nicht einmal einen dreistelligen Betrag für den Service bezahlen zu müssen". Wo genau die kritischen Preisschwellen[62] liegen, lässt sich pauschal nicht sagen.

In einer Marktforschungsstudie könnte der Existenzgründer Anhaltspunkte für die Zahlungsbereitschaft der Kunden gewinnen, so wichtige Preisschwellen identifizieren und diese bei der Preisfestsetzung berücksichtigen.

Neben dem Basispreis für die angebotenen Produkte oder Dienstleistungen gibt es eine Reihe unterschiedlicher preispolitischer Instrumente, die bei der Ausrichtung der Preispolitik eines jungen Kulturunternehmens berücksichtigt werden

---

62 An einer Preisschwelle kommt es bei einer kleinen Preisänderung zu einer relativ großen Änderung der Nachfrage. Dort könnten in der Preis-Absatzfunktion Sprungstellen vorliegen. An diesen Stellen zeichnen sich Stufen in der Preis-Absatzfunktion ab.

können – dabei ist die Sinnhaftigkeit der Anwendung einzelner Instrumente abhängig von der Art der angebotenen Produkte oder Dienstleistungen.

Die *zeitliche Preisdifferenzierung* dient unter anderem dazu, Kundenströme von den Hauptnutzungszeiten, zu denen das Unternehmen möglicherweise an seine Kapazitätsgrenzen stößt, wegzuleiten und über niedrigere Preise die Nachfrage in Nebenzeiten zu steigern (vgl. hierzu Homburg/Krohmer (2003), S. 603):

- Die Preise vieler Produkte oder Dienstleistungen variieren über den Tag, so gibt es z.B. eine „Happy Hour" in Restaurants und Bars oder über den Tag schwankende Preise für die Buchung von Tennisstunden in Sporthallen. Auch Museen versuchen, mit diesem Konzept Besucher anzulocken. So bieten z.B. einige Düsseldorfer Museen eine „Happy Hour" zum Nulltarif: Heinrich-Heine-Institut, Theatermuseum, Stadtmuseum, Goethe-Museum, Film-Museum und Hetjens-Museum laden Interessierte täglich außer montags in der letzten Stunde der Öffnungszeiten zu einem kostenlosen Besuch ein[63].
- Die Preise vieler Dienstleistungen sind gekoppelt an die Wochentage, z.B. bei Kinotickets oder Museumsbesuchen. Die Pinakotheken in München gewähren ihren Besuchern beispielsweise sonntags Zutritt zum Preis von nur 1 €.
- Andere Preise sind saisonabhängig, wie etwa die Tarife für Skipässe oder Übernachtungspreise in Hotels. Ein Hotelzimmer in Westerland auf Sylt ist z.B. im November günstiger als im August.

Das preispolitische Instrument der *befristeten Preisaktion* bietet die Möglichkeit, die Preise für Produkte oder Dienstleistungen für eine bestimmte Zeit herabzusetzen. Häufig ist dies verbunden mit dem Verkauf von Auslaufmodellen (z.B. Sommer- oder Winterschlussverkauf) oder der Einführung neuer Produkte oder Services.

Beim *„Bundling"* werden unterschiedliche Produkte zu einem Paket gebündelt und zu einem Gesamtpreis angeboten (vgl. hierzu Homburg/Krohmer (2003), S. 603f.), wie z.B. bei Menüangeboten amerikanischer Schnellrestaurants oder der Jahreskarte des Museumsquartiers in Wien, die zum Preis von 75 € zum Eintritt in das Leopold Museum, das MUMOK und die Kunsthalle berechtigt[64].

Die Einzelpreise der Produkte oder Leistungen sind nicht auf den ersten Blick ersichtlich. In diesem Kontext ist zu überlegen, ob verbunden mit dem hauptsächlich angebotenen Kulturgut weitere Produkte oder Dienstleistungen mit diesem gemeinsam in einem Bündel verkauft werden könnten. Auf diese Weise könnten die Gesamtdeckungsbeiträge gesteigert werden und/oder eine Differenzierung von

---

63 Vgl. www.duesseldorf.de/kultur/happyhour/index.shtml; Abfrage: 31.01.2011.
64 Vgl. www.mqw.at/de/programm/detail/?event_id=6126; Abfrage: 31.01.2011.

3.2 Bestandteile des Businessplans

den Wettbewerbern erreicht werden, die zu einer Verbesserung der Position des jungen Unternehmens am Markt beitragen könnte. Als weiteres preispolitisches Instrument kann die *Einführung von Kundenkarten oder Clubmitgliedschaften* genutzt werden. Die Mitgliedschaft in einem Club bzw. der Besitz einer Kundenkarte kann verknüpft werden mit der Vergabe von Bonuspunkten bzw. Rabatten und kann die Kundenbindung erhöhen[65]. Beim Einsatz dieses preispolitischen Instruments ist allerdings Kreativität gefragt, da es aufgrund der Häufigkeit des Angebotes kaum mehr ein Mittel zur Differenzierung von den Wettbewerbern ist.

Eine Liste mit Fragen und Anregungen zur Preisfestsetzung fasst die Überlegungen dieses Abschnitts zusammen[66]:

1. Welchen Preis müssen Sie unter Berücksichtigung Ihrer Kostenstruktur für Ihr Produkt bzw. Ihre Dienstleistung mindestens fordern?
2. Wie hoch sind die Preise von Wettbewerbern mit einem vergleichbaren Angebot?
3. Analysieren Sie das Angebot des Wettbewerbers mit dem höchsten Preis: Welche Unterschiede bestehen zwischen Ihrem und seinem Angebot (Preis-/Leistungsverhältnis)?
4. Schauen Sie sich auch den Anbieter mit dem niedrigsten Preis genauer an. Lässt es sich aufgrund von Produkteigenschaften und zusätzlichen Leistungen rechtfertigen, dass Sie höhere Preise festsetzen?
5. Falls der Preis, den Sie aufgrund Ihrer Kostenstruktur fordern müssten, höher ist als der Preis vergleichbarer Produkte oder Leistungen Ihrer Wettbewerber: Besteht die Möglichkeit, Ihr Produkt oder Ihre Dienstleistung durch besondere Serviceangebote hochpreisig zu positionieren, um den notwendigen Kostenpreis zu erzielen? Oder können Sie die Kosten Ihres Unternehmens senken? Hierzu ist die Kostenstruktur Ihres Unternehmens zu untersuchen: Wie hoch sind Ihre fixen und variablen Kosten, z.B. Mieten, Maschinen-, Material- und Personalkosten etc.? Welche Kostenblöcke lassen sich eventuell reduzieren?
6. Bearbeiten Sie das „richtige" Kundensegment, um mindestens den Preis erzielen zu können, der Ihre Kosten deckt? In diesem Zusammenhang sind die Zahlungsbereitschaft, die Kaufkraft und die Größe der Zielgruppe sowie das Nutzerverhalten zu bedenken.

---

65 Vgl. hierzu auch das Customer Relationship Management in Abschnitt 3.2.4.1.
66 Einige der Anregungen basieren auf der Übersicht zur Preiskalkulation „Finden Sie Ihren Preis!"; vgl. hierzu BMWi-Gründerportal, www.existenzgruender.de; Abfrage: 04.11.2010.

7. Wenn Sie wissen, welchen Preis Sie in etwa fordern wollen, gilt es abzuwägen, inwieweit Sie „Preiskosmetik" betreiben wollen, um vermutlich psychologisch wichtige Preisschwellen zu unterschreiten. Da sehr viele Unternehmen auf psychologische Preisgrenzen achten und dementsprechend agieren, könnte andererseits ein „glatter" Preis zur Differenzierung vom Wettbewerb beitragen und einen positiven Effekt haben („endlich mal ein Unternehmen mit einer ehrlichen Preispolitik!").
8. Überlegen Sie, ob und unter welchen Umständen Sie Preisnachlässe (z.B. Rabatt, Skonto) gewähren wollen.
9. Entscheiden Sie, ob es sinnvoll sein könnte, die anderen zuvor genannten preispolitischen Instrumente, wie z.B. das „Bundling", zeitlich differenzierte Preise oder Kundenkarten, einzusetzen. Die Anwendbarkeit hängt vom jeweiligen Produkt- oder Leistungsspektrum, von den Wünschen und Präferenzen der Kunden und vom Verhalten der Wettbewerber ab.

3.2.4.4 Distributionspolitik

„Unter der Distribution versteht man die Gestaltung und Steuerung der Überführung eines Produktes vom Produzenten zum Käufer" (Thommen/Achleitner (2009), S. 203). Die folgende Abbildung 25 veranschaulicht wichtige Aspekte der Distribution, die vom Unternehmen geregelt werden müssen.

Abbildung 25: Entscheidungstatbestände der Distributionspolitik (vgl. Thommen/Achleitner (2009), S. 205)

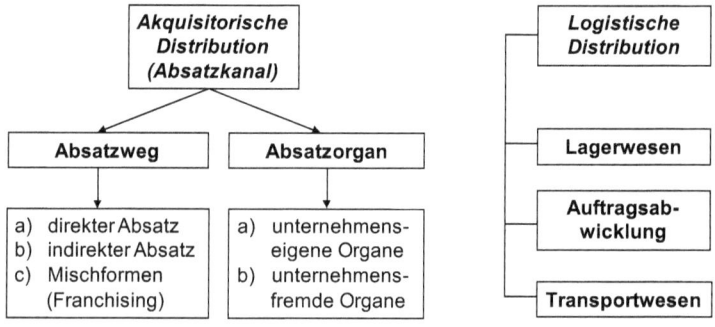

3.2 Bestandteile des Businessplans

Bezüglich der akquisitorischen Distribution ist zu entscheiden, welcher Absatzweg am besten geeignet ist, um die Produkte oder Dienstleistungen des Unternehmens zum Kunden zu überführen:

- Sollen die Kunden direkt vom Unternehmen beliefert werden,
- ist es sinnvoll, einen Zwischenhändler einzuschalten oder
- bietet eventuell ein Franchisekonzept – als Mischform der beiden zuvor genannten Varianten – die besten Chancen für eine erfolgreiche Distribution. Ein Franchisekonzept ist insofern eine Mischform des direkten und des indirekten Absatzes, als dass es zwischen dem Unternehmen (Franchisegeber) und dem Kunden zwar eine Art Zwischenhändler (Franchisenehmer) gibt, dieser aber über die Inhalte des Franchisekonzeptes und die Vorgaben zu den einzelnen Marketinginstrumenten gesteuert werden kann (vgl. beispielsweise Volkmann/ Tokarski (2006), S. 472ff.).

Maßgeblich für die Festlegung des Absatzweges sind die Art der Kundenbeziehung und die Ausgestaltung der übrigen Marketinginstrumente.

Eine weitere Entscheidung der Distributionspolitik betrifft die Festlegung des Absatzorgans: Soll diese Aufgabe von einer Abteilung/einer Person innerhalb des Unternehmens übernommen werden oder ist es erfolgversprechender, diese Tätigkeit an ein anderes Unternehmen fremd zu vergeben? Hierbei handelt es sich um eine klassische Make-or-Buy-Entscheidung[67].

Die logistische Distribution umfasst alle Tätigkeiten der technischen Überführung der unternehmerischen Leistungen, also der hergestellten Produkte oder Dienstleistungen, zum Kunden. In diesem Kontext müssen Entscheidungen zum Lagerwesen, zum Vorgehen bei der Auftragsabwicklung und zum Transportwesen getroffen werden.

Abhängig von der Art des Produktes bzw. der Dienstleistung, die von einem jungen Kulturunternehmen angeboten wird, kommt dem Thema Distributionspolitik eine unterschiedlich große Bedeutung zu.

3.2.4.5 Kommunikationspolitik

In diesem Abschnitt werden zunächst die Grundlagen und klassische Instrumente der Kommunikationspolitik vorgestellt. Anschließend wird ein kurzer Einblick in neuere Kommunikationsformen gewährt.

---

67 Vgl. hierzu Abschnitt 3.2.5.2.

3.2.4.5.1 Grundlagen und klassische Instrumente der Kommunikationspolitik

Aufgabe der Kommunikationspolitik ist es, den (potenziellen) Kunden, der interessierten Öffentlichkeit und allen Stakeholdern Informationen über das Unternehmen und dessen Produkte oder Dienstleistungen zu übermitteln, um gute Voraussetzungen zur Befriedigung der Kundenbedürfnisse und einer erfolgreichen Marktbearbeitung zu schaffen (vgl. Thommen/Achleitner (2009), S. 266). Gerade in Käufermärkten kommt der Kommunikation neben der Produkt- und Preisgestaltung sowie der Festlegung der Absatzwege eine große Bedeutung zu, da sich das Unternehmen einer starken Konkurrenz erwehren muss. Auf Käufermärkten sind die Kunden im Vorteil: Das Angebot übersteigt auf diesen Märkten die Nachfrage, so dass die Käufer in einer guten Verhandlungsposition sind und aus einer Vielzahl an Produkten auswählen können[68].

(Mindestens) drei Fragen sind im Zusammenhang mit der Kommunikationspolitik zu beantworten (vgl. Thommen/Achleitner (2009), S. 266):

- *Mit wem soll kommuniziert werden*, d.h. wer ist das Kommunikationssubjekt? Diese Frage ist nicht immer ganz leicht zu beantworten, da es unterschiedliche Akteure geben kann, die Einfluss auf das Kaufverhalten haben können. Es ist wichtig, den Kaufentscheider und die Rollen anderer Akteure im Kaufprozess zu identifizieren. Diese Thematik kann relevant werden, wenn es sich bei den Käufern und Nutzern eines Produktes oder einer Dienstleistung um unterschiedliche Personen handelt. Ein Beispiel soll dies veranschaulichen: Der Chef eines Unternehmens regt an, dass Mitarbeiter des Unternehmens, die sich verdient gemacht haben, mit Theaterkarten für ihre Leistungen belohnt werden. Diese Aufgabe überträgt der Chef einem Mitarbeiter der Personalabteilung. Theaterbesucher ist der Mitarbeiter. Es spielen also drei Personen eine Rolle in diesem Prozess, aber wer sollte das Kommunikationssubjekt des Theaters sein, der Chef, der Mitarbeiter der Personalabteilung oder der Mitarbeiter, der belohnt werden soll?
- *Was soll kommuniziert werden* – was ist das Kommunikationsobjekt, also die Botschaft, die übermittelt werden soll?
- *Welches Vorgehen erscheint geeignet, um mit dem Kommunikationspartner zu interagieren? Wie sollen die Kommunikationsbeziehungen gestaltet werden?* Diese Fragen zielen auf den Kommunikationsprozess ab.

---

68 Vgl. Abschnitt 2.6.2.

3.2 Bestandteile des Businessplans

Die Kommunikationspolitik kann unterschiedliche Instrumente einsetzen (vgl. Thommen/Achleitner (2009), S. 265ff.):

- *Public Relations (PR) oder Öffentlichkeitsarbeit*: Aufgabe der PR ist es, ein ganzheitliches Bild des Unternehmens in der Öffentlichkeit zu vermitteln. Public Relations nimmt dabei mehrere Funktionen wahr, wie z.b. eine Informations-, Kontakt-, Image- und Absatzförderungsfunktion (vgl. Meffert et al. (2008), S. 673ff.). Falls ein junges Unternehmen des Kulturbetriebs eine „interessante Story" zu erzählen hat, könnte der Gründer versuchen, Kontakt zu regionalen Printmedien oder Fernsehsendern aufzunehmen und einen Bericht anzuregen. Diese Form der Öffentlichkeitsarbeit hat für das Unternehmen den Vorteil, kostenlos zu sein und das Budget des Unternehmens nicht zu belasten.

- *Werbung*: Aufgabe der Werbung ist es, über die Existenz, Eigenschaften, Preise und Absatzwege von Produkten oder Dienstleistungen des Unternehmens zu informieren. Die Werbemaßnahmen sind zum Teil mit hohen Ausgaben verbunden. Dabei ist die Wirkung der Werbung nicht immer eindeutig abschätzbar. Henry Ford[69] hat das so beschrieben: *„50 Prozent der Werbung sind immer zum Fenster rausgeworfen. Man weiß aber nicht, welche Hälfte das ist"*.

- *Sales Promotion oder Verkaufsförderung*: Dieser Bereich umfasst alle Aktivitäten, welche die Absatzbemühungen des Herstellers oder Händlers durch das Auslösen zusätzlicher Kaufanreize unterstützen, z.B. durch Dealer oder Consumer Promotion sowie durch Merchandising.

- *Persönlicher Verkauf*: Bei dieser Form der Kommunikation kommt es zu einem direkten Kontakt zwischen Käufer und Verkäufer. Der persönliche Verkauf ist aufwändig, kann aber mehrere Funktionen erfüllen und ggf. das Customer Relationship Management des Unternehmens u.a. durch die Gewinnung von Informationen über die Kunden, Erlangung von Kundenaufträgen, Imagebildung und Kundenpflege, Auslieferung der Ware und Bearbeitung von Reklamationen unterstützen[70].

- *Sponsoring*: Bei diesem Kommunikationsinstrument werden Geld- oder Sachmittel zur Förderung z.B. von Organisationen aus dem Bereich der Kultur oder des Sports eingesetzt, um damit gleichzeitig die klassische Werbung des Unternehmens zu unterstützen, die Bekanntheit zu steigern und das Image der gesponserten Organisation oder Veranstaltung auf das eigene Unternehmen zu übertragen.

---

69 Gründer des Autokonzerns Ford (geb. 30.07.1863; gest. 07.04.1947).
70 Vgl. hierzu Abschnitt 3.2.4.1.

3.2.4.5.2 Neuere Formen der Kommunikationspolitik

Zu den neueren Instrumenten der Kommunikationspolitik, die in diesem Abschnitt kurz angerissen werden, zählen u.a. das virale Marketing über soziale Netzwerke im Internet, Guerilla Marketing und Ambient Marketing.

Mit der Entwicklung des Internets haben sich neue Formen der Kommunikation herausgebildet, die Existenzgründern im Kulturbetrieb attraktive und kostengünstige Möglichkeiten bieten, in kurzer Zeit erfolgreich auf sich aufmerksam zu machen.

Das Internet hat sich im Laufe der Jahre von einem einseitigen Informationsmedium, in dem z.B. Unternehmen auf ihre Produkte oder Dienstleistungen aufmerksam machten und das häufig als „web 1.0" bezeichnet wird, zu einem Metasystem einer Vielzahl sozialer Netzwerke (z.B. Facebook, StudiVZ, Xing) entwickelt („web 2.0"). Das web 2.0 ist wesentlich stärker durch Interaktion, Kommunikation und Wissensaustausch der einzelnen User gekennzeichnet als sein Vorläufer: Sehr viele Internetnutzer sind in Gruppen zu ganz unterschiedlichen Themen verbunden und können in Sekundenschnelle Informationen, Bilder und Videos unter den Gruppenmitgliedern austauschen und/oder ihr Wissen mit der Allgemeinheit teilen, indem sie z.B. an der Universalenzyklopädie „wikipedia" mitarbeiten. Eine weitere Errungenschaft ist die Mobilisierung des Internets und die Nutzung unterwegs, z.B. mit einem modernen Mobilfunktelefon. So können die Internetuser etwa mit ihrem Smartphone ein aktuelles Ereignis filmen und dies Sekunden später bei youtube ins Internet stellen und ihre „Freunde"[71] über ihr soziales Netzwerk darauf aufmerksam machen oder das Video direkt bei Facebook platzieren. Die „Freunde" des Autors bekommen dann eine automatische Benachrichtigung über den neuen Eintrag und können diesen ggf. unmittelbar an ihre „Freunde" weiterleiten. *Virales Marketing* setzt auf diese Gegebenheiten des web 2.0. Es basiert auf der Idee, dass interessante, spannende, ungewöhnliche oder lustige Informationen von Internetnutzern, die den entsprechenden Inhalt entdeckt oder eine Nachricht von einem „Freund" erhalten haben, über deren private soziale Netzwerke blitzschnell weiter geleitet werden und sich wie ein Lauffeuer verbreiten (vgl. Drees/ Jäckel (2008), S. 34f.). Es handelt sich also quasi um eine digitalisierte Mund-zu-Mund-Propaganda, die sich wie eine Epidemie verbreitet. Um diesen Effekt nutzen zu können, müssen die Gründer im Kulturbereich „nur noch" spannende Inhalte entwickeln, die sich von den millionenfach vorhandenen Beiträgen abheben, hierzu z.B. einen Videoclip produzieren, diesen ins Netz stellen, die Personen des eigenen Netzwerks informieren und auf eine virale Verbreitung in der anvisierten Zielgruppe hoffen.

---

71 Als Freunde werden die Mitglieder des sozialen Netzes des Internetusers bezeichnet.

3.2 Bestandteile des Businessplans

Die Aktionen müssen nicht zwangsläufig in digitaler Form ihren Ursprung haben, d.h. es kann sich um physische Ereignisse in der realen Welt handeln, die dann von anderen aufgegriffen, gefilmt und ins Netz gestellt werden oder über die schlicht im Internet berichtet wird und die sich dann schnell verbreiten.

Besonders erfolgreich im viralen Marketing ist (fast) alles, was sich der Normalität entzieht[72], z.B.

- *Exklusivität*: Die Disko Mittwochsclub in Berlin hat anfangs geheime konspirative Passwörter vergeben und wurde durch diese künstliche Verknappung der Eintrittsmöglichkeiten zu einer begehrten Location.
- *Außergewöhnliche Preisaktionen*: Besucher, die zur Ausstellung „Die nackte Wahrheit" des Museum Ludwig im Badeanzug erschienen, brauchten keinen Eintritt zu zahlen. Diese Aktion sorgte für Gesprächsstoff in ganz Wien.
- *Ungewöhnliche Verpackungsgrößen*: Günter Faltin, Professor für Entrepreneurship an der Freien Universität Berlin und Gründer des Unternehmens Teekampagne, war der erste, der Tee in Kilopackungen verkaufte und ohne Werbung nur durch Mundpropaganda erfolgreich wurde.
- *Überraschungen*: Google versendet an Kunden, die sich beschweren, keine Mails, sondern T-Shirts, Baseballkappen, Tassen oder Bonbons.
- *Engagement für den guten Zweck*: Die Werbeaktion von Krombacher zum Schutz des Regenwaldes war laut einer Studie mehr als 86% aller Erwachsenen in Deutschland bekannt.

Eventuell ist es für einen Gründer im Kulturbetrieb auch sinnvoll, einen unternehmenseigenen Blog anzulegen und Microblogging auf Twitter zu betreiben, um die Kunden des Unternehmens regelmäßig informieren zu können.

Ein weiteres interessantes Kommunikationsinstrument auf Basis neuer Medien lässt sich am Bau-Projekt einer Beachvolleyball-Halle mit fünf Feldern in Kiel verdeutlichen, die 2011 in einem ehemaligen Eisen- und Stahlwerk eingeweiht werden soll. Eine entsprechende Bauvoranfrage wurde positiv beschieden, auch der Ortsbeirat signalisierte Unterstützung. Allerdings blieb die Bank, die das 1,2 Mio. € Projekt als Fremdkapitalgeber unterstützen sollte, skeptisch und forderte eine Bedarfsanalyse, um die ökonomische Tragfähigkeit des Konzeptes prüfen zu können.

Die Projektmitglieder lancierten daraufhin eine Umfrage auf der Internetplattform doodle, die per Mail an 20 beachvolleyballaffine Personen bzw. Organisationen versendet wurde. Die Adressaten haben die Umfrage über ihre Netzwerke weitergeleitet, außerdem wurden die Informationen bei Facebook eingestellt.

---

72 Vgl. zu den folgenden Beispielen Götsch, Antonia: Mundpropaganda: Die wohl billigste Werbung der Welt, vom 27.11.2010; www.ftd.de. Abfrage: 01.02.2011.

Rasant hat sich die Umfrage in der Volleyballszene verbreitet: Innerhalb von drei Wochen haben 350 von etwa 1.700 aktiven Sportlern der Region angegeben, Plätze in einer Größenordnung von etwa 1.200 Stunden pro Monat in der neuen Halle buchen zu wollen. Das wäre eine deutlich höhere Auslastung als zu einem wirtschaftlichen Betrieb der Halle notwendig wäre. Die kostengünstige doodle-Umfrage konnte in sehr kurzer Zeit eine fundierte Bedarfsanalyse liefern, die der Bank vorgelegt werden kann[73].

Unter dem Oberbegriff *Guerilla Marketing* werden ungewöhnliche kreative Werbeaktionen von Unternehmen und Organisationen zusammengefasst, die mit klassischen Konventionen brechen und geeignet sind, in der Öffentlichkeit besondere Aufmerksamkeit zu erregen (vgl. z.B. Günter/Hausmann (2009), S. 81f.; Drees/Jäckel (2008), S. 31).

Guerilla bedeutet *„Kleinkrieg, den irreguläre Einheiten der einheimischen Bevölkerung gegen eine Besatzungsmacht od. im Rahmen eines Bürgerkriegs führen"*[74]. Doch was hat dies mit Marketing zu tun? Martialische Ausdrücke sind in der Wirtschaft gang und gäbe, z.B. wird um Marktanteile gekämpft oder ein Unternehmen feindlich übernommen. Diese Formulierungen sind natürlich nicht wörtlich zu nehmen, deuten aber durchaus an, dass es um das Recht des Stärkeren nach ganz bestimmten Spielregeln geht.

Guerilla Marketing zeichnet sich durch ein hohes Maß an Kreativität aus. Es ist weniger durch ein großes Budget als vielmehr durch Innovativität und außergewöhnliche Aktivitäten gekennzeichnet, die eine hohe Aufmerksamkeit erzielen. Diese Form des Marketing ist prädestiniert für kleinere Unternehmen, die nicht die finanziellen Möglichkeiten haben, mit kostspieligen klassischen Marketinginstrumenten zu agieren. Ein kennzeichnendes Merkmal des Guerilla Marketing ist, dass zunächst kein Bezug zwischen der Aktion und der werbenden Organisation erkennbar ist, es wird also Aufmerksamkeit in der Öffentlichkeit erregt und erst später findet eine Aufklärung der Aktion statt. Beispielsweise berichteten im Jahr 2006 zahlreiche europäische Zeitungen von der 85-jährigen Britin Mary Woodbridge, die in Begleitung von Dackel Daisy den Mount Everest besteigen wollte. Kurze Zeit nach der Veröffentlichung zeigte sich, dass diese Aktion von dem Schweizer Unternehmen Mammut initiiert worden war[75].

---

73 Vgl. „Doodle soll das Daddeldu beenden" von Ralf Abratis; Kieler Nachrichten vom 28.10.2010, S 31.
74 Vgl. Duden (1994).
75 Vgl. Samuel Jakisch: „Verboten gute Werbung" vom 11.01.2010; www.spiegel.de/wirtschaft/service/0,1518,667651,00.html; Abfrage: 01.02.2011.

3.2 Bestandteile des Businessplans

Das Schauspielhaus Zürich hat ebenfalls 2006 eine Guerilla-Marketing Aktion durchgeführt[76]: In der Zürcher Innenstadt wurden hundertfach „Frisch gestrichen!"- Schilder an Laternen, Parkbänken, Fahrstuhltüren etc. befestigt. Den beschilderten Objekten war eindeutig anzusehen, dass sie in den letzten Jahren sicher nicht gestrichen worden sind. Eine genauere Betrachtung der Schilder führte zur Auflösung: Es handelte sich um eine Kampagne des Schauspielhauses mit dem Text: *„Halbieren Sie mit dem Halbtax-Abo für 190.- pro Jahr ab sofort unsere Preise. Schauspielhaus Zürich"*[77]. Diese Aktion hat zu erheblichem Ärger mit der Schweizer Polizei geführt.

Ambient[78] *Marketing* ist die Bezeichnung für Kommunikationsmaßnahmen, die Werbemittel im direkten Umfeld der ausgewählten Zielgruppe platzieren und diese auf subtile Weise in den Lebens- und Arbeitsalltag vor allem junger Menschen integrieren (vgl. Günter/Hausmann (2009), S. 82; Drees/Jäckel (2008), S. 32). Diese Form der Kommunikation erhöht die Akzeptanz der Werbung, weist geringe Streuverluste auf und beeinflusst die Bekanntheit und Sympathie für die beworbenen Marken und Organisationen positiv. Typische Werbeträger sind kostenlose Postkarten – wie z.b. von Edgar[79] oder CityCards[80] – oder Bierdeckel bzw. Pappaufsteller, die in Kneipen, Restaurants, Kinos oder Fitnessstudios ausgelegt werden. Für bestimmte Sparten oder Projekte der Kulturbranche wie Theater, Buchverlage, Ausstellungen und Konzerte gewährt z.B. CityCards einen Mediarabatt, den „Kulturburner", so dass 426.400 Karten, die eine Woche national in 6.500 Locations ausgelegt werden, zu einem Preis von 17.056 € zzgl. MwSt. angeboten werden[81].

3.2.5 Geschäftssystem und Organisation

In diesem Abschnitt werden die Aspekte Geschäftssystem und Organisation diskutiert. Dabei steht die entscheidende Frage im Vordergrund, wie mit dem Unternehmen Geld verdient werden soll. In diesem Zusammenhang wird auch die Bedeutung von Kernkompetenzen und Kerntechnologien und deren strategische Implikationen für das Unternehmen erklärt. Des Weiteren gilt es, die Organisationsstruktur des Unternehmens festzulegen, d.h. zu klären, wer aus dem Gründerteam welche Funktionsbereiche des Unternehmens betreuen soll.

---

76 Vgl. www.marketing-blog.biz/blog/archives/97-Frisch-gestrichen.html; Abfrage: 01.02.2011.
77 Ebenda.
78 „Ambient" bedeutet im Englischen „umgebend" oder „Umgebungs-". Ambient Marketing ist also das Marketing in der direkten Umgebung der Kunden.
79 Vgl. www.edgar.de; Abfrage: 01.02.2011.
80 Vgl. www.citycards.de; Abfrage: 01.02.2011.
81 Vgl. Mediadaten 2011 auf www.citycards.de; Abfrage: 01.02.2011.

Im zweiten Teil dieses Abschnittes wird auf Make-or-Buy-Entscheidungen eingegangen, auf die Beantwortung der Frage, ob alle notwendigen Leistungen im Unternehmen selbst erbracht werden sollen oder ob es eventuell sinnvoll sein könnte, gewisse Leistungen, vorgefertigte Produkte oder Teile von Dritten zu beziehen.

3.2.5.1 Ertragsmodell und Organisationsstruktur

Im Zusammenhang mit dem Ertragsmodell eines Kulturunternehmens ist zu klären, wie mit dem zu gründenden Unternehmen Umsätze und Gewinne erwirtschaftet werden sollen. Welche Produkte bzw. Dienstleistungen sollen angeboten werden, wie sehen die Kostenstrukturen mit den fixen und variablen Kosten des Unternehmens aus, gibt es Kapazitätsgrenzen, die nicht überschritten werden können? Auf Basis dieser Informationen kann ein Modell erstellt werden, mit dessen Hilfe die Ertragskraft und die Wirtschaftlichkeit des Gründungsvorhabens ermittelt werden können[82].

Die Aufstellung des Ertragsmodells ist ein Kernelement bei der Entwicklung eines Businessplans, denn in diesem Schritt werden wichtige Weichen für die Erfolgsaussichten und Zukunftsperspektiven des Unternehmens gestellt. Es ist zu überlegen, wie realistisch der erfolgreiche Betrieb des Unternehmens tatsächlich ist, d.h., ob sich die Idee als tragfähig erweist. Dies ist u.a. davon abhängig, ob das Angebot den Kundenbedürfnissen entspricht, ob die Größe der Zielgruppe, deren Zahlungsbereitschaft, das Käuferverhalten, die fixen und variablen Kosten für die Bereitstellung des Angebotes, die Kapazitäten des Unternehmens und die Deckungsbeiträge der angebotenen Produkte oder Leistungen realistisch eingeschätzt worden sind. Endgültige Gewissheit hierüber wird der Gründer erst nach der Aufnahme der unternehmerischen Tätigkeit erlangen. Es lassen sich aber unterschiedliche Vorgehensweisen und Ansätze aufzeigen, die Gründungswillige vor dem Start des Unternehmens in die Lage versetzen, die betriebswirtschaftlichen Aspekte und die Erfolgsaussichten des Gründungsvorhabens abschätzen zu können.

Von besonderer Bedeutung bei der Bestimmung der Ertragskraft und damit des Erfolgs eines Kulturunternehmens ist die Bewertung der Wettbewerbsvorteile gegenüber der Konkurrenz. Aus der Perspektive der Wissenschaft lässt sich dieses Phänomen mit dem ressourcenorientierten Ansatz erklären, wonach diejenigen Unternehmen am Markt besonders erfolgreich sind, die Zugang zu den strategisch relevanten Ressourcen haben (vgl. Hausmann (2007), S. 228). Diese bedeutenden Ressourcen sind nicht gleichmäßig über die Akteure des Marktes verteilt (*Ressourcenheterogenität*) und lassen sich nicht ohne Weiteres kopieren oder imitieren (*Ressourcenimmobilität*). Um ein Ertragsmodell eines Unternehmens aufstellen zu

---
[82] Dies kann z.B. mit Hilfe einer Break-Even-Analyse erfolgen, vgl. hierzu Abschnitt 2.5.

können, sind für die strategischen Ressourcen des Kulturunternehmens einerseits die Aspekte der Werthaftigkeit in Betracht zu ziehen (vgl. Abb. 26). Dies ist der wertschaffende Charakter, verknüpft mit der Seltenheit bzw. Einzigartigkeit der relevanten Ressourcen. Welches die zentralen Ressourcen sind, hängt von dem jeweiligen Gründungsvorhaben ab. Der jeweilige Gründer wird vermutlich ein gutes Gefühl für die bedeutenden Erfolgsfaktoren in dem speziellen Markt haben. Darüber hinaus kann man sich gezielt erfolgreiche Unternehmen der betreffenden Branche anschauen und analysieren, warum gerade diese Unternehmen besonders erfolgreich sind. Auch eine Befragung von Kennern der Branche kann aufschlussreich sein. Wenn die entscheidenden Kriterien feststehen, können diese für das eigene Unternehmen bewertet werden.

Neben der Werthaftigkeit der Ressourcen ist auch der Aspekt der Wertnachhaltigkeit von Bedeutung. Wie dauerhaft ist der Vorteil gegenüber der Konkurrenz? Ist die Stärke des Unternehmens leicht zu imitieren oder zu kopieren? Lässt sich das Konzept multiplizieren und z.B. über ein Franchisekonzept auf mehrere Regionen oder Städte ausweiten? Können die Stärken des Unternehmens möglicherweise genutzt werden, um langfristig Markteintrittsbarrieren zu errichten, die es potenziellen Wettbewerbern schwer machen, mit ähnlichen Produkten oder Dienstleistungen auf den Markt zu kommen? Antworten auf diese Fragen erlauben es abzuschätzen, ob die Wettbewerbsvorteile des Unternehmens für die Lebensdauer einer Eintagsfliege oder die einer Schildkröte bewahrt werden können[83]. Besondere Fähigkeiten eines Unternehmens in Verbindung mit einer niedrigen Imitierbarkeit bieten die besten Voraussetzungen, um langfristig Gewinne erwirtschaften zu können. Ausgeprägte einzigartige Kernkompetenzen, die sich schnell kopieren lassen, sichern nur kurzfristig Gewinnaussichten. Die entsprechenden Fähigkeiten können schnell von Wettbewerbern imitiert werden, so dass die Alleinstellungsmerkmale schon nach kurzer Zeit nicht mehr gegeben sind.

Abbildung 26: Der strategische Wert von Ressourcen (vgl. Hausmann (2007), S. 229)

Aspekte der Werthaftigkeit	Aspekte der Wert*nach*haltigkeit
• Seltenheit/Einzigartigkeit • wertschaffender Charakter	• Dauerhaftigkeit • Imitierbarkeit/Substituierbarkeit • Multiplizierbarkeit

---

[83] Diese Betrachtungen sind eng verknüpft mit dem Vorgehen bei einer SWOT-Analyse (vgl. Abschnitt 2.6.3).

Um die langfristige Ertragskraft eines Unternehmens einschätzen zu können, ist also festzustellen, ob das Unternehmen bzw. die dahinterstehenden Gründer bestimmte Fähigkeit haben, die als Erfolgsfaktoren (vgl. zu Erfolgsfaktoren Abschnitt 2.1.3) zu betrachten sind, d.h. verfügt das Unternehmen über Fähigkeiten, die ein einmaliges Produkt- oder Leistungsangebot ermöglichen? Man spricht auch von einzigartigen Verkaufsargumenten oder einer *Unique Selling Proposition* (USP) (vgl. Klandt (2006), S. 162), die das Angebot von dem der Wettbewerber abhebt und eine Imitierbarkeit erschwert oder unmöglich macht. Im Kulturbetrieb könnte diese Unique Selling Proposition auf bestimmten Kernkompetenzen des Unternehmens basieren, z.B. auf einer einzigartigen künstlerischen Begabung, einem Exklusivvertrag mit einem bestimmten Künstler, einem genialen Marketingkonzept mit einer (neuen) Kultmarke oder einem hervorragenden Netzwerk in der Kulturszene.

Sind die Überlegungen zum Ertragsmodell des Gründungsvorhabens abgeschlossen, fließen sie in die Finanzplanung des Unternehmens ein: Für einen Zeitraum von mehreren Jahren werden in einem Zahlenwerk u.a. Investitionsbedarf, Kosten und Erlöse der unternehmerischen Tätigkeit dargestellt, um die zu erwartende Rentabilität und Liquidität aufzuzeigen. Die Sorgfalt und Realitätsnähe dieser Finanzplanung und des zugrundeliegenden Ertragsmodells sind entscheidend für den langfristigen Erfolg des Unternehmens (zu einem konkreten Beispiel einer Finanzplanung vgl. Abschnitt 3.2.8.2).

Nach diesen Ausführungen zum Ertragsmodell sollen im Folgenden Organisationsstrukturen für Kulturunternehmen betrachtet werden. In Abschnitt 2.1.4 „Produktionsfaktoren und Unternehmensfunktionen" ist ein Schaubild eines allgemeingültigen Unternehmenssystems abgebildet. Davon ausgehend kann für die jeweilige Geschäftsidee überlegt werden, welche der aufgeführten Funktionen für die geplante Existenzgründung notwendig sind. Es ist anschließend zu bestimmen, wie die Funktionen bzw. Aufgaben auf die Teammitglieder verteilt werden. Bei der Zuordnung sollte man sich an den Fähigkeiten und Neigungen der Gründer orientieren. In einem Organigramm kann die Aufgabenverteilung und die Zuordnung dargestellt werden.

Eine einfache Organisationsstruktur z.B. für den Betrieb einer Galerie könnte folgendermaßen aussehen (vgl. Abb. 27).

3.2 Bestandteile des Businessplans

Abbildung 27: Beispielhaftes Organigramm einer Galerie

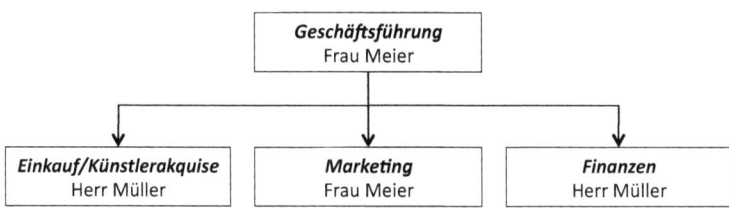

Die Galerie könnte z.B. von zwei Personen geführt werden: Frau Meier übernimmt die Geschäftsführung und das Marketing. Ihr Kollege Herr Müller ist für den Einkauf und die Künstlerakquisition sowie die Finanzen zuständig.

3.2.5.2 Make-or-Buy-Entscheidungen

Ziel einer *Make-or-buy-Entscheidung* ist es festzulegen, ob alle für die Fertigung und den Absatz der Produkte und Dienstleistungen notwendigen Tätigkeiten im Unternehmen erbracht oder ob gewisse Teile des Leistungserstellungsprozesses an Fremdfirmen vergeben werden sollen. Bei der Fremdvergabe spricht man auch von *Outsourcing*[84]. Dies beginnt mit der Programmierung der Homepage des Unternehmens und endet bei der Fertigung der Produkte, die vom Unternehmen vermarktet werden. Grundlage der Entscheidung ist es zu klären, ob die entsprechende Funktion zu den Kernkompetenzen des Unternehmens gehört oder ob sich Abhängigkeiten von Dritten ergeben könnten, die sich nachteilig auf die langfristige Geschäftsentwicklung auswirken könnten. Das kann in der Frage münden, ob es eventuell sinnvoll sein kann, das Outsourcing zu *strategischen Allianzen* auszuweiten. Davon wird am Ende dieses Abschnitts die Rede sein.

Zunächst sollen die Einflussfaktoren im Prozess einer Make-or-Buy-Entscheidung vorgestellt werden. Anschließend wird eine konkrete Make-or-Buy-Entscheidung am Beispiel eines Theaters diskutiert, dessen Leitung überlegt, die Kostüme der Schauspieler nicht mehr im Haus, sondern von einem externen Unternehmen anfertigen zu lassen.

In der folgenden Abbildung 28 sind allgemein die Faktoren zusammengefasst, die eine Make-or-Buy-Entscheidung beeinflussen (vgl. Thommen/Achleitner (2009), S. 360f.):

---

[84] Zum Begriff des Outsourcing vgl. z.B. Klandt (2006), S. 50.

- Ist ein *geeigneter Lieferant* am Markt tätig, der prinzipiell als Produzent bei einer Fremdvergabe in Frage käme? Die Lieferanten sind hinsichtlich der Anforderungen des ggf. den Auftrag gebenden Unternehmens zu betrachten. Dabei ist u.a. relevant, ob die potenziellen Lieferanten zuverlässig und flexibel sind.
- Handelt es sich um ein für das Unternehmen bedeutsames *Produkt*, das unbedingt intern gefertigt werden sollte? Falls dies nicht der Fall ist und über dessen Fremdbeschaffung nachgedacht wird, ist zu klären, ob das Produkt extern auch beim potenziellen Lieferanten in der gewünschten Qualität hergestellt werden kann.
- Wie sieht es jeweils mit den *Produktionskapazitäten* aus? Kann das Unternehmen ausreichende Produktionskapazitäten bereit stellen, um die Nachfrage nach den Produkten/Dienstleistungen zu bedienen? Könnte der potenzielle Lieferant hinreichend große Mengen herstellen?
- Gibt es einen zusätzlichen *Finanzierungsbedarf* bei der internen Fertigung bzw. verfügt der Lieferant über die nötigen Mittel, um die erforderlichen Investitionen tätigen zu können?
- Ist bei einer Fremdvergabe der Produktion die *Unabhängigkeit* des Unternehmens gefährdet, d.h. zählt die Fertigung des Produktes zu den Kernkompetenzen des Unternehmens, die unbedingt in dessen Händen bleiben sollten (vgl. hierzu Abschnitt 3.2.5.1)? Falls das zugekaufte Produkt oder die bezogene Leistung große Bedeutung für den Erfolg des Unternehmens haben, ist eine Fremdvergabe sehr kritisch zu hinterfragen, da dies zu einer starken Abhängigkeit führen und negative Auswirkungen auf die langfristige Geschäftsentwicklung haben könnte. In Vertragsverhandlungen könnte diese Abhängigkeit eine Schwächung der Position des Unternehmens zur Folge haben.
- Verfügt das Unternehmen über ausreichend viele qualifizierte *Mitarbeiter*, um die Produktion intern zu betreiben? Ließen sich ggf. weitere Arbeitskräfte finden? Was geschieht mit den Mitarbeitern des Unternehmens, falls von interner auf externe Fertigung umgestellt werden sollte? Müssen die Mitarbeiter entlassen werden oder gibt es neue Einsatzbereiche für diese Arbeitskräfte?
- Wie gestaltet sich die *Marktentwicklung* für das betrachtete Produkt? Produkte oder Dienstleistungen, die auf attraktiven stark wachsenden Märkten angeboten werden („Question Marks" und „Stars" im Marktattraktivitäts-/Marktwachstums-Portfolio[85]), sollten evtl. intern hergestellt werden. Ist der entsprechende Markt nur wenig attraktiv („Dogs" und „Cash cows" im

---

85 Vgl. Abschnitt 2.6.1.

3.2 Bestandteile des Businessplans

    Marktattraktivitäts-/Marktwachstums-Portfolio), so ist eine Fremdvergabe der Produktion strategisch weniger kritisch.
- Ein weiterer wichtiger Aspekt betrifft das *Know-how* des Unternehmens, das mit der Leistungserstellung verbunden ist. Dieses Wissen könnte einerseits vom Unternehmen über Lieferanten eventuell auch zu Wettbewerbern gelangen. Andererseits könnte als Konsequenz des Outsourcings dem Unternehmen Wissen z.B. durch den Verlust der entsprechenden Mitarbeiter verloren gehen, das zu einem späteren Zeitpunkt ggf. zeit- und kostenintensiv neu gesammelt oder beschafft werden müsste.
- Von entscheidender Bedeutung ist der Vergleich der *Kosten* bei interner bzw. externer Herstellung des Produktes oder eines Teilprozesses der Leistungserstellung. Kann intern im eigenen Unternehmen günstiger produziert werden oder ist die Fremdbeschaffung die bessere Alternative?

Die einzelnen Aspekte, die zum Teil vermutlich gegenläufige Konsequenzen aufweisen, sind zu gewichten und gegeneinander abzuwägen.

Abbildung 28: Einflussfaktoren einer Make-or-Buy-Entscheidung

Bezogen auf das Beispiel eines Theaters, dessen Leitung überlegt, die Kostümfertigung auszulagern, sind zunächst grundsätzliche Überlegungen anzustellen. Die internen Abläufe im Theater müssen bekannt und transparent sein: Wie läuft der Entscheidungsprozess im Theater ab? Wer ist an den Entscheidungen beteiligt? Wie viel Zeit steht von den ersten Entwürfen der Kostüme bis zur Premiere zur Verfügung? Wie und wann werden die Schauspieler in den Prozess eingebunden? Ist es vom logistischen und zeitlichen Ablauf überhaupt möglich, die Kostüme extern fertigen zu lassen oder müsste der gesamte Ablauf (möglicherweise kostenintensiv) umgestellt werden?

Wenn diese Überlegungen nicht von vornherein dazu führen, auf eine Fremdfertigung der Kostüme zu verzichten und ein Outsourcing der Kostümfertigung tatsächlich in Betracht kommt, sind für eine fundierte Entscheidung folgende Aspekte zu beachten: Gibt es vor Ort eine Schneiderei, die als Alternative zur Eigenfertigung in Frage kommt? Sind die Kapazitäten dieser Schneiderei ausreichend? Ist die Qualität zufriedenstellend? Wie flexibel und termintreu ist der Lieferant? Wie lang sind die Lieferwege, sind kurzfristige Änderungen oder Reparaturen möglich? Wie viele Kostüme werden in einer Spielzeit etwa gefertigt? Wie lassen sich die Theaterschneider in Zukunft einsetzen, müssten sie eventuell entlassen werden? Bräuchte man trotzdem noch eine kleine Schneiderei im Theater, um kurzfristige Änderungen durchführen zu können? Wie ist die Kostenstruktur intern, welche Kosten würden sich bei einer Fremdvergabe der Kostümfertigung ergeben?

Einige dieser Kriterien haben eine gegenläufige Wirkung, z.B. stehen evtl. reduzierte Kosten bei einer Fremdvergabe einer geringeren Flexibilität gegenüber. Die Verantwortlichen müssen also genau überlegen, wie wichtig die einzelnen Dimensionen dieser vielschichtigen Problemstellung sind und auf dieser Basis entscheiden.

Die Entscheidung für ein Outsourcing bestimmter Leistungen kann eventuell durch eine *strategische Allianz* mit dem Partnerunternehmen abgesichert werden. Dies intensiviert die Bindung an den Partner und reduziert das Risiko eines abrupten Endes der Zusammenarbeit.

„No company is an island. In an interdependent world, every company has to think in terms of working with others if it wants to compete in the global marketplace" (Yoshino/Rangan (1995), S. 3). Dies trifft besonders auf Klein- oder Kleinstunternehmen im Kulturbetrieb zu, die aufgrund z.T. sehr knapper personeller Ressourcen häufig auf Partnerschaften oder Kooperationen mit anderen Selbständigen angewiesen sind.

Yoshino und Rangan definieren eine strategische Allianz folgendermaßen (Yoshino/Rangan (1995), S. 4): *„A strategic alliance links specific facets of the businesses of two or more firms... An alliance can take a variety of forms, ranging from an arm's length contract to a joint venture".*

Von einer strategischen Allianz wird gesprochen, wenn zugleich drei Charakteristika vorliegen (Yoshino/Rangan (1995), S. 5):

3.2 Bestandteile des Businessplans

- „*The two or more firms that unite to pursue a set of agreed upon goals remain independent subsequent to the formation of the alliance.*
- *The partner firms share the benefits of the alliance and control over the performance of assigned tasks...*
- *The partner firms contribute on a continuing basis in one or more key strategic areas, e.g., technology, products, and so forth*".

Gründe für strategische Allianzen von Unternehmen können sein:

- eine zunehmende Globalisierung,
- verkürzte Produktlebenszyklen[86],
- stetig steigende Forschungs- & Entwicklungsausgaben,
- ein Mangel an technologischem Know-how oder an Ressourcen der einzelnen Partner der Allianz,
- eine Zusammenführung von Kernkompetenzen,
- Economies of Scale[87].

Ist es sinnvoll eine strategische Allianz bei der Gründung eines Unternehmens in der Kulturwirtschaft einzugehen? Diese Frage muss jeder Unternehmer für sich beantworten. Wichtig ist es, die Abhängigkeit von strategischen Partnern langfristig zu bewerten und zu überlegen, wie das entsprechende Know-how oder die Kernkompetenz des Partners ersetzt werden könnte, falls es zu einer Trennung kommen sollte. Wie ist das Kräfteverhältnis der Partner und wie groß ist die gegenseitige Abhängigkeit? Sind jeweils beide (bzw. alle) Partner auf die Leistungen der anderen angewiesen, kann sich eine langfristig stabile strategische Allianz etablieren.

3.2.6 Realisierungsfahrplan

In diesem Abschnitt werden Aspekte zum zeitlichen Ablauf einer Unternehmensgründung angesprochen. Die Einteilung eines Gründungsvorhabens in Arbeitspakete und deren Verknüpfung mit Meilensteinen stehen im Mittelpunkt der Betrachtung.

Ein gut durchdachter *Realisierungsfahrplan* ist für eine erfolgreiche Existenzgründung extrem wichtig, denn:

---

86 Dieser und der zuvor genannte Aspekt werden vermutlich in Kulturbetrieb kaum Bedeutung haben.
87 Unter *Economies of Scale* versteht man den Sachverhalt, dass große Unternehmen die durchschnittlichen Stückkosten wegen hoher Produktionsmengen senken können, z.B. durch den Einsatz kostengünstiger Produktionstechnologie, die erst ab einer gewissen Mindestproduktionsmenge sinnvoll eingesetzt werden kann, oder durch Kostenvorteile etwa im Bereich der Beschaffung (Mengenrabatte) oder des Absatzes (vgl. hierzu Welge/Al-Laham (2008), S. 253 und Wöhe/Döring (2008), S. 926).

- Jungunternehmen erhöhen die Erfolgschancen des Gründungsvorhabens, wenn sie vorab die verschiedenen Handlungsoptionen, deren Konsequenzen und den zeitlichen Ablauf durchdenken,
- ohne eine genaue Planung lässt sich der Finanzierungsbedarf nicht erfassen,
- Verzögerungen im Realisierungsfahrplan können zu Kostensteigerungen führen und die Existenz des Unternehmens bedrohen, bevor es überhaupt richtig durchstarten kann,
- die Gründer gefährden das Unternehmen, wenn sie mit unsicheren, möglicherweise zu optimistischen Realisierungsfortschritten planen,
- die Unternehmer gewinnen durch die Vorlage eines gut durchdachten Realisierungsfahrplans an Glaubwürdigkeit bei Investoren und Partnern.

Um einen Realisierungsfahrplan aufzustellen, sollten die Gründer den Aufbau des Unternehmens in einzelne Arbeitspakete gliedern. Die Umsetzung der Arbeitspakete sollte an *Meilensteine*[88] und an bestimmte Termine gekoppelt werden, damit die Gründer die Einhaltung der Fortschritte bei der Umsetzung ihrer Idee in ein erfolgreich arbeitendes Unternehmen kontinuierlich verfolgen können. So kann die Führung des jungen Unternehmens jederzeit prüfen, ob der Fahrplan der Unternehmensgründung noch eingehalten wird. Im Falle von Abweichungen kann sofort analysiert werden, worin die Abweichung besteht, welche Ursachen dafür verantwortlich zu machen sind, und wie man vorgehen kann, um den Prozess wieder „ins Rollen" zu bringen. Als Arbeitspakete einer Existenzgründung in der Kulturwirtschaft kommen beispielsweise für die Gründung einer Galerie in Betracht:

- Planung des Unternehmens und Erstellung des Businessplans inklusive Wettbewerbs- & Kundenanalyse und Aufstellung eines Finanzplans,
- Suche eines geeigneten Standortes für das Unternehmen,
- Führen von Gesprächen und Auswahl von Partnern,
- ggf. Führen von Gesprächen mit Banken zur Aufnahme von Fremdkapital,
- Entwicklung eines Marketingkonzeptes,
- Konzeption und Umsetzung eines Internetauftritts,
- Freischaltung der Homepage,
- Zusammenstellung eines Künstlerprogramms für wechselnde Ausstellungen,
- Kontaktaufnahme zu den Künstlern,
- Umsetzung des Marketingkonzeptes,

---

88 Nach DIN 69 900 ist ein Meilenstein „ein Ereignis besonderer Bedeutung", vgl. hierzu z.B. Bea/Scheurer/Hesselmann (2008), S. 70.

- Vorbereitung der Teilnahme an Kunstmessen,
- Aufnahme von Kontakten zur Presse,
- etc.

Um sicher zu gehen, keine wichtigen Arbeitspakete vergessen zu haben, kann das Gründerteam einen *Projektstrukturplan* (PSP) aufstellen und darin alle relevanten Bausteine auf dem Weg in die Selbständigkeit verzeichnen (vgl. hierzu z.b. Bea/Scheurer/Hesselmann (2008), S. 139ff.). Im Rahmen der Projektstrukturplanung wird die Gesamtaufgabe in einzelne Elemente zerlegt, die Beziehungen zwischen diesen Elementen werden bestimmt. Der PSP soll einen guten Überblick über das Gesamtprojekt und seine Einzelaufgaben geben. Er dient als Grundlage für die Arbeitsteilung. Es werden Arbeitspakete definiert und mit eindeutiger Verantwortlichkeit an die Mitglieder des Gründerteams übergeben. Selbstverständlich sollen die Teammitglieder entsprechend ihrer Fähigkeiten und Interessen eingesetzt werden. Wichtig ist, dass die Vollständigkeit der auszuführenden Aufgaben sichergestellt wird. Der PSP ist der „Plan der Pläne" und wird zur Koordinierung bei Arbeitspaketen genutzt, die Schnittstellen aufweisen.

Ein Projektstrukturplan kann objekt-, funktionsorientiert oder gemischt orientiert aufgebaut werden. Befasst sich ein Projekt mit der Entwicklung eines neuen Produktes, bietet sich ein objektorientierter PSP an. Das Projekt könnte dann entsprechend der einzelnen Bauteile des Produktes gegliedert werden. Für Projekte, deren Aufgaben über die Produktentwicklung hinaus gehen, ist eine funktionsorientierte oder gemischte Struktur des Projektplans sinnvoll[89].

3.2.7 Potenzielle Risiken einer Unternehmensgründung im Kulturbetrieb

„Man muss bereit sein, ein unternehmerisches Risiko einzugehen"[90].

Eine Existenzgründung ist ein riskantes Vorhaben. Viele Unwägbarkeiten gefährden den Erfolg der Unternehmung. Natürlich ist dies kein Grund, auf die Gründung des Unternehmens zu verzichten. Man sollte sich aber gut vorbereiten, die Risiken einzeln durchdenken und überlegen, welche Handlungsalternativen bestehen, um diese Risiken möglichst stark einzugrenzen.

Mit welchen Risiken muss ein neu gegründetes Unternehmen rechnen? Wie kann man sich auf diese Risiken vorbereiten? Im Folgenden werden einige Risiken genannt, mit denen sich die Unternehmer kritisch auseinandersetzen und auf die sie sich vorbereiten sollten:

---

89 Zum weiteren Vorgehen bei der Aufstellung eines Projektstrukturplans sei beispielsweise auf Bea/Scheurer/Hesselmann (2008) verwiesen.
90 Sabine Hack, Malerin, Eitorf, vgl. Bundesministerium für Wirtschaft und Arbeit (2004), S. 28.

- *Die Idee floppt.* Woran liegt es? Es gibt eine Vielzahl möglicher Gründe: Das Produkt bzw. die Dienstleistung könnte von den potenziellen Kunden als zu teuer empfunden werden. Die Produkte oder Dienstleistungen der Wettbewerber könnten bevorzugt werden. Oder es besteht grundsätzlich kein Interesse an dem Produkt – die Unternehmensgründer haben ihre Idee falsch bewertet. Oder möglicherweise hat das Unternehmen den falschen Standort gewählt.
- *Ein Wettbewerber kopiert die Idee* und raubt dem Unternehmen mit einer Imitationsstrategie Marktanteile. *„Innovation zieht Imitation nach sich, und Imitation treibt zu neuer Innovation"* (Albach, 1990, S. 97). Das Unternehmen sollte sich also auf einen kontinuierlichen Innovationsprozess einstellen. In diesem Zusammenhang ist auch zu überlegen, wie Eintrittsbarrieren für später auf den Markt kommende Unternehmen errichtet werden können. Die Gründer sollten ein einzigartiges Verkaufsargument (Unique Selling Proposition – USP) verankern, das eine hervorragende Marktposition langfristig sichert (vgl. hierzu Abschnitt 3.2.5.1). Einige Möglichkeiten zur Etablierung einer USP sollen kurz angerissen werden:
  - Angebot einzigartiger Produkte oder Dienstleistungen,
  - überlegene Qualität,
  - benutzerfreundliche Bedienung,
  - einzigartiges Design,
  - besonderer Kundenservice,
  - herausragendes Image des Unternehmens.

  Eventuell gelingt es einem Unternehmen sogar, mehrere der genannten Möglichkeiten zum Aufbau einer nahezu unantastbaren Marktposition zu realisieren. Apple ist mit den Produkten iPhone, iPod, iPad und MacBook ein gutes Beispiel für eine derartige Strategie. Dem Unternehmen ist es gelungen, seine USP auf mehrere Argumente zu stützen. Die Produkte des Unternehmens sind benutzerfreundlich, d.h. weitestgehend intuitiv zu bedienen, haben ein sehr ansprechendes unverwechselbares Design und sind qualitativ hochwertig verarbeitet. Darüber hinaus hat es das Unternehmen geschafft, im Laufe der Jahre ein hervorragendes Image und starke Marken aufzubauen. Ein rasant wachsendes sehr großes Angebot an Apps für iPhone und iPad steigert die Produktattraktivität weiter und führt dazu, dass Kunden, die einmal bei Apple gekauft haben, dem Unternehmen meist treu verbunden bleiben.
- Ein weiteres Risiko für ein junges Unternehmen besteht darin, dass ein Teammitglied abspringt oder ausfällt. Wie kann man im Vorfeld dafür Sorge tragen, dass keine allzu *starke Abhängigkeit von einzelnen Gründungsmitgliedern* entsteht? Möglicherweise verfügen einzelne Teammitglieder über unersetz-

bares Know-how oder die entscheidenden Kontakte zu Kunden oder Kooperationspartnern. Eventuell lassen sich vertragliche Vereinbarungen treffen, die längerfristige Bindungen der wichtigsten Personen an das Unternehmen vorsehen und ausschließen, dass diese Gründungsmitglieder kurzfristig zu Wettbewerbern wechseln.

- Eventuell entwickelt sich die Nachfrage nach den vom Unternehmen angebotenen Produkten oder Leistungen langsamer als erwartet. Dies könnte Auswirkungen auf die Finanzplanung des Unternehmens haben: Das Geld wird knapp. Wie lässt sich die Nachfrage steigern und wie kann man eine Übergangszeit mit zusätzlichen finanziellen Mitteln überbrücken? Wichtig ist es, die Situation realistisch einzuschätzen. Lohnt es sich, weiteres Geld und Energie in das Unternehmen zu investieren oder sollte man einen Schlussstrich ziehen, bevor zusätzliche Geldmittel in ein Projekt fließen, das langfristig keine Chance hat, sich am Markt durchzusetzen? Man soll nicht „gutes Geld schlechtem hinterher werfen", d.h. man soll nicht damit argumentieren, dass bereits sehr viel Geld in das Projekt investiert wurde, um dann weiteres zu verlieren – in diesem Kontext wird auch von *sunk costs*[91] gesprochen. Nur wenn eine Prüfung des Vorhabens und der Finanzen ergibt, dass mit zusätzlichen Finanzmitteln ein Erfolg des Unternehmens erreicht werden kann, ist es sinnvoll, weiteres Kapital in das Unternehmen einzubringen.

- Es könnte auch der gegenteilige Fall eintreten, dass das junge Unternehmen unerwartet erfolgreich ist und die Nachfrage nach Produkten oder Leistungen nicht bedient werden kann. Dadurch könnte innerhalb der Zielgruppe des Unternehmens eine Unzufriedenheit entstehen, die sich negativ auf das Image des Unternehmens auswirken könnte. Es gilt nun, schnell und ohne Qualitätseinbußen flexibel die Kapazitäten aufzustocken, die ggf. wieder zurückgefahren werden können, falls die Nachfrage später wieder nachlassen sollte. In dieser Situation ist es also wichtig, flexibel zusätzliche Kapazitäten aufzubauen, die bei einem Rückgang der Nachfrage ohne hohe Kosten oder Störungen in den Geschäftsabläufen wieder abgebaut werden können.

- Das Unternehmerteam hat wichtige Kostenblöcke unterschätzt oder die Zahlungsmoral der Kunden ist schlechter als erwartet, d.h. die Kunden zahlen evtl. nicht so zügig wie ursprünglich von den Existenzgründern in den Planungen vorgesehen. Dieses häufig auftretende Phänomen wird als *late payment* bezeichnet (vgl. hierzu De (2005), S. 132f. und S. 161). Wegen mangelnder Marktmacht trifft es häufig kleine Unternehmen oder frisch gegründete Existen-

---

91 Vgl. z.B. Welge/Al-Laham (2008), S. 304.

zen, da andere Unternehmen den eigenen Zahlungsdruck offener Forderungen durch die verzögerte Begleichung ihrer Verbindlichkeiten an die schwächsten Glieder des Systems, also u.a. Existenzgründungen, weiterleiten. Als Konsequenz resultiert eine Liquiditätslücke, die geschlossen werden muss, um eine Insolvenz, d.h. die Zahlungsunfähigkeit des Unternehmens, zu verhindern.

- Die technische Entwicklung der Produkte des Unternehmens verzögert sich oder die Qualität der Arbeitsergebnisse leidet unter starkem Zeitdruck.
- Eventuell verletzt das Unternehmen unbeabsichtigt Patente oder Urheberrechte von Wettbewerbern. Dies könnte eine Umstellung des Produktes oder der Fertigung erforderlich machen oder Lizenzzahlungen nach sich ziehen. Um dies zu vermeiden, sollte vor der Aufnahme der Geschäftstätigkeit sorgfältig geprüft werden, ob Rechte Dritter verletzt werden könnten, um ggf. von vornherein eine alternative Planung vornehmen zu können.

Eine Studie des Zentrums für Europäische Wirtschaftsforschung GmbH (ZEW), die vom Bundesministerium für Wirtschaft und Technologie (BMWi) in Auftrag gegeben wurde, untersuchte Ursachen für das Scheitern junger Unternehmen (vgl. Bundesministerium für Wirtschaft und Technologie (2010)). Für die Studie wurden 3.000 Unternehmen analysiert, die zwischen 2006 und 2009 gegründet worden sind. Dabei handelte es sich ganz überwiegend um Unternehmen, die mindestens einmal in ihrer Geschäftstätigkeit die Gewinnschwelle überschritten haben. Daraus leitet sich die Vermutung ab, dass vielen gescheiterten Unternehmen durchaus markttaugliche Geschäftsideen zugrunde lagen. Wie kommt es, dass offensichtlich vielversprechende Ideen dennoch scheitern und nicht zu einem Markterfolg führen? Als die wichtigsten Ursachen für das Scheitern ermittelt die Studie eine unzureichende Startfinanzierung, das Auftreten exogener, nur schwer zu beeinflussender Gegebenheiten und unzureichende unternehmerische Fähigkeiten der Gründer:

- Eine *systematische Unterfinanzierung* ist eine wesentliche Ursache für das Scheitern junger Unternehmen, denn häufig gelingt es nicht, hinreichende Rücklagen aus den erwirtschafteten Gewinnen zu bilden, um Krisen überstehen zu können. Eine schnell zunehmende Verschuldung der Unternehmen führt häufig zu einer Ablehnung weiterer Kredite durch die Hausbank und mündet schließlich in der Insolvenz.
- *Exogene Gegebenheiten* wie Forderungsausfälle, konjunkturbedingte Auftragsrückgänge oder Preissteigerungen bei Produktionsfaktoren bilden im Zusammenhang mit einer ungenügenden Startfinanzierung ein erhebliches Gefahrenpotenzial für junge Unternehmen. Diese exogenen Faktoren sind nur schwer zu prognostizieren. Evtl. können aus Gesprächen mit Branchenexperten

3.2 Bestandteile des Businessplans

Hinweise auf zukünftige Entwicklungen und Risiken abgeleitet werden, die in die Planungen des Unternehmens einbezogen werden können.

- *Unzureichende unternehmerische Fähigkeiten* äußern sich häufig in strategischen Fehlentscheidungen bei der Auswahl geeigneter Kundensegmente, einem zu kurz gewählten Planungshorizont und einer unrealistischen Investitions- und Wachstumsstrategie und führen ebenfalls zu einem Scheitern der Unternehmen. Umfassende betriebswirtschaftliche Kenntnisse sind gemäß der Studie ein wichtiger Faktor für den erfolgreichen Aufbau eines Unternehmens.

3.2.8 Finanzierung

„Denken Sie an Christoph Columbus. Er wusste nicht, wohin die Reise ging. Er wusste nicht, wo er war, als er dort war. Und als er zurück kam, wusste er nicht, wo er gewesen war – und das alles mit geborgtem Geld"[92].

Columbus hatte vermutlich schon im 15. Jahrhundert so etwas wie einen Businessplan erstellt, um seine Investoren zu überzeugen und sein Vorhaben finanzieren zu können.

In diesem Abschnitt zur Finanzierung werden zunächst unterschiedliche zeitgemäße Modelle der Gründungsfinanzierung beschrieben. Anschließend wird am Beispiel einer Galerieeröffnung eine konkrete Finanzplanung vorgestellt.

3.2.8.1 Unterschiedliche Modelle der Gründungsfinanzierung

Das klassische Modell der Gründungsfinanzierung existiert nicht. Um ein Raster möglicher Finanzierungsmodelle aufzuzeigen, unterscheidet Nathusius (vgl. Nathusius et al. (2001), S. 3ff.) – abhängig vom Einfluss der Gründungsfinanzierung auf die Unternehmensstrategie – zwischen *strategiebestimmenden* (*strategy follows finance*) und *strategieerfüllenden* (*finance follows strategy*) Formen der Gründungsfinanzierung[93].

Eine Übersicht zu denkbaren Modellen der Finanzierung von Unternehmensgründungen ist in Tabelle 4 dargestellt.

---

92 Unbekannter Autor, vgl. Bundesministerium für Wirtschaft und Arbeit (2004), S. 31.
93 Die Ausführungen in diesem Abschnitt beziehen sich auf Nathusius et al. (2001).

Tabelle 4: Modelle der Gründungsfinanzierung (vgl. Nathusius et al. (2001), S. 13)

Grundmodell	Untergruppe	Finanzierungsinstrumente
Strategiebestimmende Gründungsfinanzierung „low budget model"	Selbstfinanzierung „self feeding business"	Sweat Equity F&E-Projekte Moonlighting Anzahlungen Zahlungszieldifferential
	Eigen- und Fremdfinanzierung „bootstrap financing"	Gründerkapital Family&Friends (F&F)-Kapital[94] Bankkredite Lieferantenkredite Leasing Öffentliche Mittel
Strategieerfüllende Gründungsfinanzierung „big money model"	Eigen- und Fremdfinanzierung	Seed Capital Venture Capital Corporate Venture Capital Private Equity Mezzanine Finanzierung Business Angels Private Placements IPO + Finanzinstrumente des „bootstrappings"

Verfügt ein Unternehmer über keinerlei persönliches Vermögen, Sicherheiten oder Bürgschaften, wird sich die Fremdfinanzierung der Geschäftsidee z.B. über Kredite von Banken generell als problematisch erweisen. In diesem Fall wird die Strategie der Unternehmensgründung von einem sehr engen Finanzierungsrahmen diktiert (*strategiebestimmende Gründungsfinanzierung*). Die Unternehmensstrategie muss sich dem vorhandenen finanziellen Spielraum anpassen. Der Gründer kann sein Vorhaben nicht so umsetzen, wie er es eventuell täte, wenn ihm finanzielle Mittel in größerem Umfang zur Verfügung stünden. Die Strategie des Unternehmens kann in diesem Fall nur lauten, aus sich selbst heraus langsam zu wachsen und die erwirtschafteten Gewinne in die Expansion des Unternehmens zu reinvestieren.

Eventuell sind die Handlungsmöglichkeiten des Unternehmens bei Aufnahme der unternehmerischen Tätigkeit begrenzt und bestimmte Leistungen müssen an Fremdfirmen, Zulieferer oder Kooperationspartner vergeben werden, da die Kapitaldecke nicht ausreicht, um die Infrastruktur im Unternehmen für die Eigenerstellung dieser Leistungen zu schaffen (vgl. hierzu auch Abschnitt 3.2.5.2 zur Make-or-Buy-Entscheidung).

Von einer *strategieerfüllenden Finanzierung* wird gesprochen, wenn das Geschäftsmodell zunächst ohne Beachtung finanzieller Ressourcen entwickelt werden kann. Die Unternehmer können „aus dem Vollen schöpfen" und unterliegen kaum

---

94 Vgl. Klandt (2006), S. 68.

finanziellen Beschränkungen. Die Grenzen der Planung liegen nur in den Visionen des Gründerteams. Entweder stehen dem Unternehmen von vornherein ausreichend Eigenkapital zur Umsetzung und damit auch Sicherheiten für Bankkredite zur Verfügung oder es kann Beteiligungskapital – Dritte stellen bei vollem Verlustrisiko Finanzmittel zur Verfügung und erhalten dafür Anteile des Unternehmens – eingeworben werden, um die Geschäftsidee ohne Kompromisse umzusetzen. Die Finanzierung ist kein limitierender Faktor der Unternehmensgründung, sondern Resultat der Planungen – die Finanzierung folgt der Strategie der Unternehmensgründer.

3.2.8.1.1 Strategiebestimmende Formen der Gründungsfinanzierung

Die strategiebestimmenden Modelle zur Unternehmensfinanzierung (*low budget models*) lassen sich in zwei Untermodelle differenzieren, in Selbstfinanzierung (*self feeding business*) bei völliger Vermögenslosigkeit des Gründers und in Eigen- & Fremdfinanzierung (*bootstrap financing*) bei begrenzter Verfügbarkeit eigener Finanzierungsmittel oder entsprechenden Sicherheiten bzw. Bürgschaften[95].

Das *self feeding business* muss sich von Anfang an aus sich selbst heraus finanzieren und wachsen. Es gibt eine Reihe unterschiedlicher konkreter Finanzierungsformen, die in diese Kategorie fallen und für Existenzgründungen im Kulturbetrieb von großer Bedeutung sind:

- *Sweat Equity:* Im Schweiße seines Angesichts setzt der Gründer Zeit, private „Produktionsfaktoren" und Kreativität ein, um die Startvoraussetzungen des Unternehmens zu schaffen oder z.B. einen Prototyp zu entwickeln. Der Gründer legt so den Grundstein für ein funktionsfähiges Unternehmen und entwickelt die ersten Vermögenswerte des Unternehmens, die zu einem späteren Zeitpunkt als Sicherheit bei der Aufnahme von Bankkrediten dienen können.

- *F&E-Projekte:* Aus öffentlichen Fördergeldern oder aus Kooperationen mit anderen Unternehmen können über Forschungs- & Entwicklungsprojekte Arbeitsschritte in frühen Gründungsphasen eines Unternehmens finanziert werden. Der Gründer kann seine Arbeitskraft und sein Know-how einbringen, um einen in diesem Konstrukt typischerweise geforderten Eigenanteil zu erbringen.

- *Moonlighting:* Diese auf den ersten Blick romantisch anmutende Bezeichnung bedeutet in der Realität nichts anderes, als dass der Gründer eines Unternehmens zusätzlich zu einem Job zum Broterwerb nach Feierabend – also bildlich im Mondschein – weiter arbeitet, um die Gründung des Unternehmens voranzutreiben und Prototypen oder Leistungen zu entwickeln. Die Existenzgründung ist Zweit- oder Drittbeschäftigung des angehenden Unternehmers. Ist

---

95 Die folgenden Ausführungen in diesem Abschnitt orientieren sich an Nathusius et al. (2001).

eine Existenzgründung ohnehin schon eine Herausforderung, stoßen solche Gründer durch diese Mehrfachbelastungen oft an physische und psychische Grenzen. Jungunternehmer müssen sich ihre Kräfte einteilen und sollten auch bewusst Ruhephasen in ihren Tages- bzw. Wochenablauf einplanen, um den Belastungen auf Dauer standhalten zu können.

- *Anzahlung:* Diese Form der Finanzierung basiert darauf, dass ein Kunde des Unternehmens dem Gründer einen Vorschuss gewährt, damit dieser die vereinbarte Leistung erbringen kann. Dieser Ansatz funktioniert nur, wenn der Auftraggeber umfassendes Vertrauen zum jungen Unternehmen hat, das kaum oder keine Sicherheiten bieten kann. Der Kunde geht somit das Risiko eines Totalverlustes des als Anzahlung geleisteten Betrages ein, falls es dem Jungunternehmen nicht gelingt, vereinbarungsgemäß die Produkte zu liefern oder die Leistungen zu erbringen.

- *Nutzung von Zahlungszieldifferentialen:* Diese komplizierte Formulierung beschreibt das Vorgehen, den eigenen Kunden ein kurzes Zahlungsziel zu gewähren (kurze Debitorenfrist) und mit den Lieferanten ein langes Zahlungsziel zu vereinbaren (lange Kreditorenfrist). Dieses „Collect early and pay late" (vgl. Nathusius et al. (2001), S. 20) klingt einfach, erfordert aber großes Verhandlungsgeschick, sicheres Auftreten und eine gute Position der jungen Unternehmer. Wie in Abschnitt 3.2.7 dargestellt, haben junge Unternehmen mit einer geringen Marktmacht häufig unter einem „Late Payment" zu leiden, so dass in der Praxis eventuell sogar mit negativen Zahlungszieldifferentialen, d.h. einem „pay early and collect late", zu rechnen ist.

Der „bootstrap-financing"-Ansatz bezieht sich auf Gründer, die in einem gewissen Rahmen über Eigenmittel verfügen, die zur Finanzierung oder als Sicherheit gegenüber Banken genutzt werden können. Der englische Begriff „bootstrap" bedeutet „Schnürsenkel". Dieses Bild suggeriert, dass die Finanzierung sorgsam und wohl überlegt geschnürt sein sollte, der Gründer also mit einem knapp bemessenen finanziellen Spielraum zu Recht kommen muss.

Dieser Ansatz setzt einen sorgsam durchdachten Realisierungsfahrplan und eine angemessene Berücksichtigung potenzieller Risiken mit eventuellen Rückfalloptionen voraus, um vor bösen Überraschungen, die mit einem erhöhten Kapitalbedarf verbunden sein könnten, gefeit zu sein.

Es haben sich einige Regeln des Bootstrappings entwickelt, die als allgemeine Verhaltensregeln beachtet werden sollten (vgl. Bhide (1999), S. 149-173; Nathusius et al. (2001), S.22ff.):

1. Zügige Aufnahme einer operativen Tätigkeit, um Umsätze zu generieren: Eventuell kann zunächst das Konzept eines Anbieters in einem Nischenmarkt kopiert werden, der für größere etablierte Unternehmen zu klein ist, um aktiv zu werden und das junge Unternehmen zu verdrängen. Vorteile wären ein begrenztes Risiko und die Chance, zügig mit den Kunden auf dem Markt in Kontakt zu treten, erste Umsätze zu erzielen, zu lernen und bekannt zu werden.
2. Gründer sollten sich darauf konzentrieren, schnell die Gewinnschwelle und positive Cash Flows zu erreichen. *„Der Cash Flow zeigt den Mittelzufluss aus operativer Tätigkeit sowie aus Investitions- und Finanzierungstätigkeit"* (Thommen/Achleitner (2009), S. 591). Falls es möglich ist, außerhalb des geplanten Kerngeschäfts Erträge zu erzielen, sollte man diesen Weg beschreiten und nicht minutiös auf die Umsetzung des entwickelten Geschäftsplans beharren. Flexibilität kann eine Stärke junger Unternehmen sein, die große Unternehmen häufig nicht mehr aufbringen. Junge wachsende Unternehmen können diesbezüglich im Vorteil sein und durch schnelle Erfolge Vertrauen bei Kunden, Lieferanten, Banken und allen anderen Geschäftspartnern schaffen.
3. Frisch gegründete Unternehmen, die einen Bootstrapping-Ansatz verfolgen, sollten hochwertige Produkte oder Services anbieten. Die Gründer können sich persönlich im Vertrieb engagieren und Netzwerke und Kontakte aufbauen und pflegen. Die Bearbeitung von Massenmärkten im Konsumgüterbereich sollte aufgrund hoher Marketingkosten vermieden werden.
4. Bei der Zusammenstellung des Gründerteams sollte darauf geachtet werden, dass die einzelnen Gründer von einer ähnlichen Motivation beflügelt sind („gleich ticken") und in der Gründungsphase mit einem geringen fixen Einkommen und der Aussicht auf eine angemessene Erfolgsbeteiligung zufrieden sind. Mitarbeiter mit der Erwartung, bereits in der Gründungsphase ein hohes Fixgehalt zu beziehen, passen meistens nicht zur Kultur junger Unternehmen.
5. Die Gründer sollten das Unternehmenswachstum auf die vorhandenen Ressourcen abstimmen und ein zu schnelles und schwer zu kontrollierendes Wachstum vermeiden. Die Kapazitäten sollten erst dann ausgeweitet werden, wenn sich ein tragfähiger Kundenstamm bzw. eine einigermaßen stabile Nachfrage entwickelt hat. Fehler in dieser frühen Wachstumsphase des Unternehmens können zu einem Vertrauensverlust bei Banken und Kunden führen und ernsthafte Krisen auslösen, wenn sich die Banken entschließen sollten, kurzfristig die Kreditlinien zurückzufahren. In einer solchen Situation ist es schwierig, die entstehende Kreditlücke über andere Finanzierungsformen zu überbrücken.
6. In der frühen Phase einer Gründung sollte besonders auf die Liquidität des Unternehmens geachtet werden – *„Liquidity is King"* (vgl. Timmons (1999),

S. 421). Aufgrund des knapp bemessenen Finanzrahmens sind Unternehmen mit einem Bootstrapping-Ansatz darauf angewiesen, frühzeitig Gewinne aus den Umsätzen zu erwirtschaften. Diese Unternehmen müssen sehr schnell die Gewinnschwelle bzw. den Break-Even-Point erreichen. Die Planungen sind entsprechend auszurichten.

7. Die Kontakte zu Banken sollten von an Anfang gepflegt werden, auch wenn die Banken in der Gründungsphase noch nicht als Kreditgeber gewonnen werden können. Kreditinstitute, allen voran die Hausbank des Gründers, zählen zu den wichtigen Stakeholdern des Unternehmens. Ein regelmäßiger und vertrauensvoller Austausch mit Ansprechpartnern der eigenen Bank schafft die Basis für eine Kooperation zu einem späteren Zeitpunkt, wenn das Unternehmen erste Sicherheiten aus einer erfolgreich angelaufenen unternehmerischen Tätigkeit vorweisen kann.

3.2.8.1.2 Strategieerfüllende Formen der Gründungsfinanzierung

Die strategieerfüllende Gründungsfinanzierung wird auch als *big money model* bezeichnet (vgl. Nathusius et al. (2001), S. 15). In diesem Fall stehen dem Unternehmensgründer hinreichende finanzielle Mittel zur Verfügung. Die Finanzierung des Vorhabens ist unproblematisch. Die benötigten finanziellen Mittel leiten sich aus den Planungen des Geschäftsmodells ab (*finance follows strategy*). Als Finanzierungsformen kommen in Frage:

- Seed Capital,
- Venture Capital,
- Corporate Venture Capital,
- Private Equity,
- Mezzanine Finanzierung,
- Business Angels[96],
- Private Placements,
- IPO.

Diese Formen der Finanzierung sind nicht typisch für Existenzgründungen im Kulturbetrieb und werden hier nicht weiter vertieft.

---

96 Bei den Business Angels handelt es sich häufig um „aktive oder ehemalige Unternehmer oder Spitzenmanager..., [sie] geben ihre Erfahrungen weiter, vermitteln Kontakte, investieren aus dem Privatvermögen" (vgl. Soehring (2010)).

3.2.8.2 Beispiel einer Finanzplanung im Kulturbetrieb

Die solide Planung eines Unternehmens beinhaltet eine gründliche Auseinandersetzung mit der Finanzierung des Vorhabens. Je intensiver man sich im Vorfeld mit diesem Thema beschäftigt, desto weniger Probleme und Frustrationen wird es in der Realisierungsphase geben. Treten Finanzierungslücken auf, die weder durch weiteres Eigen- noch durch Fremdkapital überbrückt werden können, droht die Insolvenz des Unternehmens.

In die Finanzplanung eines jungen Unternehmens gehören:

- eine Kapitalbedarfsplanung,
- eine Übersicht über Eigen- und Fremdmittel des Unternehmens,
- eine Aufstellung der Betriebsausgaben,
- eine Rentabilitäts- & Liquiditätsvorschau.

Am Beispiel der fiktiven Gründung einer Galerie als Einzelunternehmung in Kiel sollen die Bestandteile der Finanzplanung vorgestellt werden. Geplant ist die Eröffnung einer Galerie in einer exklusiven Einkaufsstraße in der Kieler Altstadt zum 1. März 2011. Die Räume werden zum 1. Januar 2011 bezogen. Die Umbauarbeiten und Einrichtung der Galerie sollen bis Ende Februar 2011 abgeschlossen sein[97].

Das Ertragsmodell des Unternehmens stützt sich auf zwei Säulen:

1. Verkauf moderner Kunst in der Galerie,
2. Verkauf zeitgenössischer Kunst auf Messen.

Von den Umsätzen aus dem Verkauf der Kunstwerke in der Galerie oder auf den Messen erhält der Galerist eine Provision in Höhe von 50%.

Die einzelnen Bestandteile der Finanzplanung werden in den folgenden Abschnitten für dieses Beispiel dargestellt.

3.2.8.2.1 Kapitalbedarfsplanung

Die Kapitalbedarfsplanung stellt die für die Gründung erforderlichen finanziellen Mittel dem verfügbaren Kapital gegenüber (vgl. Tab. 5). Die einzelnen Positionen sollen kurz erläutert werden: Zur Gewährleistung der Leistungsbereitschaft der Galerie sind Investitionen u.a. in die EDV-Infrastruktur, einen Kleintransporter, Umbauten, eine ansprechende Ladeneinrichtung und Büroausstattung sowie in eine

---

[97] Bei der vorliegenden Finanzplanung handelt es sich um ein erdachtes Beispiel. Es ist sicher nicht vollständig und soll potenziellen Gründern lediglich Anregungen geben. Die konkrete Finanzplanung für ihr Vorhaben sollten Existenzgründer mit Finanzfachleuten, z.B. einem Steuerberater, abstimmen.

Espressomaschine[98] erforderlich. Eine Galerie ließe sich selbstverständlich auch günstiger einrichten. Der Gründer hat sich aber für eine hochwertige Einrichtung entschieden, die der Lage der Galerie angemessen erscheint.

Die Kosten der Gründung setzen sich aus einer Rechts- und Steuerberatung, Notar-, Anmelde- und Eintragungsgebühren und einer Kaution für das Mietobjekt zusammen. Alle Angaben sind netto ohne Mehrwertsteuer, die Kaution ist nicht mehrwertsteuerpflichtig.

Das Ergebnis der Kapitalbedarfsplanung ist eine finanzielle Über- oder Unterdeckung. Im konkreten Fall handelt es sich um eine Unterdeckung in Höhe von 16.760 €. Das vorhandene Eigenkapital reicht also nicht aus, um die Investitionen und Kosten der Gründung zu decken. Es ist zu entscheiden, wie weiteres Eigen- oder Fremdkapital beschafft werden kann.

Tabelle 5: Kapitalbedarfsplanung der Galeriegründung

Finanzierungskriterien	Betrag [€]
1. Investitionen zur Gewährleistung der Leistungsbereitschaft (netto)	
EDV-Infrastruktur (iMac, MacBook, Drucker, etc.)	3.000
Kopierer	1.000
VW Caddy Transporter 1,9 TDI	10.760
Umbau Ladenfront (Tür, Fenster)	6.000
Regal vom Tischler	4.000
Beleuchtungssystem	5.000
Tisch und 4 Stühle für Besprechungen	2.500
Schreibtisch und Schreibtischstuhl	3.500
Espressomaschine	1.000
Sonstiges	-
Gesamtsumme aus 1.	**36.760**
2. Investitionen zur Leistungserstellung	
Roh-, Hilfs- & Betriebsstoffe	-
Warenlager	-
Sonstiges	-
Gesamtsumme aus 2.	**0**
3. Kosten der Gründung	
Rechts- & Steuerberatung	1.000
Notar	500
Anmeldungen/Eintragungen	500

---

98 Der Autor ist davon überzeugt, dass sich der Duft frisch gebrühten Kaffees verkaufsfördernd auswirken wird.

3.2 Bestandteile des Businessplans

Aus- & Fortbildungskosten	-
Kautionen	2.500
Sonstiges	-
Gesamtsumme aus 3.	**4.500**
Gesamter Kapitalbedarf aus 1. -3.	**41.260**
Vorhandenes Eigenkapital	
Barvermögen	2.000
Bankguthaben	5.000
Bausparverträge	12.500
Betriebsnotwendige Sacheinlagen	-
Eigenleistungen (sofern aktivierungsfähig)	-
Verwandtendarlehen	-
Schenkungen	-
Finanzmittel von privaten Dritten	5.000
Summe des Eigenkapitals	**24.500**
Vorhandene Sicherheiten	
Haus- & Grundbesitz	-
Lebensversicherungen	-
Bürgschaft Dritter	-
Summe der Sicherheiten	**-**
vorhandenes Gesamtkapital	**24.500**
Über-/Unterdeckung	**-16.760**

Die Positionen aus dem 1. Bereich „Investitionen zur Gewährleistung der Leistungsbereitschaft" bilden das Anlagevermögen des Unternehmens. Im Zusammenhang mit der Leistungserstellung und -verwertung unterliegen diese Anlagegüter einem Verschleiß bzw. Werteverzehr. Vorstellen kann man sich diesen Sachverhalt am Beispiel des für geschäftliche Fahrten genutzten Kleintransporters der Galerie. Angenommen der Transporter ist für eine Gesamtfahrleistung von 180.000 km ausgelegt. Fährt der Unternehmer durchschnittlich 30.000 km pro Jahr mit dem Fahrzeug, kann er über 6 Jahre jeweils 1/6 des Neupreises als Kosten für die gewerbliche Nutzung des Transportes geltend machen. Dies wird in der Finanzplanung über sogenannte Abschreibungen abgebildet. Angaben zur betriebsgewöhnlichen Nutzungsdauer unterschiedlichster Anlagegüter finden sich in der AfA-Tabelle[99] des Bundesfinanzministeriums.

Die folgende Tabelle 6 fasst die Nutzungsdauer der einzelnen Anlagegüter der Galerie zusammen und zeigt die monatlichen Abschreibungsbeträge auf, die

---
[99] AfA steht für Absetzungen für Abnutzungen.

sich bei entsprechender Nutzung ergeben. Der monatliche Abschreibungsbetrag in Höhe von 83,33 € für die EDV-Infrastruktur ergibt sich beispielsweise aus den Nettoinvestitionen in Höhe von 3.000 € dividiert durch die Nutzungsdauer von 36 Monaten. Die Summe der monatlichen Abschreibungsbeiträge fließt später in die Rentabilitäts- & Liquiditätsvorschau ein.

Tabelle 6: Nutzungsdauer und Abschreibungsbeträge der Anlagegüter der Galerie

Anlagegüter	Abschreibungen, linear	
	Dauer [Jahren]	Betrag/ Monat [€]
EDV-Infrastruktur (iMac, iBook, Drucker, etc.)	3	83,33
Kopierer	7	11,90
VW Caddy Transporter, 1,9 TDI	6	149,44
Umbau Ladenfront (Tür, Fenster)	8	62,50
Regal vom Tischler	8	41,67
Beleuchtungssystem	8	52,08
Tisch und 4 Stühle für Besprechungen	13	16,03
Schreibtisch und Schreibtischstuhl	13	22,44
Espressomaschine	8	10,42
	Summe	**449,81**

3.2.8.2.2 Eigen- & Fremdmittel der Gründung

Tabelle 7 gibt Aufschluss darüber, wie sich der Kapitalbedarf aus Eigen- und Fremdkapital zusammen setzt. Ein hoher Eigenkapitalanteil wirkt sich positiv auf die finanzielle Stabilität des Unternehmens aus und erleichtert es, ggf. bei einer Bank zusätzliche Finanzmittel aufnehmen zu können.

Tabelle 7: Übersicht der Eigen- und Fremdmittel der Galeriegründung

Eigenmittel des Gründers		
Eigenmittel des Gründers	24.500 €	38%
Anteile Fremdmittel		
Öffentliche Fördermittel	-	-
Bankdarlehen	40.000 €	62%
Venture Capital	-	-
Summe	**64.500 €**	**100%**

3.2 Bestandteile des Businessplans

Dem Gründer des Unternehmens ist es gelungen, der Hausbank einen überzeugenden Businessplan vorzulegen und ein Darlehen in Höhe von 40.000 € zu bekommen.

3.2.8.2.3 Betriebsausgaben

Die Betriebsausgabenübersicht fasst die monatlichen Kosten der Galerie zusammen, die durch die laufenden Einnahmen erwirtschaftet werden müssen (vgl. Tab. 8).

Tabelle 8: Betriebsausgaben der Galerie

Position	Kosten pro Monat [€]	Kosten pro Jahr [€]
Miete	1.000	12.000
Mietnebenkosten (Gas, Wasser, Strom, Heizung)	300	3.600
Marketingkosten (z.B. Werbung, PR)	500	6.000
Reisekosten	500	6.000
Leasingraten	-	-
Laufende Fahrzeugkosten	250	3.000
Reparaturen und Instandhaltungen	50	600
Bewirtungskosten	100	1.200
Fortbildung	150	1.800
Büromaterial, Kopien	150	1.800
Kommunikation (Telefon, Internet, Handy, Hosting)	120	1.440
Porto, Kurierdienste	220	2.640
Transport von Kunstwerken inkl. Verpackung	150	1.800
Fachzeitschriften & Bücher	100	1.200
Buchführungskosten, Steuer- & Rechtsberatung	120	1.440
Kosten des Zahlungsverkehrs	10	120
Beiträge (z.B. Berufsgenossenschaft[100], Verbände)	60	720
Versicherungen (betrieblich)	220	2.640
Sonstiges	-	-
Summe	**4.000**	**48.000**

Die Angaben sind netto ohne Mehrwertsteuer. Bei der Gliederung der Positionen in der Betriebsausgabenübersicht kann man sich an unterschiedlichen Vorlagen ori-

---

100 Die Beitragsberechnung für die Berufsgenossenschaften ergibt sich wie folgt: Für den Betrieb einer Galerie ist die Berufsgenossenschaft für Handel und Warendistribution (BGHW) zuständig. Der Jahresbeitrag nach Gefahrtarif berechnet sich aus dem Arbeitsentgelt (AE: 27.500 Euro, 11 Gehälter à 2.500 Euro) der abhängig beschäftigten Personen, der Gefahrklasse der Tätigkeit (GK: 2,4) und dem Beitragsfuß (BF: 3,82 für die Sparte Einzelhandel 2009) nach der Formel (AE * GK * BF)/1.000 zu 252,12 Euro jährlich.

entieren, die sich im Internet auf verschiedenen Informationsportalen finden lassen (vgl. z.B. Drei-Jahresplanung des IHK Mentors, einem Online-Tool der IHK Kiel: www.ihk-mentor.de). Dabei ist zu berücksichtigen, dass nicht alle Positionen mehrwertsteuerpflichtig sind.

3.2.8.2.4 Rentabilitäts- & Liquiditätsvorschau

Die zuvor dargestellte Kapitalbedarfsplanung, die monatlichen Abschreibungsbeträge der Anlagegüter, die verfügbaren Eigen- & Fremdmittel und die Aufstellung der monatlichen Betriebsausgaben fließen in die Rentabilitäts- & Liquiditätsplanung ein (vgl. Tab. 9). Diese basiert auf einer Einnahmen-/Ausgabenrechnung und ermöglicht die Ermittlung des Betriebsergebnisses, d.h. des Gewinns des Unternehmens, und der Liquidität.

Die Liquidität ist eine wichtige Größe. Es muss gewährleistet sein, dass jederzeit flüssige Mittel vorhanden sind, um eingehende Rechnungen begleichen zu können. Ist dies nicht gegeben, droht die Zahlungsunfähigkeit des Unternehmens, die in die Insolvenz führen kann.

Die Darstellung der Planung für 2011 erfolgt monatlich, für die beiden folgenden Jahre ist wegen einer größeren Unsicherheit eine quartalsweise Aufstellung ausreichend, die für das konkrete Finanzierungsbeispiel nicht dargestellt wird.

Die Vorschau ist systematisch aufgebaut und spiegelt zunächst die Betriebseinnahmen wider. Darauf folgen die Ausgaben der Galerie. Aus dem Saldo der Einnahmen und Ausgaben lässt sich das betriebswirtschaftliche Ergebnis des Unternehmens errechnen. Im unteren Teil der Tabelle sind weitere Ein- und Auszahlungen erfasst, die nicht das Betriebsergebnis der Galerie betreffen, aber Auswirkungen auf die Liquidität, also die Zahlungsfähigkeit des Unternehmens haben. Die Liquidität sollte in jedem Monat positiv sein.

3.2 Bestandteile des Businessplans

Tabelle 9: Rentabilitäts- & Liquiditätsvorschau der Galerie

Einnahmen [€]	Jan	Feb	Mär	Apr	Mai	Jun	Jul	Aug	Sep	Okt	Nov	Dez	Σ
Umsatzerlöse	0	0	12.500	13.000	13.500	14.000	7.500	7.500	14.500	15.000	15.500	16.000	129.000
USt (19%)	0	0	2.375	2.470	2.565	2.660	1.425	1.425	2.755	2.850	2.945	3.040	24.510
Sonstiges	0	0	0	0	0	0	0	0	0	0	0	0	0
Summe Einnahmen	0	0	14.875	15.470	16.065	16.660	8.925	8.925	17.255	17.850	18.445	19.040	153.510
Ausgaben [€]													
Abschreibungen	450	450	450	450	450	450	450	450	450	450	450	450	5.400
Personalkosten	0	2.500	2.500	2.500	2.500	2.500	2.500	2.500	2.500	2.500	2.500	2.500	27.500
Material/Waren	0	0	0	0	0	0	0	0	0	0	0	0	0
Betriebsausgaben	4.000	4.000	4.000	4.000	4.000	4.000	4.000	4.000	4.000	4.000	4.000	4.000	48.000
Vorsteuer	570	570	570	570	570	570	570	570	570	570	570	570	6.840
Zinsen	200	200	200	200	200	200	200	200	200	200	200	200	2.400
Zu zahlende USt.	0	0	1.805	1.900	1.995	2.090	855	855	2.185	2.280	2.375	2.470	18.810
Sonstiges	0	0	0	0	0	0	0	0	0	0	0	0	0
Summe Ausgaben	4.650	7.150	8.955	9.050	9.145	9.240	8.005	8.005	9.335	9.430	9.525	9.620	102.110
Betr.-ergebnis [€]	-4.650	-7.150	5.920	6.420	6.920	7.420	920	920	7.920	8.420	8.920	9.420	51.400
Einlagen	24.500	0	0	0	0	0	0	0	0	0	0	0	24.500
Betriebsmittelkredit	40.000	0	0	0	0	0	0	0	0	0	0	0	40.000
Investitionen	20.630	20.630	0	0	0	0	0	0	0	0	0	0	41.260
Vorsteuer auf Inv.	3.682	3.682	0	0	0	0	0	0	0	0	0	0	7.364
Vorsteuerrückerst.	0	4.252	4.252	0	0	0	0	0	0	0	0	0	8.504
Kredittilgung.	0	0	0	0	0	0	0	0	0	0	0	10.000	10.000
Privatentnahmen	2.000	2.000	2.000	2.000	2.000	2.000	2.000	2.000	2.000	2.000	2.000	2.000	24.000
Saldo letzter Monat	0	33.538	4.328	12.500	16.920	21.840	27.260	26.180	25.100	31.020	37.440	44.360	–
Eff. Liquidität [€]	33.538	4.328	12.500	16.920	21.840	27.260	26.180	25.100	31.020	37.440	44.360	41.780	–

Einige Erläuterungen sollen die Nachvollziehbarkeit der Angaben in der Rentabilitäts- & Liquiditätsvorschau erleichtern:

- Die ersten Umsatzerlöse aus Provisionen für den Verkauf von Kunst sind für März 2011 geplant. Diese Umsatzerlöse sind mehrwertsteuerpflichtig zu einem Steuersatz von 19%. Im März werden zunächst Umsätze in Höhe von 12.500 € erzielt. Mit steigendem Bekanntheitsgrad der Galerie wird ein monatlicher Anstieg der Umsätze in Höhe von 500 € erwartet. In den Sommermonaten Juli und August wird wegen der Ferienzeit mit einem Umsatzrückgang gerechnet. Ab September setzt sich dann das Umsatzwachstum aus dem Juni fort.
- Zum Februar 2011 wird ein Mitarbeiter eingestellt, die Personalkosten werden inkl. der Lohnnebenkosten mit 2.500 € monatlich veranschlagt.
- Nicht auf alle Betriebsausgaben ist Vorsteuer zu zahlen. Für dieses Beispiel wird davon ausgegangen, dass auf ¾ der Ausgaben der volle Mehrwertsteuersatz in Höhe von 19% zu zahlen ist.
- Die zu zahlende Umsatzsteuer ergibt sich als Differenz aus der Umsatzsteuer auf die monatlichen Einnahmen und der Vorsteuer auf die Betriebsausgaben.
- Die Abschreibungs- und Vorsteuerbeträge werden auf ganze Euro gerundet.
- Die Investitionen zur Gewährleistung der Leistungsbereitschaft und die Kosten der Gründung belaufen sich insgesamt auf netto 41.260 €. Die entsprechenden Zahlungen erfolgen jeweils zu 50% im Januar bzw. Februar. Es wird angenommen, dass bis auf die Kaution in Höhe von 2.500 € alle Investitionen und Kosten, die in der Kapitalbedarfsrechnung aufgeführt sind, zu einem Steuersatz von 19% mehrwertsteuerpflichtig sind. Daraus ergibt sich für Januar und Februar jeweils ein Vorsteuerbetrag von 3.682 €. Da es in den ersten beiden Monaten des Jahres 2011 noch keine Einnahmen gibt und folglich keine Umsatzsteuerzahlungen anfallen, mit denen die Vorsteuer verrechnet werden könnten, werden die Vorsteuerbeträge (3.682 € auf Investitionen + 570 € auf die Betriebsausgaben) aus dem Januar und Februar jeweils im Folgemonat vom Finanzamt auf das Geschäftskonto des Galeristen zurücküberwiesen.
- Der Betriebsmittelkredit in Höhe von 40.000 € kann zu einem Zinssatz von 6% aufgenommen werden, daraus ergeben sich monatliche Zinszahlungen in Höhe von 200 €. Die Tilgung des Krediites erfolgt in vier gleich hohen Raten à 10.000 € jeweils zum Ende der Jahre 2011-2014.
- Um den Lebensunterhalt des Jungunternehmers gewährleisten zu können, sind Privatentnahmen von monatlich 2.000 € vorgesehen.

- Der Saldo des letzten Monats gibt jeweils den Liquiditätsbestand des Vormonats an. Dieser wird jeweils um den Überschuss/das Defizit des laufenden Monats erhöht/verringert.

Um die Komplexität des vorliegenden Beispiels nicht noch weiter zu erhöhen, wird auf Gewerbesteuer- oder Einkommenssteuerzahlungen nicht eingegangen. Diese Aspekte sollten im konkreten Fall einer Existenzgründung unbedingt frühzeitig mit dem Steuerberater besprochen werden, um die entsprechenden Rücklagen bilden zu können.

Das beschriebene Vorgehen kann von potenziellen Unternehmensgründern auf ihre jeweilige Geschäftsidee übertragen werden, um die Finanzplanung zu beginnen. Dieses Beispiel sollte aber nicht die einzige Grundlage bilden. Es sollte unbedingt ein Steuerberater in die konkreten Planungen einbezogen werden, um auf die Vollständigkeit und inhaltliche Richtigkeit der Finanzplanung zu achten.

3.3 Einstieg in die Planung der Geschäftsidee

Um einen guten Einstieg in die Planung einer Geschäftsidee zu finden und eine erste Evaluierung der Idee vorzunehmen, können zwei Instrumente genutzt werden, die in diesem Abschnitt vorgestellt werden – die *Business Model Map* (BMM) und die *NABC-Methode*.

3.3.1 Die Business Model Map

Alexander Osterwalder und Yves Pigneur haben eine Business Model Map entworfen (vgl. Osterwalder/Pigneur (2010)), die einen aussagekräftigen Einstieg in die Planung einer Existenzgründung bietet. Diese „Landkarte" gewährt einen Blick auf die wichtigsten Einflussgrößen einer Geschäftsidee und ermöglicht eine erste Einschätzung, ob sich eine nachhaltig tragfähige Geschäftsidee abzeichnet, die es wert ist, in einem Businessplan ausgearbeitet zu werden.

Die Business Model Map zeigt neun Bereiche auf, die bei einem Gründungsvorhaben betrachtet werden sollten:

1. *Kundensegmente* („Customer Segments"):
   Jedes Unternehmen bearbeitet ein oder mehrere Kundensegmente: Für wen wird das Angebot geschaffen? Wer sind die wichtigsten Kunden für das Produkt bzw. die Dienstleistung?
2. *Kundennutzen* („Value Proposition"):
   Unternehmen versuchen, mit ihren spezifischen Angeboten Kundenbedürfnisse und -wünsche zu bedienen: Welchen Kundennutzen stiftet das konkrete

Angebot? Welche Kundenbedürfnisse werden mit dem Angebot befriedigt? Welche Produkt- oder Dienstleistungsbündel werden den einzelnen Kundensegmenten angeboten?

3. *Vertriebskanäle* („Channels"):
   Bezüglich dieser Perspektive ist dreierlei zu beachten: Erstens müssen den Kunden die Angebote des Unternehmens kommuniziert werden. Zweitens müssen die Kunden die Chance haben, die Produkte zu kaufen und drittens muss die Distribution der Waren oder Dienstleistungen vom Unternehmen zum Kunden erfolgen. Über welche Kanäle erwarten die Kunden die Kommunikation, die Möglichkeit, die Angebote zu erwerben, und die Belieferung? Können die Kanäle kombiniert werden? Welche Kanäle funktionieren am besten, welche sind am effizientesten? Wie passen die Vertriebskanäle zu den Routinen und Erfahrungen der Kunden und des Unternehmens?

4. *Verhältnis zum Kunden* („Customer Relationships"):
   Für jedes Kundensegment sind möglicherweise unterschiedliche Kundenbeziehungen aufzubauen. Diese könnten – abhängig vom Angebot – z.B. sachlich-rational, emotional, familiär-vertraut oder anonym sein (vgl. hierzu auch das Customer Relationship Management (CRM) in Abschnitt 3.2.4.1). Wie sollen die Kundenbeziehungen in den einzelnen Segmenten aufgebaut und gepflegt werden? Welche Art von Kundenbeziehungen hat das Unternehmen bisher etabliert? Wie teuer sind die einzelnen Beziehungen? Wie sind die Kundenbeziehungen in den Rest des Businessmodells eingebunden?

5. *Erlösmodell* („Revenue Streams"):
   Erfolgreich ist ein Erlösmodell dann, wenn das Angebot des Unternehmens gut auf die Kundenanforderungen abgestimmt ist. Für welche Werte bzw. für welchen Nutzen sind die Kunden wirklich bereit zu zahlen? Wofür zahlen sie zur Zeit? Welche Eigenschaften des Produktes oder der Dienstleistung sind besonders wichtig, um den gewünschten Preis erzielen zu können? Wie bezahlen die Kunden derzeit und wie würden sie gern bezahlen?

6. *Schlüsselressourcen* („Key Ressources"):
   Welche Schlüsselressourcen sind notwendig, um die Angebote des Unternehmens in der gewünschten Art realisieren zu können? Welche Ressourcen sind erforderlich, um die identifizierten Vertriebskanäle zu erschließen und die Kundenbeziehungen in adäquater Weise zu gewährleisten?

7. *Schlüsselaktivitäten/Kernkompetenzen* („Key Activities"):
   Welche wichtigen Aktivitäten sind nötig, um das Angebot realisieren zu können? Welches sind die kritischen Erfolgsfaktoren, ohne die das Unternehmen auf gar keinen Fall bestehen könnte – diese Faktoren sind auf jeden Fall

3.3 Einstieg in die Planung der Geschäftsidee 147

langfristig sorgfältig im Unternehmen zu verankern und vor einer Imitation durch Wettbewerber zu schützen.
8. *Wichtige Partner* („Key Partnerships"):
Wer sind die entscheidenden Partner für das Unternehmen? Wer sind die wichtigsten Lieferanten? Welche Schlüsselressourcen bezieht das Unternehmen von Kooperationspartnern? Wie sind die Abhängigkeitsverhältnisse – ist das Unternehmen einseitig von den Partnern abhängig oder besteht eine wechselseitige Abhängigkeit, die eine stabile Basis für eine ausgewogene langfristige Zusammenarbeit bilden könnte?
9. *Kostenstrukturen* („Cost Structure"):
Die einzelnen Aspekte des Businessmodells schlagen sich in Kosten nieder. Welches sind die größten Kostenblöcke bei der Realisierung des Angebotes, d.h. welche Schlüsselressourcen und welche Schlüsselaktivitäten sind besonders teuer?

Die Business Model Map kann als Plan z.B. im DIN A0-Format[101] ausgedruckt werden. Dann kann im Kreise der Gründer daran gearbeitet werden. Neben dem Einsatz als Planungstool zum Einstieg in die Formulierung von Geschäftsvorhaben eignet sich die Business Model Map gut für die interne und externe Präsentation der Geschäftsidee.

3.3.2 NABC-Methode

Die NABC-Methode[102] kann genau wie die Business Model Map eingesetzt werden, um Ideen zu entwickeln, zu bewerten und zu präsentieren. Dieses Tool erleichtert es, die Potenziale einer Idee zu erfassen und darzustellen und ist gut geeignet, erste grobe Geschäftsideen in einem kreativen Verfahren, z.B. in einem Workshop oder in einer Brainstorming-Runde, zu konkretisieren und anderen zu erklären.

Häufig gehen Ideen unter, weil es ihren „Erfindern" nicht gelingt, die Gedanken präzise und auf das Wesentliche fokussiert in Sprache zu übersetzen und sie anderen kurz und präzise vorzustellen. Diese Methode kann eingesetzt werden, um eine Idee wichtigen Entscheidern oder Stakeholdern zu „verkaufen". Häufig stehen nicht mehr als 15 Minuten zur Verfügung, um ein Gremium persönlich von der Förderwürdigkeit eines Vorhabens zu überzeugen. In diesen Fällen kann die NABC-Methode geeignet sein, den Funken schnell überspringen zu lassen und ein Signal methodischer Untermauerung und fundierter Kenntnis zu vermitteln.

---

101 Vorlagen für das Layout der BMM finden sich bei Osterwalder/Pigneur (2010).
102 NABC steht als Akronym für Need, Approach, Benefits, Competition; vgl. Carlson/Wilmot (2006), S. 88.

Die einzelnen Bestandteile der NABC-Methode[103] sind (vgl. Abb. 29):

- *N für Need*: Dies ist der wichtigste Aspekt der Methode. Welche bedeutenden Kundenbedürfnisse sollen mit der Idee bedient werden? Wenn eine Idee keinen praktischen Nutzen hat, kann sich daraus kein erfolgreiches Geschäftsmodell entwickeln.
- *A für Approach*: Dies ist der Ansatzpunkt zur Realisierung des Nutzenpotenzials der Idee. Auf welche Weise kann der zuvor aufgezeigte Bedarf gedeckt werden?
- *B für Benefits*: Das „B" steht für die innovativen Aspekte der Idee. Welche Eigenschaften des Angebotes machen es einzigartig und wie kann diese Einzigartigkeit vor einer Imitation geschützt werden? Die Leistungen, die mit dem Angebot verknüpft sind, sollten nicht absolut, sondern in Relation zu den Kosten als „benefits per costs" betrachtet werden.
- *C für Competition*: In diesem Kontext ist eine Analyse des Wettbewerbs durchzuführen. Welche Wettbewerber sind in diesem Segment mit Angeboten aktiv, die denen der konkreten Idee ähneln? Wie ist das Preis-/Leistungsverhältnis im Vergleich zu den Angeboten potenzieller Wettbewerber zu bewerten? Welche Risiken bestehen und wie gehen die Urheber der Idee damit um?

Falls eine erste Wettbewerbsanalyse zeigt, dass es bisher keine Unternehmen gibt, die vergleichbare Produkte oder Leistungen anbieten, kann dies zweierlei bedeuten:

- Die Idee ist so neuartig, dass noch niemand darauf gekommen ist, aus dieser ein Geschäftsmodell zu entwickeln.
- „If there is no competition, there probably is no market" (Brian Wood, Venture Capitalist)[104,105].

Leider ist es häufig schwierig zu entscheiden, welches der beiden Argumente die gegebenen Marktverhältnisse treffender umschreibt.

Die Inhalte der 4-Felder-Matrix lassen sich für eine konkrete Idee anschaulich und in knapper Form vorstellen. Die Aspekte müssen nicht in der hier vorgestellten Reihenfolge bearbeitet werden. Es handelt sich um einen interaktiven und iterativen Vorgang, der viele Rückkoppelungsschleifen in einem dynamischen Prozess umfasst, so dass sich sukzessive ein Bild der Geschäftsidee ergibt, das sich durch

---

103 Vgl. die verkürzte englische Version von Kirstine Vinderskov's Work Paper „NABC – metoden"; www.learnship.eu/toolbox/english/the-nabc-method.aspx; Abfrage: 03.03.2011.
104 Vgl. hierzu eine Seite des dänischen Venture Cup: www.venturecup.dk/media(720,1033)/IDEALIZER.pdf, Abfrage: 22.8.2010.
105 Gelegentlich brauchen Innovationen mehrere Anläufe, um sich auf einem Markt durchzusetzen oder diesen zu entwickeln, weil möglicherweise die Kosten der Fertigung anfänglich zu hoch sind, um ausreichend viele Kunden gewinnen zu können, oder weil sich entsprechende Bedürfnisse der Marktteilnehmer erst sukzessive über gesellschaftliche Veränderungen einstellen.

3.3 Einstieg in die Planung der Geschäftsidee

die Auseinandersetzung mit den Stakeholdern (potenziellen Kunden, Branchenkennern, Banken, Eigenkapitalgebern, Behörden etc.) des zu gründenden Unternehmens weiter entwickeln kann.

Abbildung 29: NABC-Methode

Need:	**Approach:**
Welches Kundenbedürfnis soll die Idee bedienen?	Welcher Ansatz wird zur Realisierung des Nutzenpotenzials gewählt?
Benefits:	**Competition:**
Welchen Nutzen stiftet die Idee? Welche Eigenschaften machen den Ansatz einzigartig?	Wer sind die relevanten Wettbewerber? Welche Risiken bestehen?

Die Methodik soll anhand des Beispiels der Gründung einer Galerie an einem Kunsthochschulstandort veranschaulicht werden:

- *Need:* Eine Marktanalyse könnte zu dem Ergebnis kommen, dass in einer Stadt mittlerer Größe mit einer eigenen Kunsthochschule eine Galerie fehlt, die sich auf die Vermarktung von Kunstwerken der Studierenden aus der Kunsthochschule fokussiert. Diese Angebotslücke soll geschlossen werden.
- *Approach:* Es soll eine Galerie in der Stadt etabliert werden, die eng mit der örtlichen Kunsthochschule zusammen arbeitet. Der oder die Galeristen bauen Kontakte zu den Professoren und Studierenden der Hochschule auf. In der Galerie werden die (Abschluss-)Arbeiten der Studenten ausgestellt. Zusätzlich könnten gemeinsam mit den Professoren der Hochschule Kunstprojekte angeboten werden, die in der Galerie und im öffentlichen Raum der Stadt von den Studierenden umgesetzt werden. Zur Realisierung der Kunstprojekte im öffentlichen Raum ist eine Kooperation mit der Kulturbehörde der Stadt anzustreben.

- *Benefits:* Dieses Konzept hat viele Gewinner[106]: Es ist reizvoll für die Studierenden, für die kunstinteressierte Öffentlichkeit, für die Stadt und „last, but not least" für die Galeriebetreiber.

  Die Studierenden bekommen eine Plattform, über die sie frühzeitig ihre Arbeiten ausstellen, sich präsentieren und sich über den Verkauf ihrer Werke evtl. einen Teil ihres Lebensunterhalts verdienen können. Sie haben die Möglichkeit, eventuell erstmalig in der Öffentlichkeit wahrgenommen zu werden. Die Studierenden könnten auch in die Ausstellungsorganisation einbezogen werden und erste Erfahrungen sammeln u.a. in der Projektorganisation, in der Vermarktung und der Öffentlichkeitsarbeit. Viele Absolventen künstlerischer Studiengänge werden nach dem Studium freiberuflich arbeiten. Daher könnte es sinnvoll sein, das Konzept der Galerie um eine Gründungsberatung für junge Künstler zu erweitern und die angehenden Kunst- und Kulturunternehmer auf ihre Selbständigkeit vorzubereiten.

  Die Kunstinteressierten aus der Region haben in der Galerie einen Ort, an dem sie sich regelmäßig über die aktuellen Entwicklungen in der jungen Kunstszene informieren und Werke von Studierenden erwerben können. Auch die Kunstprojekte im öffentlichen Raum sollten eine große Aufmerksamkeit und entsprechenden Zulauf erfahren.

  Die Galerie hat einen nahezu unerschöpflichen Zugang zu jungen Künstlern unterschiedlicher Kunstrichtungen, aus denen sie sich die interessantesten aussuchen und in der Galerie vorstellen kann.

  Darüber hinaus könnten die Galeristen in Zusammenarbeit mit den Professoren und Studierenden der Kunsthochschule Projekte initiieren, die in oder außerhalb der Galerie stattfinden könnten, um den angehenden Künstlern praktische Erfahrungen zu vermitteln, die Öffentlichkeit für Kunst und Kultur zu sensibilisieren und das allgemeine Interesse zu steigern.

  Ein derartiges Konzept ist auch für die Stadtverwaltung interessant, die mit einem geringen finanziellen Engagement in der Wahrnehmung der Menschen regional und überregional ein positives, innovatives, kunst- & kulturförderndes Image erlangen kann.

- *Competition:* Es gibt zwar einige Galerien in der Stadt, aber dieses Konzept ist neu. Als Risiko bleibt die Frage der nachhaltigen öffentlichen Wahrnehmung und der Kaufbereitschaft potenzieller Kunden. Falls sich nicht genügend Menschen finden, die bereit sind, in die ausgestellte Kunst zu investieren, ist die Galerie auf die Dauer nicht zu finanzieren.

---

106 Die Vorteilhaftigkeit für alle Beteiligten ist eine wichtige Voraussetzung für den Erfolg der Unternehmensgründung. Man spricht von einer „win-win-Situation", wenn alle Seiten profitieren.

3.3 Einstieg in die Planung der Geschäftsidee

In Ergänzung der beiden vorgestellten Instrumente geben Carlson und Wilmot einige Tipps für die überzeugende Erarbeitung von Konzepten (vgl. Carlson/Wilmot (2006), S. 97f.):

Kundenperspektive:

- Sprechen und interagieren Sie mit Ihren potenziellen Kunden: Es ist wichtig, den Markt sehr genau zu verstehen.
- Stellen Sie die Faktoren zusammen, die Ihren Kunden am wichtigsten sind, um sicherzugehen, dass Sie die wesentlichen Aspekte bei der Ausarbeitung Ihres Geschäftskonzeptes berücksichtigen: Von den greifbaren Aspekten und Eigenschaften Ihres Produktes über die Zweckmäßigkeit und den Gesamteindruck bis hin zu den immateriellen Eigenschaften wie Sicherheit und Identifikation mit dem Produkt bzw. dem Unternehmen.
- Versuchen Sie, wenn möglich, einen Prototypen herzustellen, oder zumindest eine (3D-) Zeichnung, um das Produkt oder die Leistung zu veranschaulichen.
- Beobachten Sie Ihre potenziellen Kunden bei der Nutzung Ihres Prototypen.

Wettbewerbsperspektive:

- Studieren Sie Ihre Wettbewerber: Kennen Sie die Namen wirklich aller relevanten Wettbewerber?
- Verstehen Sie alle alternativen Produkte des Marktes und deren Stärken und Schwächen?

Behalten Sie zukünftige Entwicklungen im Auge: Antizipieren Sie neu auftretende Wettbewerber und Marktveränderungen.

Fassen Sie Ihre Geschäftsidee und das Potenzial so gut es geht in Zahlen, seien Sie ggf. kreativ bei deren Ableitung. Bleiben Sie mit den Erwartungen realistisch und argumentieren Sie so, dass Sie Ihre Stakeholder überzeugen und nicht abschrecken.

4. Impulse des Innovationsmanagements

In den Ausführungen der ersten drei Kapitel dieses Buches ist deutlich geworden, dass es sich bei Existenzgründungen im Kulturbetrieb um die Realisierung neuartiger Ideen oder die Entwicklung innovativer Produkte, Dienstleistungen bzw. Konzepte handelt. Anders gesagt: Jede Existenzgründung in der Kultur- und Kreativwirtschaft ist mit Innovationen verknüpft – auch wenn dies den Gründern nicht unbedingt bewusst ist.

In diesem Abschnitt wird Wissenswertes aus der betriebswirtschaftlichen Fachrichtung des Innovationsmanagements vorgestellt, Konzepte und Methoden werden erläutert und auf Existenzgründungen im Kulturbetrieb übertragen. In Abschnitt 4.1 wird zunächst ein formaler Zusammenhang zwischen Existenzgründungen im Kulturbetrieb und dem Innovationsmanagement hergestellt. Außerdem werden Grundlagen des Innovationsmanagements kurz erläutert, um in das Thema einzuführen. Anschließend werden in Abschnitt 4.2 verschiedene Konzepte und Denkweisen aus diesem Bereich vorgestellt, die bei der Planung und Umsetzung eines Gründungsvorhabens im Kulturbetrieb genutzt werden können.

4.1 Einführung ins Innovationsmanagement

Zu Beginn dieses Abschnitts wird ein allgemeingültiger Zusammenhang zwischen Innovationen, Projekten und einem unternehmerischen Engagement im Kulturbereich aufgezeigt (vgl. Abb. 30).

Zwischen Kunst & Kultur und Innovationen im Bereich der „klassischen" Wirtschaft[107] lassen sich Verbindungen knüpfen: Entwicklungen in beiden Bereichen basieren auf kreativen Köpfen, die Querdenker sind, sich von den bestehenden Regeln und Konventionen lösen, Neues entwickeln und sich von Widerständen nicht einschüchtern oder abschrecken lassen. In Kunst und Kultur überschreiten treibende Kräfte die etablierten Grenzen und stoßen Türen auf zu Neuem. Ganz ähnlich verhält es sich bei Innovationen: Pioniere – beseelt von ihren Ideen – brin-

---

[107] Mit Innovationen der „klassischen" Wirtschaft ist die ökonomische Verwertung von (technischen) Neuerungen außerhalb der Kulturwirtschaft, z.B. in Industriebetrieben, gemeint.

gen Neuerungen hervor, brechen klassische Denkmuster auf und entwickeln Lösungen für Probleme, von denen die Menschen bis dahin eventuell gar nicht wussten, dass sie bestehen.

Abbildung 30: Zusammenhang von Projekten, Innovationen, Existenzgründungen & Kultur

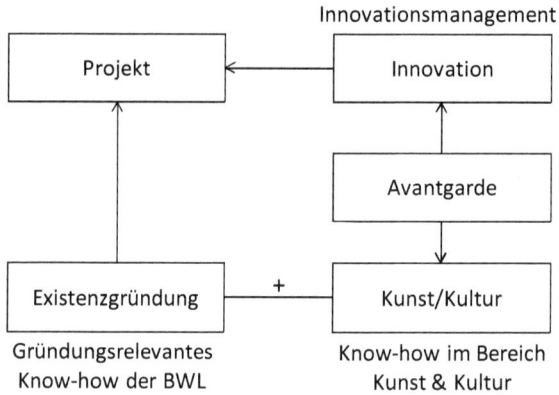

In Kunst & Kultur – und bei der Umsetzung von Innovationen in der Wirtschaft – gibt eine Avantgarde[108] Impulse für Wirtschaft und Gesellschaft. Selbstverständlich sind es nicht dieselben Personen, die vormittags Kunst schaffen und nachmittags Innovationen hervorbringen. Aber es sind in gewisser Weise artverwandte Gebiete und Menschen gleicher Prägung.

Die Realisierung von Innovationen und die Aufbauphase eines Unternehmens haben dabei gleichermaßen den Charakter eines Projektes. Ein *Projekt* ist gemäß DIN 69 901 ein *„Vorhaben, das im Wesentlichen durch Einmaligkeit der Bedingungen in ihrer Gesamtheit gekennzeichnet ist, wie z.B. Zielvorgabe, zeitliche, finanzielle, personelle oder andere Begrenzungen, Abgrenzung gegenüber anderen Vorhaben und projektspezifische Organisation"* (Bea/Scheurer/Hesselmann (2008), S. 30).

Dass Innovationen in Form von Projekten umgesetzt werden, ist intuitiv nachvollziehbar: Es werden Teams aufgestellt, die in einem zeitlich vorgegebenen Rah-

---

108 Unter einer Avantgarde wird in diesem Zusammenhang eine Gruppe von Vorreitern verstanden, die neue Wege beschreiten und grundsätzliche langfristige Entwicklungen einleiten.

4.1 Einführung ins Innovationsmanagement

men mit begrenzten finanziellen Mitteln die Innovation umsetzen und diese nach Abschluss des Projektes, also nach einer erfolgreichen Marktimplementierung, in den Routineprozess des Unternehmens übergeben.

Auch die Einführungsphase bei Unternehmensgründungen im Kulturbetrieb kann als innovatives Projekt mit einmaligem Charakter betrachtet werden: Es bedarf klarer Ziele und abgegrenzter Aufgaben. Für die Umsetzung ist ein Realisierungsfahrplan mit festen Meilensteinen zu bestimmen. Die Ressourcen sind knapp und im Vorhinein genau zu planen, damit z.B. die Liquidität des Unternehmens zu keinem Zeitpunkt gefährdet ist und ein rentables Unternehmen entstehen kann. Für die Gründungsphase wird eine projektspezifische Organisationsform gewählt, die nach Abschluss der Einführungsphase in feste Strukturen übergehen kann.

Eine Existenzgründung im Kulturbetrieb ist also ein innovatives Projekt, das von kreativen Köpfen realisiert wird.

Bevor in Abschnitt 4.2 einzelne Konzepte des Innovationsmanagements erläutert und auf Gründungsvorhaben in der Kreativwirtschaft übertragen werden, erfolgt eine Definition des Begriffs „Innovation": *„An innovation is... any thought, behavior or thing that is new because it is qualitatively different from existing forms"* (Barnett (1953), S. 7).

Innovationen sind durch die Verknüpfung einer Erfindung, die sich auf ein neuartiges Produkt, ein neues (Produktions-)Verfahren oder eine Dienstleistung beziehen kann, und der Verwertung dieser Erfindung charakterisiert:

> „Innovation = invention = exploration" (Roberts (1987), S. 3)

„Die Umwandlung von Geld in Wissen ist Forschung, die Umwandlung von Wissen in Geld ist Innovation" (Mirow (1998), S. 485; vgl. Hauschildt/Salomo (2011), S. 21): Innovationen zielen gemäß Mirow darauf ab, Wissen zu Geld zu machen. Nichts anderes ist Ziel einer Existenzgründung: auch hier steht die Erwirtschaftung von Gewinnen auf Basis einer selbständigen Tätigkeit, die sich auf herausragendes Wissen stützt, im Fokus[109]. Auch in dieser Hinsicht lassen sich Parallelen zwischen Innovationen und Existenzgründungen ziehen.

Der Begriff des Managements als Bestandteil des Wortes „Innovationsmanagement" bezieht sich dabei auf die Steuerung des Inventionsprozesses, d.h. den schöpferischen Akt der Erfindung, und die wirtschaftliche Umsetzung der Neuerung, also die „Ausbeutung".

---

[109] Dass Existenzgründer im Kulturbetrieb außerdem künstlerische, gesellschaftliche und Ziele der Selbstverwirklichung verfolgen, ist unbestritten.

Nachdem ein formal-logischer Zusammenhang zwischen dem Innovationsmanagement und Existenzgründungen im Kulturbetrieb aufgezeigt wurde, wird im folgenden Abschnitt erörtert, wie sich einzelne Konzepte des Innovationsmanagement inhaltlich für Existenzgründungsvorhaben in der Kulturwirtschaft nutzbar machen lassen.

4.2 Konzepte des Innovationsmanagements

4.2.1 Identifikation des optimalen Innovationsgrades

Wichtige Überlegungen eines jungen Unternehmens betreffen das Ausmaß der Neuartigkeit ihres Angebotes. „Radical changes are likely to be rejected and minor ones ignored" (Goldenberg et al. (2001), S. 78). Radikale Innovationen erfordern neue Denkmuster – sie bieten neue Möglichkeiten für neue Märkte. Inkrementelle Innovationen beinhalten z.t. nur kleinste Veränderungen, die z.B. aus einem veränderten Fertigungsverfahren resultieren.

Der Innovationsgrad beeinflusst das Management und den Erfolg einer Neuerung maßgeblich. Auch bei Innovationen im Bereich der Kultur gibt es Unterschiede im Typ der Neuerung: Gibt es bereits ähnliche Angebote, an denen man sich orientieren kann? Gibt es einen Markt für das entsprechende Produkt oder die Dienstleistung? Existieren Abstufungen von Kunst hinsichtlich ihrer Radikalität – so etwas wie „leichte" und „schwere" Kunst?

Hierbei hat sich jeder Künstler und Kulturschaffende zu fragen:

- ob er sich den „Gesetzen des Marktes" unterwerfen möchte und (auch) Leistungen oder Produkte anbietet, die sich vermutlich gut verkaufen lassen oder
- ob er sich die Freiheit nimmt, nur seinen eigenen Ansprüchen gerecht zu werden – was möglicherweise mit geringen Erträgen aus der künstlerischen Tätigkeit verbunden sein könnte[110].

Für den Existenzgründer stellt sich also die Frage nach einem angemessenen Innovationsgrad, d.h. wie weit entfernt von dem Vertrauten darf das Angebot liegen, um auf einen interessierten offenen Markt zu treffen. Wo genau der optimale Innovationsgrad liegt, lässt sich nicht pauschal vorhersagen. Ex post finden sich viele Beispiele für Produkte, die aufgrund einer hohen Radikalität erfolgreich waren bzw. gerade deshalb gescheitert sind.

---

110 In diesem Zusammenhang steht die Frage im Raum, ob es denn noch Kunst sei, wenn sie für den Markt gemacht wird. Die Antwort ist schwierig. Sicher ist jedoch, dass der Broterwerb für jeden Künstler lebenswichtig ist.

Der Innovationsgrad ist stark vom Zeitgeist abhängig: *„Nichts ist mächtiger als eine Idee, deren Zeit gekommen ist"*[111]. Ist der Zielmarkt schon „reif" für die Einführung eines bestimmten Produktes oder einer Dienstleistung? Beispielsweise das Faxgerät, dessen erste Generation (damals unter der Bezeichnung Fernkopierer) bereits in den 70er Jahren in Deutschland auf den Markt kam, war seiner Zeit weit voraus und konnte sich erst in den 80er Jahren langsam durchsetzen.

Ist der Innovationsgrad marginal, so wird die Dienstleistung oder das Produkt möglicherweise nicht als attraktiv wahrgenommen. Es gilt, einen goldenen Mittelweg zu finden. Die angehenden Kulturunternehmer sollten sich mit dieser Frage beschäftigen und überlegen, ob die potenziellen Kunden schon das Wissen oder die Bedürfnisse haben, die zur Nutzung des Produktes oder der Dienstleistung erforderlich sind. Ist dieses Wissen nicht vorhanden, muss es möglicherweise zunächst über aufwändige Marketingmaßnahmen aufgebaut und ein Kundenbedürfnis entwickelt werden – dann ist eine hohe Aktivierungsenergie notwendig, die ein entsprechend großes Marketingbudget erfordert.

4.2.2 Innovationstiming

Aus dem Innovationsgrad und damit aus der Existenz von Wettbewerbern, die den Markt eventuell bereits bearbeiten, lassen sich unterschiedliche Strategien des Innovationstimings – also hinsichtlich des zeitlichen Vorgehens bei der wirtschaftlichen Umsetzung einer Idee – ableiten, die sich in einer Pionier- und Folgerstrategie äußern können (vgl. hierzu Ahmed/Shepherd (2010), S. 93ff.). Das Innovationstiming befasst sich mit der Bestimmung des optimalen Zeitpunktes für die Einführung eines Produktes oder einer Dienstleistung auf dem Markt und mit der Taktung aller dazu notwendigen Schritte im Innovationsprozess.

Der *Pionier* ist der erste Anbieter am Markt. Ihm bieten sich die größten Chancen zur Gestaltung des Marktes, er trägt aber auch das höchste Risiko des Scheiterns. Wenn seine Produkte oder Leistungen erfolgreich sind, ist er zunächst der einzige Anbieter mit einem Quasi-Monopol. Erst nach und nach werden Wettbewerber in den Markt eintreten. Gelingt es dem Pionier, sein Angebot als einzigartig zu positionieren und hohe Markteintrittsbarrieren zu errichten, haben es Imitatoren schwer, in den Markt einzutreten.

Die Rolle des Imitators ist aber nicht zwangsläufig negativ: Der *Imitator* kann zunächst abwarten, wie sich die Technologie und der Markt entwickeln und dann bei einer positiven Gesamtentwicklung „auf den fahrenden Zug aufspringen". Er kann u.a. von den Marketingmaßnahmen des Pioniers profitieren, die notwendig waren, um das Angebot potenziellen Kunden überhaupt erst verständlich zu machen.

---

111 Dieses Zitat wird Victor Hugo zugeschrieben.

Welche der beiden Strategien (Pionier- oder Imitator-) die erfolgversprechendere ist, lässt sich allgemeingültig nicht sagen.

Ein häufig erfolgreiches Imitationskonzept z.B. im e- oder m-Commerce (auch im Bereich der Kulturwirtschaft) ist es, in den USA nach innovativen Geschäftsmodellen zu suchen und diese an den europäischen oder deutschen Markt anzupassen und dort zu platzieren. Das Risiko des Scheiterns ist bei diesem Vorgehen häufig gering, da bereits positive Erfahrungen auf anderen Märkten vorliegen.

4.2.3 Schaffung geeigneter Unternehmensstrukturen

Innovationen stehen im Spannungsfeld von Effizienz und Kreativität. Der Effizienzbegriff wurde in Abschnitt 2.4 definiert. Der Begriff *Kreativität* wird an dieser Stelle kurz erklärt: *„Creativity is a process of developing novel and useful ideas, whether an incremental improvement or a world-changing breakthrough.*

At a simple level, being creative involves:

- *Consistently producing a lot of ideas.*
- *Putting existing, or new, ideas together in different combinations.*
- *Breaking an idea down to take a fresh look at its parts.*
- *Making connections between the topic at hand and seemingly unrelated facts, events or observations"* (Ahmed/Shepherd (2010), S. 43).

Generell ist Effizienz in einem Betrieb gewünscht. Es wird versucht, durch die Etablierung von Routineprozessen eine hohe Wirtschaftlichkeit zu erzielen. Dies wird häufig durch starre Unternehmensstrukturen und feste Abläufe erreicht. Aus dieser Perspektive betrachtet wünscht sich ein Unternehmer also mechanistische Unternehmensstrukturen.

Andererseits wird es ohne ein hohes Maß an Kreativität nicht gelingen, Innovationen hervorzubringen. Kreativität lässt sich nicht in ein starres Korsett zwängen, sie benötigt schöpferische Freiheit. Hierfür sind organische Strukturen erstrebenswert (vgl. Abb. 31). Effizienz- und Kreativitätsziele stehen also zueinander in Konkurrenz.

„For those who believe that organization structure, control mechanisms, formal decision making processes, delegation of authority, and other formal aspects of a so-called well-run company are sufficient conditions for successful technological innovation, we can say with confidence that it is not so" (Rubenstein et al., 1976, S. 18). Dies gilt in gleicher Weise für die erfolgreiche Umsetzung von Innovationen im Kulturbetrieb.

4.2 Konzepte des Innovationsmanagements

Abbildung 31: Konflikt zwischen Kreativitäts- und Effizienzanforderungen (vgl. Trott, 2008, S. 76)

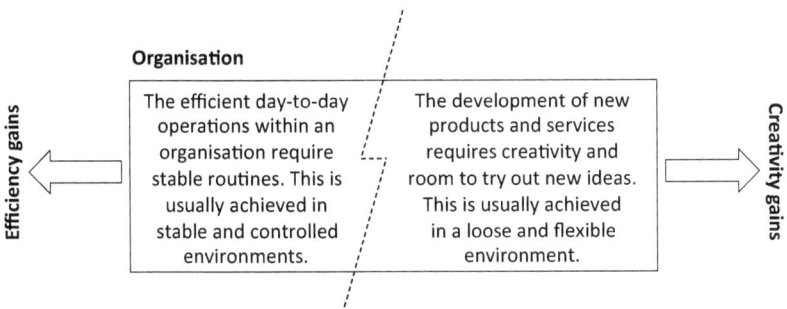

Auch Innovationen und Veränderungen in Kunst und Kultur brauchen – genau wie Innovationen in technischen Bereichen – viel kreativen Spielraum. Beim Aufbau eines Kulturbetriebes muss man sich daher fragen, wie das Optimum im Spektrum aus starren effizienten Strukturen und innovationsfreundlicher kreativer Umgebung bestimmt werden kann. Um auf Veränderungen innerhalb des Unternehmens und auf die Dynamik sich ändernder Rahmenbedingungen reagieren zu können, ist in der Gründungsphase Flexibilität gefordert.

Dies bezieht sich auch auf die geistige Flexibilität der Gründer, falls Plan A nicht funktionieren sollte, schnell auf einen Plan B umschalten zu können, den man bestenfalls schon im Vorfeld bei der Konzeptionierung unterschiedlicher Szenarien entwickelt haben sollte. Bei der Erstellung eines Businessplans sollten in dem Abschnitt, der sich mit den potenziellen Risiken des Gründungsvorhabens befasst, unterschiedliche Szenarien – abhängig von der Entwicklung der Rahmenbedingungen – skizziert werden[112].

Nach Abschluss der Gründungsphase des Unternehmens können die Organisationsstrukturen sukzessive verändert werden, um die Effizienz in den Abläufen zu erhöhen.

---

112 Das bedeutet nicht, dass man bei den ersten auftretenden Widerständen die Strategie des Unternehmens ändern sollte. Da die Zukunft aber nicht mit Sicherheit vorausgesagt werden kann, muss das Unternehmen in der Lage sein, sich an veränderte Rahmenbedingungen flexibel anpassen zu können.

4.2.4 Prozesscharakter von Innovationen

Vor der Aufnahme einer unternehmerischen Tätigkeit im Kulturbetrieb ist es nützlich, sich einmal den Ablauf einer klassischen Innovation zu veranschaulichen: Mit welchem Schritt beginnt der Innovationsprozess, wie endet er? Hauschildt/Salomo differenzieren den Innovationsprozess in sieben Schritte (in Anlehnung an Hauschildt/Salomo (2011), S. 20f. und Abb. 32):

Abbildung 32: Der Prozess einer Innovation

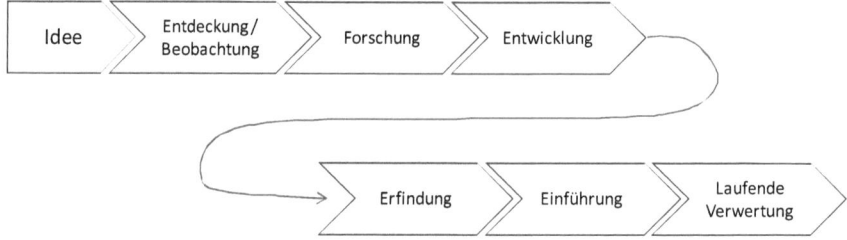

- *Idee*: Hierbei handelt es sich um den mehr oder weniger bewussten Entschluss, sich mit einem Forschungsgegenstand zu beschäftigen. Es existiert möglicherweise eine nur vage Vorstellung davon, dass innerhalb eines noch nicht scharf abgegrenzten Bereiches Neuerungen mit Erfolgspotenzial möglich sind.
- *Entdeckung/Beobachtung*: Dieser Schritt zielt auf die Identifikation einer Auffälligkeit, eines Zusammenhanges, einer Interdependenz, die einen Impuls für Forschungsarbeiten gibt.
- *Forschung*: Basierend auf der Entdeckung werden die Erkenntnisse theoretisch fundiert und empirisch überprüft sowie die Ursache-Wirkungszusammenhänge ermittelt und funktionale Zusammenhänge bestimmt.
- *Entwicklung*: Die Beobachtungen und Forschungsergebnisse werden in Konstruktionen und Prototypen umgesetzt mit dem Ziel, die theoretisch und/oder empirisch festgestellten Beziehungen für einen bestimmten Zweck nutzbar zu machen. Es werden verschiedene Alternativen ausgearbeitet und verfolgt.
- *Erfindung*: Es schließt sich die Festlegung auf eine bestimmte Alternative mit definierten Merkmalen und exakt beschreibbaren Eigenschaften an, die zur Patentierung und Publikation geeignet sind.

- *Einführung:* Es folgt die Einführung des neuen Produktes oder des neuen Verfahrens in die Fertigung mit Schaffung der entsprechenden Fertigungskapazitäten. In dieser Phase sind die notwendigen Investitionen, die Namensgebung und die Einleitung von Marketingmaßnahmen etc. vorzunehmen.
- *Laufende Verwertung:* Der Innovationsprozess geht in einen Routinevorgang über und wird von den aufgebauten effizienten Organisationsstrukturen übernommen.

Diese Schritte lassen sich auch für Existenzgründungen im Kulturbetrieb sinnvoll nutzen und systematisch vorbereiten. Wichtig ist, sich bereits vor der Unternehmensgründung bewusst zu machen, dass es sich um einen Prozess mit mehreren Schritten handelt und dieser nicht nur aus den Aspekten „Idee" und deren Umsetzung besteht. Dazwischen stehen eine sukzessive Ausarbeitung der Idee, evtl. die Entwicklung eines Prototypen, Tests bei der anvisierten Zielgruppe und eine kontinuierliche Verbesserung im Fokus, bis ein marktreifes Produkt oder eine zielgruppengerechte Dienstleistung angeboten werden kann. Es kann dabei unter Umständen auch notwendig werden, einzelne Schritte wiederholt zu durchlaufen.

4.2.5 Anregungen für Innovationen

Wie gelangen Innovationen auf den Markt oder wie findet man eine gute Idee für ein Gründungsvorhaben im Kulturbetrieb? Zwei grundsätzlich verschiedene Ansätze sind denkbar. Zum einen können neue technologische Möglichkeiten die Tür zu innovativen Produkten oder Dienstleistungen aufstoßen. Dies wird auch als *technology-push* bezeichnet (vgl. Abb. 33): Forschungs- & Entwicklungsergebnisse eröffnen neuartige Möglichkeiten, die in Innovationen einfließen können. Wie diese Produkte am Markt angenommen werden, weiß man im Voraus nicht.

Abbildung 33: Technology-push-Ansatz (vgl. Trott (2008), S. 22)

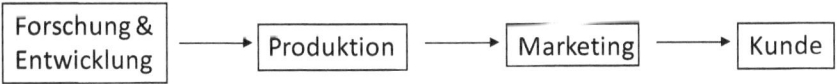

Einem Unternehmen stehen unterschiedliche Quellen zur Verfügung, die genutzt werden können, um Anregungen für neue technologische Entwicklungen zu gewinnen:

- innovative Kunden (*lead users*),
- innovative Lieferanten,
- führende Forschungseinrichtungen und Universitäten und
- frei zugängliche Informationen:
  - relevante wissenschaftliche Literatur (z.b. über eine Recherche in Datenbanken),
  - Patente,
  - technische Standards.

Wie findet der technology-push im Kunst- und Kulturbetrieb statt? Welche prägenden Veränderungen gibt es bei Technologien, wie dem Internet oder bei Fertigungsverfahren, wie z.b. bei Drucktechniken und Entwicklungen im Audio- oder Videobereich, die neue Möglichkeiten bieten?

Das zweite Konzept kann als *market-pull* oder *demand-pull* beschrieben werden: Der Innovationsprozess beginnt mit der Marktforschung, um die Kundenwünsche und Produktanforderungen zu ermitteln – damit leitet der Kunde den Innovationsprozess ein (vgl. Abb. 34). Es folgt die Forschungs- & Entwicklungstätigkeit, um die entsprechenden Produkte anbieten zu können.

Abbildung 34: Market-pull-Ansatz (vgl. Trott (2008), S. 22)

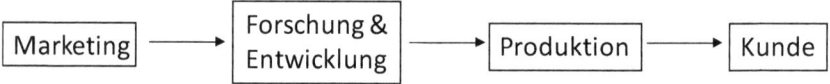

Um die „richtigen" Produkte zu entwickeln, sollten frühzeitig die Bedürfnisse und Wünsche potentieller Kunden berücksichtigt werden. Das kann z.b. durch Kundenbefragungen (auch zur Erfassung der Zahlungsbereitschaft potenzieller Kunden z.B. auf Basis computergestützter Conjoint-Analysen) oder in Fokusgruppen erfolgen.

Viele Unternehmen nutzen inzwischen Internetforen, um besonders affine Kunden in die Entwicklung neuer Produkte einzubeziehen. Dies wird erfolgreich z.b. von „Ben & Jerry's Homemade Ice Cream" praktiziert. Kunden können auf der Homepage des Unternehmens Vorschläge für neue Eissorten machen und den Eigenkreationen Namen geben. Am „Do the World a Flavour Contest" haben 2010 insgesamt 100.000 „Ben & Jerry's" Fans teilgenommen. Siegerin des Con-

4.2 Konzepte des Innovationsmanagements

tests wurde Toni Gunnison. Die von ihr kreierte Eissorte „Fairly Nuts" wird inzwischen weltweit zum Verkauf angeboten[113].
„*Erfolgreiche Innovationen beruhen auf der Zusammenführung von demand pull und technology push*" (Hauschildt (1993), S. 7). Es könnte sich also als vorteilhaft erweisen, neue technische Möglichkeiten oder Angebote zu nutzen, um aufkeimende Kundenwünsche damit zu bedienen. Die Entwicklung einer geeigneten Strategie wird in der folgenden Abbildung 35 veranschaulicht.

Abbildung 35: Verbindung von Technologie- und Marktentwicklungen (in Anlehnung an Ahmed/Shepherd (2010), S. 170)

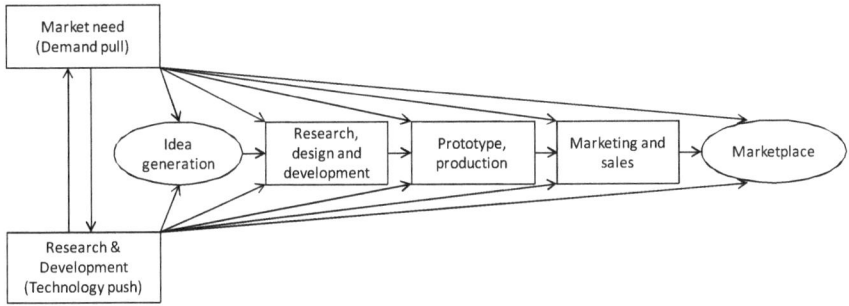

Ein Abgleich der technologischen Möglichkeiten mit den entsprechenden Ergebnissen der Marktforschung zu aktuellen Kundenbedürfnissen kann zur Generierung von Ideen führen. Aus den Ideen werden Ansatzpunkte für Forschung & Entwicklung und Design-Aktivitäten abgeleitet. Ergebnis dieser Anstrengungen sind Prototypen und eine anschließende Produktion. Die Unternehmensbereiche Marketing und Vertrieb bringen die Produkte auf den Markt.

Im Kontext des Kulturbetriebes ist zu überlegen, wie Kulturprodukte beziehungsweise -dienstleistungen entstehen, die vom Unternehmen vermarktet werden sollen? Wird Kultur immer vom Schaffenden ‚gepusht'? Ein Kulturunternehmen darf sicher auch bei Kundenwünschen ansetzen und spezielle Angebote entwickeln, um diese Wünsche zu bedienen.

Im Zusammenhang mit der Generierung von Produkt- oder Dienstleistungsideen soll noch auf ein besonderes Phänomen eingegangen werden, das unter dem

---

[113] Vgl. dazu www.benjerrys.de/ueber-uns/aktuelles/index.php?we_objectID=215; Abfrage: 24.11.2010.

Begriff „*Serendipity*" bekannt ist (vgl. Trott (2008), S. 21; Hauschildt/Salomo (2011), S. 255): Darunter versteht man unvorhergesehene Entdeckungen, die zufällig und ungeplant gelingen. Beispiele sind die Entdeckung Amerikas, des Penizillin, oder die Erfindung der Klebezettel „Post-it".

„*Discoveries may not be expected, but in the words of Louis Pasteur, ‚chance favours the prepared mind'*" (Trott (2008), S. 21). Der letzte Teil dieses Zitats wurde bereits in der Einleitung auf die Erfolgsaussichten gut vorbereiteter Existenzgründungen insgesamt übertragen. Es kann sich also lohnen, fleißig zu sein und sich gut vorzubereiten!

4.2.6 Unterschiedliche Arten von Wissen

Wissen lässt sich differenzieren in explizites und implizites Wissen. Explizites Wissen kann eindeutig kodiert und kommuniziert werden.

Implizites Wissen wird auch als *tacit knowledge* (vgl. Trott (2008), S. 27) bezeichnet – es lässt sich nicht vollständig in schriftlicher Form wiedergeben und vermitteln: Niemand wird fahrradfahren oder schwimmen lernen, wenn er nur in einem Buch gelesen hat, wie es funktioniert. Ein bestimmter Teil des nötigen Wissens kann also nicht in expliziter Form weitergegeben werden.

Auch bei Unternehmensgründungen wird es vermutlich nicht gelingen, das gesamte relevante Wissen des Gründers oder aller Mitglieder des Gründungsteams vollständig zu Papier zu bringen, so dass die Spezialisten entbehrlich würden und das Wissen bei Bedarf z.B. aus einer Datenbank abgerufen werden könnte.

Häufig kommt ein weiteres Phänomen hinzu: Die Wissenden sind gar nicht daran interessiert, ihr Wissen zu dokumentieren – denn: Wissen ist Macht und geteiltes Wissen könnte zu einem Machtverlust führen. Dabei übersehen die Inhaber dieses Wissens, dass sich aus dem Weitergeben von Wissen und einer Einbeziehung anderer Personen mit eventuell völlig verschiedenen Hintergründen und Erfahrungen neues Wissen entwickeln kann, von dem alle Individuen und das Unternehmen insgesamt profitieren können und das keiner der Beteiligten hätte allein entwickeln können.

Nonaka und Takeuchi haben hierzu das *SECI-Modell* aufgestellt, das sich mit der Entwicklung von Wissen in Gruppen durch den Austausch und die Kombination expliziten und impliziten Wissens befasst (vgl. Nonaka/Takeuchi (1997); Ahmed/Shepherd (2010), S. 514f.). SECI ist das Akronym für Socialisation, Externalisation, Combination & Internalisation und verknüpft die Artikulation des Wissens der beteiligten Akteure, dessen Kombination und Weiterentwicklung und die Verinnerlichung des Wissens durch die Beteiligten. Es kann sich ein iterativer, sich wiederholender Prozess ergeben.

Bei der Gründung eines Unternehmens im Kulturbereich sollte sich der Gründer oder das Team bewusst machen, wie viel und welches implizite Wissen im Vorhaben verankert ist:

- Wie viel implizites und explizites Wissen ist notwendig, um die geplante Gründung erfolgreich umsetzen zu können?
- Haben die Gründer des Unternehmens das notwendige implizite Wissen? Explizites Wissen kann angelesen werden, implizites nicht.
- Vor allem das implizite Wissen, das nicht ohne Weiteres übertragbar ist, wird die Kernkompetenzen und die Unique Selling Proposition des Unternehmens bestimmen. Über dieses „wertvolle" Wissen differenziert sich das Unternehmen vom Wettbewerb. Dieses Know-how sollte geschützt und kontinuierlich ausgebaut werden.

4.2.7 Widerstände gegen Innovationen

Innovationen treffen nicht überall und nicht immer auf Unterstützung. Neben Widerständen innerhalb des Unternehmens, die sich zumeist durch den Einsatz hierarchischer Macht überwinden lassen, können auch in der Unternehmensumgebung Widerstände auftreten: Kunden können neuen Angeboten (zunächst) kritisch gegenüber stehen, Lieferanten sträuben sich möglicherweise gegen Veränderungen ihrer Vorleistungen, die in die neuen Produkte einfließen sollen oder Behörden verweigern die Genehmigung einer Innovation. Widerstände gegen Innovationen sind nicht per se negativ. Die kritische Auseinandersetzung mit den Opponenten der Innovation kann zu einer Weiterentwicklung der Idee führen und damit eventuell zu einer weiteren Ausreifung der Innovation. Wichtig ist es, die Grenze zu identifizieren, an der die konstruktive Kritik in prinzipiellen Widerstand umschlägt.

Es gibt unterschiedliche Barrieren gegen Innovationen, die intern im Unternehmen oder extern bei Stakeholdern des Unternehmens auftreten können:

- *Widerstände des Nicht Wissens*: Innovationen erfordern eine intensive Auseinandersetzung mit dem Neuen und die Fähigkeit, die neuartigen Zweck-Mittel-Kombinationen begreifen und nachvollziehen zu können. Häufig ist es einfacher und angenehmer, auf dem Bisherigen zu beharren und sich nicht auf Neues einzulassen. Man hat sich eingerichtet und ist mit dem Status quo zufrieden. *„Widerstand erwächst daraus, dass das betroffene Individuum tatsächlich oder vermeintlich nicht in der Lage ist, diese intellektuellen Anforderungen zu bewältigen"* (Hauschildt/Salomo (2011), S. 108).

- *Widerstände des Nicht-Wollens:* In diesem Bereich können drei Gruppen von Widerständen gegen Veränderungen differenziert werden (vgl. Hauschildt/Salomo (2011), S. 108f.):
  - Regelungsmechanismen, auf Stimuli mit gewohnten Reaktionen zu antworten,
  - Konservative Vorprägungen z.B. durch Erziehung oder Orientierung an Bezugspersonen,
  - *„Durch früheres Verhalten, namentlich durch Dissonanz in Konflikten ausgeprägte Einstellungen, die fortwirkend Rechtfertigung und Bestätigung fordern und die zuvor getroffene konfliktreiche Entscheidungen auf keinen Fall mehr in Frage zu stellen erlauben"* (Hauschildt (1993), S. 96).

„Wer nicht will, findet auch immer einen Grund für seinen Widerstand" (Hauschildt/Salomo (2011), S. 109).

Daraus kann sich eine gewisse Fortschrittsfeindlichkeit ergeben, die sich in den drei bekannten deutschen „Betriebsregeln" niederschlägt:

- Das war schon immer so!
- Das war noch nie so!
- Da kann ja jeder kommen!

Diese Argumente sind häufig zu hören, wenn man in Unternehmen oder öffentlichen Institutionen Vorschläge für Veränderungen macht oder Anregungen gibt. Interessant in diesem Zusammenhang ist es auch, sich die Strategien der Widerständler zu vergegenwärtigen. Es lassen sich drei Strategiestufen unterscheiden (vgl. Hauschildt/Salomo (2011), S. 101f.):

1. *Verhindern*: Die Opponenten werden versuchen, die Innovation insgesamt zu verhindern. Diese Strategie ist einigermaßen schnell zu durchschauen, da die Gegner der Innovation ihre Vorbehalte mehr oder weniger offen vertreten müssen.

2. *Verzögern*: Ist ein Verhindern der Neuerung nicht (mehr) möglich, wird man versuchen, die Protagonisten durch ständiges Torpedieren zu behindern und die Umsetzung der Innovation so lange wie möglich hinauszuzögern. In diesem Fall müssen die Innovationsopponenten nicht offen kommunizieren, dass sie gegen die Innovation sind. Es reicht aus, als „Bedenkenträger" generell Aspekte aufzuwerfen, die vor einer Umsetzung unbedingt noch zu prüfen sind.

3. *Verformen*: Sind die beiden vorgenannten Verfahrensweisen gescheitert, könnten die Opponenten versuchen, die Ideen so zu verformen, dass sie ihren eigenen Vorstellungen möglichst nahe kommen.

4.2 Konzepte des Innovationsmanagements

Wenn diese Verhaltensmuster bekannt sind, sollte man sich in die Lage aller Stakeholder hinein versetzen und prüfen, welche Motive hinter der Opposition stecken und wie gegen zu steuern ist. Gibt es objektive Gründe für den Widerstand oder ist dieser in mangelnder Information dieser Gruppen begründet? Hat diese Gruppe eine konkurrierende Zielsetzung, die das Verhalten erklären könnte?

Widerstände können im Innovationsprozess sehr früh auftreten und dazu führen, Ideen im Keim zu ersticken. Die folgende Abbildung 36 zeigt einige Klassiker unter den „Killerargumenten"[114]. Interessant ist es herauszufinden, welche Argumente gerechtfertigt sind und welche lediglich einen Vorwand darstellen, um Innovationen zu verhindern.

Abbildung 36: Killerargumente gegen Innovationen

Idea killers...

Yes, but... It already exists! Our customers won't like that!
WE DON'T HAVE TIME... NO! It's not possible...
It's too expensive! LET'S BE REALISTIC... That's not logical.
We need to do more reseach... THERE'S NO BUDGET!
I'm not creative... We don't want to make mistakes...
The Management won't agree. GET REAL!
It's not my responsibility... It's too difficult to master...
That's too big a change! THE MARKET IS NOT READY YET...
Let's keep it under consideration... *It is just like...*
The older generation will not use it... We are too small for that!
It might work in other places but not here...
SINCE WHEN ARE YOU THE EXPERT?... That's for the future!
There are no staff members available...
IT IS NOT SUITABLE FOR OUR CLIENTS...

---

114 In Anlehnung an eine Darstellung auf der Internetseite von new shoes today. Vgl. www.newshoestoday.com/site/ideakillers; Abfrage: 24.11.2010.

4.2.8 Probleme des Technologietransfers

Das als „*Not-invented-here (NIH)-Syndrom*" bekannte Phänomen erschwert den Technologietransfer zwischen Organisationseinheiten[115]. Forscher und Wissenschaftler, die sich intensiv mit einem Thema beschäftigt haben, schotten sich gegenüber äußeren Einflüssen ab. Sie nehmen an, dass sich außerhalb ihres Teams kein vergleichbares Know-how findet. Dieses Verhalten reduziert das Interesse, über den eigenen „Tellerrand" hinauszuschauen und den Dialog mit externen Personen aufzunehmen. Der Transfer von Wissen innerhalb des Unternehmens oder über Unternehmensgrenzen hinweg, falls z.B. strategische Allianzen mit anderen Unternehmen bestehen, wird so behindert.

Gibt es dieses Phänomen auch im Kulturbetrieb? Denkbar wäre ein „Kochen im eigenen Saft". Dies kann sich äußern in Aussagen wie: Jemand habe nicht den richtigen „Stallgeruch" oder käme aus der „falschen Schule".

Ein Beispiel aus dem Bereich der Ausbildung des künstlerischen Nachwuchses soll dies veranschaulichen: Jede Kunsthochschule vertritt ihre eigene künstlerische Philosophie. Dies kann dazu führen, dass begabte Bewerber nach Vorlage von Arbeitsproben abgelehnt werden, weil ihre Arbeitsweise nicht zur Philosophie der Hochschule passt[116]. Der Bewerber ist möglicherweise durch künstlerische Einflüsse geprägt, die nicht an der betreffenden Hochschule ihren Ausgangspunkt genommen haben.

Eventuell besteht auch ein Standesdünkel gegenüber Akteuren, die eine Fachrichtung möglicherweise nicht studiert haben. Vereinzelt gibt es geniale Autodidakten, die eine Bereicherung für jedes Netzwerk bedeuteten, aber ausgeschlossen werden, weil sie ihre fachliche Qualifizierung nicht mit einem Zertifikat belegen können.

Beim NIH-Syndrom handelt es sich um eine Abschottung, die den Status und die Position der etablierten Künstler und Kulturköpfe zementiert und den Eintritt „neuer" nicht-protegierter Akteure erschwert. Daraus resultieren starke Eintrittsbarrieren für Quereinsteiger.

Eine Öffnung für Strömungen und Einflüsse von außen, z.B. über Kooperationen mit externen Partnern, könnte sich positiv auf Entwicklungen im Kultur-

---

115 Vgl. zum „Not-invented-here-Syndrom" z.B. Trott (2008), S. 331. „The root of the technology transfer problem lies in the well-established U.S. belief that success for individuals and groups stems from competing not collaborating. Your colleague is also your competitor for the larger office, promotion raise, or praise. Since the donor and receptor in the technology transfer share this value system, great care must be exercised to eradicate suspicion. The NIH-syndrom is ubiquitous at all levels of the U.S. industry hierarchy [...] much to the disadvantage of our national productivity" (Gibson/Rogers (1994), S. 402; Mehrwald (1999), S. 1).
116 Vgl. Trautmann (2010).

4.2 Konzepte des Innovationsmanagements

betrieb und auf die Ergebnisse von Existenzgründungen auswirken. Innovationen leben von der Auseinandersetzung mit Andersdenkenden. Eine Beschränkung auf ein festes undurchlässiges Netzwerk kann zur Betriebsblindheit führen.

4.2.9 Gefahren des Innovationsenthusiasmus

Neben allzu großen Widerständen gegen Innovationen kann eventuell auch ein gegenteiliges Phänomen auftreten – übertriebener *Innovationsenthusiasmus* (vgl. Hauschildt (1993), S. 22; Nolan (1989), S. 16ff.), der ebenfalls negative Auswirkungen auf den Erfolg haben kann.

Innovationsenthusiasmus äußert sich z.B. in:

- *Taking unacceptable risks* (Verlust des Risikobewusstseins): Darunter versteht man die Tendenz, auch unkalkulierbare Risiken einzugehen.
- *Change for its own sake* (Wandel um seiner selbst willen): Dies betrifft die Neigung, gut eingeführte Produkte oder gut laufende Prozesse vor der vollen Abschöpfung der Erfolge zu verändern.
- *Wheel spinning* (aktionslose Gedankenspiele): Hinter diesem Phänomen verbirgt sich die Tendenz zu intellektuell anspruchsvoller Ideenproduktion, die aber nicht zu umsetzbaren Ergebnissen führt.
- *Overload* (Überflutung mit neuen Ideen): Das Team hat zu wenig Kapazität, um die Vielzahl kreativer Gedanken zu verarbeiten.
- *Grashopper syndrom* (Sprunghaftigkeit): Viele neue Ideen stehen unverbunden nebeneinander. Es fehlt eine zentrale Leitlinie, aufgrund der Vielfalt der Ideen entsteht eine hohe Komplexität, die dazu führt, dass Synergien nicht genutzt werden können.

Besteht die Gefahr des Innovationsenthusiasmus bei Existenzgründungen im Kulturbetrieb? Dies könnte der Fall sein, wenn sich die Gründer zu stark von den kulturellen Inhalten des Unternehmens leiten lassen und zu wenig Wert legen auf eine betriebswirtschaftliche effektive und effiziente Ausgestaltung des Unternehmens. Die Herausforderung besteht darin zu lernen, welches Ausmaß an Innovationen angemessen ist und einen hohen Kundennutzen schafft.

4.2.10 Lernkurveneffekte

Eine Lernkurve[117] beschreibt den Erfolg des Lernens im Laufe der Zeit (vgl. Abb. 37). Das Lernen beginnt langsam, bis man die Grundzusammenhänge verstanden hat (Phase 1). Dann folgt eine Phase schnellen Lernens, in kurzer Zeit steigt die

---

117 Zu den Grundlagen der Lernkurven vgl. z.B. Ritter/Schooler (2002).

Qualität der gefertigten Produkte, der angebotenen Dienstleistungen oder die Fertigungsdauer je Produkteinheit sinkt rapide (Phase 2). Ab einem gewissen Zeitpunkt hat man seine Fähigkeiten perfektioniert – Lernfortschritte stagnieren (Phase 3).

Abbildung 37: Darstellung der Lernkurve

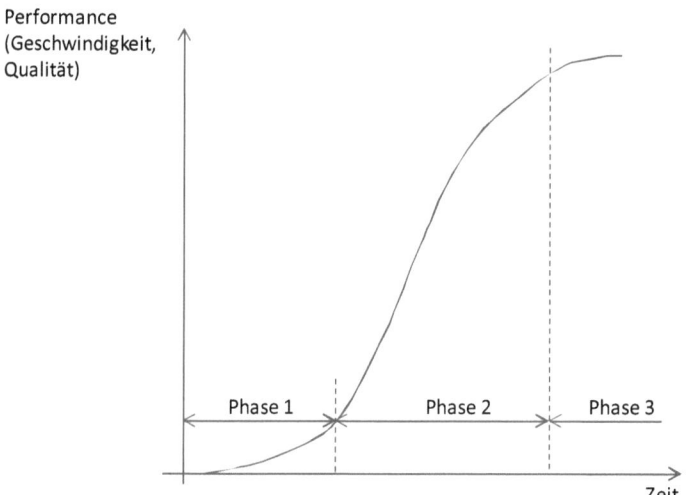

Diese Lernkurveneffekte gelten für alle Lebensbereiche und sind somit auch bei der Existenzgründung im Kulturbetrieb relevant. Wie kann man sich diese zunutze machen bzw. sich darauf einstellen?

Beim Aufbau eines Unternehmens haben die Gründer in der Startphase einen sehr hohen persönlichen Aufwand, da sie sich in vermutlich nahezu allen Bereichen und Tätigkeiten erst einmal auf der Lernkurve in Phase 1 befinden und in Bezug auf das konkrete Vorhaben kaum praktische Erfahrung haben. Durch den Zugewinn an Routine kommt es sukzessive zu Fortschritten in Bezug auf die Qualität der Ergebnisse und die Zeit für deren Erreichung (Phase 2 auf der Lernkurve). Die Arbeitsbelastung könnte dadurch ein wenig zurückgehen, wenn sie nicht durch ein Wachstum des Unternehmens und die damit verbundenen Aufgabenausweitung überkompensiert wird.

4.2 Konzepte des Innovationsmanagements

4.2.11 Konzept der Lead User und Diffusionsmodelle

Lead User sind Nutzer, deren Bedürfnisse den Anforderungen des Massenmarktes vorauseilen, und die sich einen besonders hohen Nutzen von einer Problemlösung versprechen (vgl. Hauschildt/Salomo (2011), S. 165; Trott (2008), S. 59). Der Begriff Lead User wird sowohl für Unternehmen (Geschäftskunden) als auch für Endkonsumenten (Privatkunden) verwendet.

Lead User treten oftmals selbst als Innovatoren auf – sie eignen sich durch intensive Beschäftigung mit der jeweiligen Thematik spezifische Fähigkeiten und Kenntnisse an. Daher besitzen Lead User in vielen Fällen einen gewissen Expertenstatus.

Lead User entwickeln ihr Wissen häufig in Netzwerken. In vielen Fällen beteiligen sie sich an informellen Communities, die dem Informationsaustausch sowie der gegenseitigen Unterstützung (sog. User-to-User Assistance) dienen. Dabei kann das Internet als Medium eine bedeutende Funktion übernehmen. So nutzen viele Lead User Internetforen als Kommunikationsplattform.

Viele innovative Unternehmen setzen die *Lead User Methode* ein, bei der ein Anbieter versucht, Kunden mit Expertenwissen gezielt in die Produktentwicklung einzubeziehen. Die Methode läuft typischerweise in vier Phasen ab (vgl. Ahmed/Shepherd (2010), S. 411f.):

1. Identifikation wichtiger Markttrends,
2. Identifikation von Lead Usern,
3. Durchführung von Workshops zur Entwicklung innovativer Produktkonzepte mit den Lead Usern sowie
4. Projektion der Ergebnisse auf einen größeren Markt.

Um ein Gefühl dafür zu bekommen, wie die Produkte von den Kunden des Zielsegmentes aufgenommen werden könnten, ist es hilfreich, sich mit Diffusionsmodellen im Innovationsmanagement zu beschäftigen und sich zu überlegen, welche Unterschiede im Kaufverhalten potenzieller Kunden vorliegen könnten. Es gibt einen standardmäßig S-kurvenförmigen Verlauf der Diffusion neuer Produkte, der in Abb. 38 dargestellt ist.

Abbildung 38: S-Kurven-Verlauf kumulierter Käufer eines neuen Produktes (vgl. Trott (2008), S. 60)

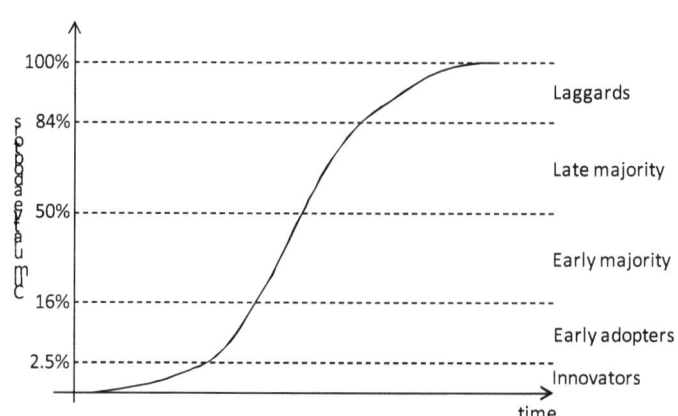

Die genannten Käufersegmente unterscheiden sich hinsichtlich demografischer Kriterien, persönlichkeitsbezogener Charakteristika, des Kommunikationsverhaltens und der sozialen Netzwerke, in welche die Käufer eingebunden sind.

Die Innovatoren und die „early adopters" sind die ersten, die das Produkt oder die Dienstleistung erwerben und nutzen. Diese Personenkreise haben ein ausgeprägtes Interesse an der zugrundeliegenden Technologie und deren Leistungsfähigkeit. Dann folgt die frühe Mehrheit („early majority"), die sich die Produkte pragmatisch aneignet. Die späte Mehrheit („late majority") ist sehr konservativ. Die Nachzügler („laggards") sind die letzten, die als Käufer der Produkte oder Dienstleistungen auftreten.

Für Existenzgründer im Kulturbetrieb ist es wichtig, Innovatoren und „early adopters" zu identifizieren, um diese als erste Kunden speziell anzusprechen. Innerhalb des Marktsegments, das bearbeitet werden soll, könnten die Marketinginstrumente zielgerichtet auf diese beiden Gruppen abgestimmt werden. Zum Teil haben die Innovatoren auch die Funktion von Meinungsbildnern, die ihre Erfahrungen mit neuen Angeboten über ihre Netzwerke mit anderen teilen. *„Those individuals who have a greater share of influence are called 'opinion leaders' because they take the lead in influencing the opinions of others. Opinion leaders are defined as those individuals from whom others seek advice and information"* (Rogers (1962), S. 208). Dies hat Rogers im Jahre 1962 geschrieben. Die Einflussmöglichkeiten von Meinungsmachern haben sich im Zeitalter sozialer Netzwerke im Internet inzwischen drastisch erhöht.

5. Beratungsstellen und Fördergelder für Gründungswillige

In diesem Abschnitt werden Beratungsstellen für Gründer und einige ausgewählte Förderinstitutionen vorgestellt.

5.1 Beratungsstellen für Gründer

Anlaufstellen für Gründungswillige sind z.B. die Industrie- und Handelskammern (IHK). Dort gibt es Basisinformationen und Beratung, Tipps für die Gründung aus der Arbeitslosigkeit heraus, Publikationen zum Thema Existenzgründung und die Möglichkeit, sich an Gründernetzwerken zu beteiligen. Die IHK Kiel etwa bietet zusätzlich den IHK Mentor[118], ein Internet basiertes Instrument, das Gründer bei der Erarbeitung eines Businessplans unterstützt und viele relevante z.T. branchenbezogene Informationen bereitstellt.

Eine weitere Beratungsstelle ist das *Existenzgründungsportal* des Bundesministeriums für Wirtschaft und Technologie (BMWi), das vielfältigste Informationen rund um das Thema Existenzgründung bietet[119]. Es stehen u.a. zahlreiche Publikationen zum Download zur Verfügung, die einen Einblick in sehr viele Facetten eines Gründungsvorhabens gewähren. Für die einzelnen Aspekte eines zu entwickelnden Geschäftsmodells und Businessplans sind Übersichten und Checklisten hinterlegt, die umfassend auf die jeweiligen Themen eingehen und Fragen aufwerfen, die bei einer Gründung bedacht werden sollten. Die Jungunternehmer können die angesprochenen Punkte Schritt für Schritt abarbeiten.

Auf demselben Portal weist ein Programm in zehn Schritten Gründungswilligen den Weg in die Selbständigkeit.

Weiterhin bietet diese Internetseite eine Förderdatenbank[120] mit einem Überblick über Förderprogramme und Finanzhilfen des Bundes, der Länder und der EU. So ergibt beispielsweise eine Recherche für den *Förderbereich* „Existenz-

---

118 Vgl. www.ihk-mentor.de; Abfrage: 12.02.2011.
119 Vgl. www.existenzgruender.de.
120 Vgl. www.foerderbank.de.

gründung & -festigung" im *Fördergebiet* „Schleswig-Holstein" mit der *Förderart* „Beteiligung" sieben Treffer[121]:

- auf Bundesebene das „ERP-Beteiligungsprogramm", den „ERP/EIF-Dachfonds", den „ERP-Startfonds" und den „High-Tech Gründerfonds",
- auf Landesebene das „Beteiligungskapital für innovative Existenzgründer", den „EFRE-Risikokapital-Fonds Schleswig-Holstein II" und den „Seed- und Start-Up-Fonds Schleswig-Holstein".

Ein Online-Businessplaner steht mit den Rubriken „Businessplan kennen lernen", „Businessplan vorbereiten" und „Businessplan erstellen" zur kostenlosen Nutzung bereit.

Mit der Software „Businessplan erstellen" kann ein Geschäftsplan entwickelt werden. Der auf den Seiten des Existenzgründungsportals vorgestellte Businessplan ähnelt in den Inhalten dem in Abschnitt 3. erläuterten, lediglich die Gliederung ist leicht abweichend.

Die Fülle der Informationen des Existenzgründungsportals wirkt auf den ersten Blick fast erschlagend – eine intensive Auseinandersetzung mit dem umfangreichen Material ist aber empfehlenswert und steigert die Erfolgsaussichten des Gründungsvorhabens.

Speziell für Gründer in kreativen Berufen gibt es ein weiteres, sehr interessantes Internetangebot des Bundesministeriums für Wirtschaft und Technologie (BMWi): Die *„Initiative Kultur- und Kreativwirtschaft der Bundesregierung"*[122]. Ziel der 2007 gestarteten Initiative ist es, die Wettbewerbsfähigkeit und das Arbeitsplatzpotenzial der Kreativ- und Kulturwirtschaft zu stärken. Die Internetseite spricht etablierte Gewerbetreibende und Freiberufler – auch Klein- und Kleinstunternehmen – sowie Existenzgründer im Kulturbetrieb gleichermaßen an.

In der Mediathek sind interne und externe Publikationen zum Download bereit gestellt.

In der Rubrik „Business Know-how" sind betriebswirtschaftliche und juristische Grundlagen einer selbständigen unternehmerischen Tätigkeit in der Kulturwirtschaft zusammengestellt. Des Weiteren gibt es dort Tipps zur Gewinnung neuer Kunden für unterschiedliche Kultursparten, Hinweise zur Künstlersozialabgabe, zu Versicherungen, zum Schreiben und Kontrollieren von Rechnungen etc. Speziell für Gründungsinteressierte finden sich darüber hinaus unter der Überschrift „Businessplan & Konzept" weitere wertvolle Hinweise, u.a. ein „Roter Faden für

---

121 Abfrage 12.02.2011.
122 Vgl. www.kultur-kreativ-wirtschaft.de.

5.1 Beratungsstellen für Gründer

die Gründungsplanung" und eine Checkliste zur „Konzeptvorbereitung für Künstler und Publizisten" als Download.

Unter dem Menüpunkt „Information und Beratung" sind Hinweise auf acht Regionalbüros – verteilt über das gesamte Bundesgebiet – zusammengestellt, die Interessierten als Anlaufpunkte zur Verfügung stehen, sowie Kursangebote und Schulungen aufgelistet, die von angehenden Unternehmern genutzt werden können.

Eine weitere Informationsquelle stellt *„startothek/Gründungsstarter – Gründungsrecht online"* dar[123]: Das datenbankgestützte Online-Beratungsprogramm „startothek" stellt Gründern und Unternehmern aktuelle Rechtsinformationen zur Verfügung. Bei der Gründung bzw. Neuausrichtung eines Unternehmens ist eine Reihe von Anmeldeformalitäten und gesetzlichen Regelungen zu beachten, z.B. bezüglich der für die jeweilige Geschäftsgründung oder unternehmerische Veränderung geltenden Verordnungen und Vorschriften. Auch zu der Frage, welche Behörde welche Unterlagen benötigt, finden sich auf dieser Internetseite Informationen.

Ein startothek-Berater unterstützt Gründungsvorhaben mit aktuellen Rechtsinformationen in fast allen Wirtschaftszweigen. Die Beratung durch den „Gründungsstarter" erfolgt in fünf Schritten:

1. Registrierung als Existenzgründer,
2. Eingabe der Gründungsdaten,
3. Beratersuche,
4. Kontaktaufnahme,
5. Individuelles Beratungsergebnis.

Auf Basis der vom Gründer gemachten Angaben werden umfassende Informationen zu allen Rechtsaspekten, die gründungsrelevant sind, und eine „To-Do-Liste" für den Weg in die Selbständigkeit zusammengestellt.

Falls es noch klärungsbedürftige Aspekte gibt, erfolgt eine persönliche Kontaktaufnahme mit dem startothek-Berater zur weiteren Diskussion des Gründungsvorhabens.

Als letzte Beratungsstelle wird kurz das *„Gründercoaching Deutschland"* vorgestellt. Zur Steigerung der Erfolgsaussichten von Existenzgründungen hat sich das Coaching-Prinzip bewährt. Erfahrene Unternehmensberater begleiten die Unternehmer in der Gründungsphase. Das Gründercoaching-Programm bietet Jungunternehmern, deren Gründung oder Firmenübernahme nicht mehr als fünf Jahre zurückliegt, einen Zuschuss aus Mitteln des Europäischen Sozialfonds. Abhängig vom Standort der Existenzgründung und dem Status des Gründers liegen die Zu-

---

123 Detaillierte Informationen finden sich im Internet unter www.startothek.de; dort gibt es auch einen Link zum „Gründungsstarter".

schüsse zwischen 50 und 90%. Generell kann in den alten (neuen) Bundesländern von einer Förderquote von 50% (75%) ausgegangen werden (Stand 24.10.2010). Hierzu gibt es Ausnahmen, z.B. in gewissen „Phasing Out"-Regionen[124].

Dazu folgendes Beispiel, um die Berechnung der Förderung des Gründungscoachings zu erläutern: Am Standort Hamburg erfolgt eine Unternehmensgründung. Ein Coach, dessen Tagessatz bei netto 750 € liegt, soll die Gründungsphase über einen längeren Zeitraum begleiten. Insgesamt stellt der Berater 7 Manntage in Rechnung, das Gesamthonorar beläuft sich auf 5.250 € netto. In Hamburg wird auf die förderfähigen Kosten des Gründungscoaching ein Zuschuss in Höhe von 50% gezahlt. Der Gründer erhielte also aus den Mitteln des Europäischen Sozialfonds einen Zuschuss von 2.625 €.

Existenzgründungen aus der Arbeitslosigkeit können mit einem Zuschuss von 90% des Coachinghonorars gefördert werden. Das förderfähige Beratungsvolumen beträgt höchstens 4.000 € bei einem maximalen Tagessatz des Beraters in Höhe von 800 € netto.

Die Kontaktaufnahme erfolgt über die Regionalpartner der KfW, d.h. u.a. die Industrie- & Handelskammern, die Handwerkskammern, Wirtschaftsförderungsgesellschaften und Gründungsinitiativen. Auf den Internetseiten der KfW-Beraterbörse findet sich ein Verzeichnis aller für das Gründercoaching gelisteten Berater[125].

5.2 Fördergelder und Bürgschaften für Gründungswillige

Es gibt eine große Vielfalt an Institutionen, die Existenzgründungsvorhaben fördern. In der Förderdatenbank des Bundes auf den Seiten des Bundesministeriums für Wirtschaft und Technologie sind mehr als 300 Geber von Fördergeldern auf Landes-, Bundes- und EU-Ebene zusammengestellt (vgl. www.existenzgruender.de). Über das Fördergebiet, den -berechtigten, den Förderbereich, die -art und ein freies Suchbegriffsfeld kann die Suche und Auswahl erleichtert werden.

In diesem Abschnitt werden interessante Förderinstitutionen und Kreditprogramme zur Finanzierung von Unternehmensgründungen vorgestellt und das Modell der Übernahme von Ausfallbürgschaften durch Bürgschaftsbanken präsentiert.

Zum Abschluss des Kapitels werden exemplarisch einige spezielle Förderprogramme unterschiedlicher Kunstgattungen aufgezeigt.

---

124 Vgl. hierzu KfW-Mittelstandsbank.
125 Vgl. http://beraterboerse.kfw.de.

5.2 Fördergelder und Bürgschaften für Gründungswillige

5.2.1 EXIST-Gründerstipendium

EXIST ist eine Initiative des Bundesministeriums für Wirtschaft und Technologie zur Förderung von Existenzgründungen aus der Wissenschaft, das vom Europäischen Sozialfonds kofinanziert wird. Interessant ist dieses Programm für Antragsteller, die bereits eine Geschäftsidee entwickelt haben und diese in einen Businessplan umsetzen möchten[126].

Folgende Personenkreise werden gefördert:

- Wissenschaftler/innen aus öffentlichen, nicht gewinnorientierten Hochschulen und außeruniversitären Forschungseinrichtungen.
- Hochschulabsolventen und ehemalige wissenschaftliche Mitarbeiter bis zu 5 Jahre nach Abschluss des Studium bzw. Ausscheiden aus der Einrichtung.
- Studierende, sofern diese zum Zeitpunkt der Antragsstellung mindestens die Hälfte ihres Studiums absolviert haben.

Gründerteams bis maximal 3 Personen werden gefördert. Wenn sich ein Team mehrheitlich aus Studierenden zusammensetzt, wird eine Förderung nur in Ausnahmefällen gewährt.

Gefördert werden Existenzgründungen, deren Ziel die Herstellung und Vermarktung innovativer technologieorientierter Produkte oder wissensbasierter Dienstleistungsinnovationen ist, die ausgeprägte Alleinstellungsmerkmale aufweisen und einen hohen Kundennutzen versprechen. Wichtig ist generell, dass die Gründungsvorhaben auf wissenschaftlichen Erkenntnissen basieren. Der Fokus von Existenzgründungen im Kulturbetrieb wird vermutlich auf Dienstleistungsinnovationen liegen. Trotz hoher Anforderungen an die inhaltliche Qualität der Geschäftsideen sollten Antragsteller, die den formalen Vorgaben gerecht werden, einen Antrag stellen.

Gefördert wird durch die Vergabe von Stipendien zur Sicherung des Lebensunterhalts der Gründer mit einer Dauer von höchstens 12 Monaten. Die Höhe der Förderung ist abhängig vom akademischen Grad der Antragsteller:

- Gründer mit einer Promotion erhalten ein Stipendium in Höhe von 2.500 € monatlich.
- Absolventen mit Hochschulabschluss beziehen 2.000 €/Monat.
- 800 € monatlich werden an Studierende ausgezahlt.
- Es wird außerdem ggf. ein Kinderzuschlag in Höhe von 100 € pro Monat und Kind gezahlt.

---

126 Vgl. EXIST-Gründerstipendium auf den Internetseiten „EXIST – Existenzgründungen aus der Wissenschaft": www.exist.de.

Sachausgaben werden bei Einzelgründern im Umfang von bis zu 10.000 € gefördert, bei Gründerteams bis maximal 17.000 €. Für das Coaching der Gründer stehen 5.000 € zur Verfügung.

Antragsberechtigt sind Hochschulen und Forschungseinrichtungen in Deutschland. Der Antragsteller muss in ein gründungsunterstützendes Netzwerk eingebunden sein, das bestimmte Voraussetzungen erfüllt, wie u.a. ein breites und verzahntes Leistungsangebot für die Betreuung der Gründer, die Existenz einer zentralen Anlaufstelle für die Gründer und Erfahrungen in der Unterstützung von Existenzgründungen aus der Wissenschaft. Das Gründungsnetzwerk soll die Gründer kontinuierlich betreuen und im Zeitraum der Förderung zwei Präsentationen zum Stand des Businessplans mit einem Feedback an die Gründer einfordern. Die antragstellende Hochschule bzw. Forschungseinrichtung stellt einen Mentor, der das Gründungsvorhaben unterstützt. Außerdem soll die Einrichtung die Bereitstellung eines Arbeitsplatzes und die kostenlose Nutzung der Infrastruktur gewährleisten.

Anträge an den Projektträger Jülich (PtJ) des Forschungszentrums Jülich GmbH (Außenstelle Berlin) können jederzeit eingereicht werden. Alle notwendigen Informationen und Formulare finden sich auf den Seiten der EXIST-Initiative im Internet.

5.2.2 KfW-StartGeld

Die KfW Mittelstandsbank bietet Gründern, Freiberuflern und kleinen Unternehmen bis zu 3 Jahre nach Aufnahme der Geschäftstätigkeit mit dem KfW-StartGeld Finanzierungen von Investitionen und Betriebsmitteln in Deutschland zu günstigen Konditionen an. Die Beantragung des KfW-StartGeldes erfolgt über die Hausbank des Gründers, *bevor* die Investitionen getätigt werden.

Der Kreditbetrag liegt bei maximal 50.000 € mit einer maximalen Kreditlaufzeit von 10 Jahren. Sollte der Investitionsbedarf oberhalb von 50.000 € liegen, muss der Restbetrag aus eigenen Mitteln finanziert werden.

Attraktiv für den Kreditnehmer ist eine Haftungsfreistellung für das durchleitende Kreditinstitut, d.h. die Hausbank, durch die KfW in Höhe von 80% der Kreditsumme. Das bedeutet, dass Sicherheiten des Unternehmers nur in Höhe von 20% der Kreditsumme vorhanden sein müssen. Sollte das Unternehmen während der Kreditlaufzeit insolvent werden, trägt die KfW 80% des ausgefallenen Kreditvolumens.

In der Anlaufphase des Kredits sind bis zu zwei Jahre tilgungsfrei. In dieser Zeit sind nur die Zinsen des Kredites zu zahlen. Nach Ablauf der tilgungsfreien Anlaufjahre erfolgt die Tilgung des Kredites in gleich hohen monatlichen Raten.

5.2 Fördergelder und Bürgschaften für Gründungswillige

Eine vorzeitige Rückzahlung des Krediteis in Teilen oder in Gänze ist ohne zusätzliche Kosten möglich. Die Auszahlungsquote des KfW-StartGeldes liegt bei 100%. Der Zinssatz des KfW-StartGeldes wird zu dem am Tag der Zusage geltenden Programmzinssatz für die gesamte Kreditlaufzeit festgesetzt. Der effektive Programmzinssatz orientiert sich an der Entwicklung des Kapitalmarktes und beträgt derzeit 5,43% (Effektivzins) bei einer Laufzeit von 10 Jahren (Stand: 12.02.2011). Weitere Informationen zum KfW-StartGeld finden sich unter www.kfw-mittelstandsbank.de.

5.2.3 KfW-Unternehmerkredit

Antragsberechtigt sind u.a. Existenzgründer freier und gewerblicher Berufe, die eine Unternehmensgründung als Haupterwerbsgrundlage planen und über die erforderlichen fachlichen und wirtschaftlichen Kenntnisse verfügen, Freiberufler wie Ärzte und Architekten oder Steuerberater sowie in- und ausländische Unternehmen der gewerblichen Wirtschaft.

Mitfinanziert werden alle mittel- bis langfristigen Investitionen, die einen nachhaltigen Erfolg erwarten lassen. Folgende Maßnahmen sind förderfähig:

- Erwerb von Grundstücken und Gebäuden, gewerbliche Baukosten,
- Kauf von Maschinen, Anlagen, Fahrzeugen und Einrichtungen,
- Betriebs- und Geschäftsausstattung,
- immaterielle Investitionen, die mit einem Technologietransfer verbunden sind,
- Übernahme eines bestehenden Unternehmens oder der Erwerb einer tätigen Beteiligung durch eine natürliche Person (gebunden an die Prüfung weiterer Details),
- Beratungsdienstleistungen, die einmalige Informationserfordernisse bei Erschließung neuer Märkte oder Einführung neuer Produktionsmethoden sicherstellen,
- erste Messeteilnahmen.

Der Kreditbetrag ist auf 10 Millionen € je Vorhaben limitiert, der Förderungsanteil liegt bei 100% der förderfähigen Investitionskosten bzw. der Betriebsmittel. Die Kreditlaufzeit ist abhängig vom Investitionsvorhaben und kann variieren zwischen 5 und 20 Jahren, mit ein bis max. drei tilgungsfreien Jahren.

Für Kredite an Unternehmen und Freiberufler, die bereits mindestens zwei Jahre am Markt tätig sind, besteht die Möglichkeit einer Haftungsfreistellung in Höhe von 50% der Kreditsumme (vgl. hierzu das KfW-StartGeld in Abschnitt 5.2.2). Eine vorzeitige Tilgung des Krediteis ist während der ersten Zinsbindungsphase kostenfrei möglich. Bei der Festlegung des Zinssatzes werden die wirtschaftlichen Verhältnisse (Bonität) des Antragstellers und die Werthaltigkeit der für den Kredit gestellten Sicherheiten berücksichtigt.

Auch die Informationen zum KfW-Unternehmerkredit sind auf den Seiten der KfW Mittelstandsbank zu finden.

5.2.4 ERP-Kapital für Gründung

Dieses Angebot hat Gültigkeit für Existenzgründer in einem Zeitraum bis zu drei Jahren nach der Geschäftsgründung.

Voraussetzung ist unter anderem eine bestimmte Eigenkapitalquote der Gründer in Höhe von 15% in den alten Bundesländern und 10% in den neuen Bundesländern und Berlin. Die Gründer müssen also mindestens 15% bzw. 10% des Kapitalbedarfs in der Form von Eigenkapital in die Gründung einbringen. Finanziert werden eine ganze Reihe betriebsnotwendiger Investitionen, wie u.a. Grundstücke/Gebäude, Sachinvestitionen in Maschinen, Betriebs- und Geschäftsausstattung, Investitionen in immaterielle Güter, der Erwerb eines Unternehmens oder von Unternehmensteilen und Kosten für erste Messeteilnahmen.

Der Kreditbetrag liegt bei maximal 500.000 € je Antragsteller bei einer Kreditlaufzeit von 15 Jahren mit einer Vergünstigung des Zinssatzes in den ersten 10 Jahren der Laufzeit aus Mitteln des ERP-Sondervermögens. Nach sieben tilgungsfreien Jahren erfolgt die Rückzahlung in 31 gleich hohen, vierteljährlichen Raten. Eine vorzeitige Tilgung kann gegen Zahlung einer Vorfälligkeitsentschädigung, d.h. einer bestimmten Gebühr, erfolgen. Es handelt sich um ein Nachrangdarlehen, das bedeutet, dass im Falle einer Insolvenz die Kreditgeber dieses Darlehens erst berücksichtigt werden, wenn die Forderungen aller anderen Kreditgeber ausgeglichen wurden. Das ERP-Kapital für Gründung kann mit anderen Förderprogrammen kombiniert werden.

Die Höhe der Zinsbelastung richtet sich nach dem Standort des Unternehmens. In den alten Bundesländern beträgt der Zinssatz 1,5% im Jahr 1-3 der Kreditlaufzeit, ab dem 4. Jahr 3,93% effektiv. In den neuen Länder und Berlin liegt der Zinssatz bei 1,25% im Jahr 1-3 der Kreditlaufzeit, ab dem 4. Jahr 3,67% effektiv (Stand 12.02.2011). Die Antragstellung erfolgt über die Hausbank des Unternehmers.

Weitere Informationen zum ERP-Kapital für Gründung sind ebenfalls auf den Seiten der KfW Mittelstandsbank verfügbar.

5.2 Fördergelder und Bürgschaften für Gründungswillige

5.2.5 Ausfallbürgschaften durch Bürgschaftsbanken

Bürgschaftsbanken übernehmen kurz-, mittel- und langfristig Ausfallbürgschaften für Unternehmen sowie für Angehörige freier Berufe, wenn die Unternehmen keine ausreichenden Sicherheiten stellen können – die Finanzkraft des Unternehmens also nicht ausreicht, um aus eigener Kraft einen (weiteren) Kreditrahmen bei der Bank eingeräumt zu bekommen. Die Ausfallbürgschaften stellen vollwertige Kreditsicherheiten dar und werden in der Regel über die Hausbank des Unternehmens beantragt. Sie können für ein einzelnes Unternehmen bis zu einer Gesamthöhe von 1 Mio. € und z.b. für Existenzgründungen, Betriebsübernahmen, Investitionen in Wachstum und Betriebsmittel übernommen werden. Die Ausfallbürgschaften belaufen sich im Allgemeinen auf 70 bis 80% des Kreditbetrages. Der Kreditnehmer sollte für den verbürgten Kredit neben der Bürgschaft einer Bürgschaftsbank über weitere Sicherheiten verfügen.

Einzelne Bürgschaftsbanken haben die Bürgschaftssumme aufgrund der aktuellen Wirtschafts- und Finanzkrise befristet erhöht und eine Verbürgung auf 90 % der Kreditsumme angehoben: Die Bürgschaftsbank Schleswig-Holstein z.b. hat die Bürgschaftssumme befristet von 1 auf 2 Mio. € erhöht.

In jedem Bundesland gibt es mindestens eine Bürgschaftsbank. Die Stellung eines Antrags erfolgt in der Regel über die Hausbank des Unternehmens. Es fallen ein einmaliges Bearbeitungsentgelt und jährlich zu zahlende Bürgschaftsprovisionen an.

Für Kredite von Hausbanken, die bereits vor Beantragung einer Ausfallbürgschaft aufgenommen worden sind, werden zumeist nachträglich keine Ausfallbürgschaften mehr übernommen.

Weitere Informationen finden sich in der Förderdatenbank des Bundes im Internet.

5.2.6 Künstlerförderung

Die Teilnahme an Wettbewerben und die Bewerbung auf Stipendien bringt im Erfolgsfall für einen befristeten Zeitraum finanzielle Sicherheit und ermöglicht es Künstlern zugleich, wichtige Referenzen zu sammeln, welche die weitere Entwicklung sehr nachhaltig positiv beeinflussen können. Im Bundesgebiet gibt es mehr als 2.500 Preise, Stipendien und weitere Künstlerförderungen. Von den Förderinstitutionen des Bundes sollen im Folgenden fünf vorgestellt werden, die sich an unterschiedliche Kunstgattungen richten (vgl. hierzu Bundesministerium für Wirtschaft und Arbeit (2004), S. 35ff.).

Stiftung Kunstfonds

Für viele junge Künstler und Künstlerinnen ist die „Stiftung Kunstfonds zur Förderung der zeitgenössischen bildenden Kunst" eine bedeutende bundesweit agierende Fördereinrichtung, deren Arbeitsstipendien den Antragstellern den finanziellen Spielraum zur Umsetzung ihrer künstlerischen Projekte gewähren[127]. Die Stiftung Kunstfonds fördert Einzelkünstler, Künstlergruppen, Kunstvermittler und Verlage. Es werden Arbeitsstipendien und Projektzuschüsse an Einzelkünstler vergeben – 12 bildende Künstler, zwei Kunstvereinsleiter und zwei Galeristen bilden die Auswahlkommission. Die Jury zur Beurteilung von Ausstellungsprojekten und Dokumentationen, die von Künstlergruppen, Kunstvermittlern und Verlagen eingereicht werden, setzt sich aus 6 bildenden Künstlern, einem Kunstvereinsleiter und einem Galeristen zusammen. Die wichtigsten Kriterien zur Bewertung der eingereichten Anträge sind die Konzepte, die kunstspezifischen Fragestellungen, der Grad an Innovation und der beispielhafte Charakter der Projekte.

Es gibt unterschiedliche Antragskategorien:

- Arbeitsstipendium zur Förderung der künstlerischen Entwicklung in Höhe von 16.000 € für ein Jahr.
- Projektzuschuss zur Realisierung eines zeitlich und inhaltlich abgrenzbaren künstlerischen Vorhabens mit dem Förderschwerpunkt der künstlerischen Produktion: Nachgewiesene Sach- und Reisekosten bis zur Höhe von 25.000 € werden finanziert.
- Katalogförderung von projekt- und ausstellungsunabhängigen Einzelkatalogen, deren gesamte Herstellungskosten maximal 8.000 € betragen.
- Erarbeitung von Werkverzeichnissen: Eine finanzielle Unterstützung zur Erstellung von Werkverzeichnissen von bis zu 30.000 € können von in Deutschland lebenden Künstlern oder deren Rechtsnachfolgern beantragt werden.
- HAP-Grieshaber-Preis der VG BILD-KUNST in Höhe von 25.000 €. Der Preisträger wird von einer Jury aus den Bewerbungen der ersten drei genannten Kategorien dieser Aufzählung ausgewählt.

Bei der Stiftung Kunstfonds sind im Jahr 2010 knapp 1.400 Anträge auf Förderung eingegangen. Von diesen wurden 76 mit insgesamt 1,02 Millionen € gefördert. Finanzielle Träger der Stiftung sind die Kulturstiftung des Bundes und die VG Bild-Kunst.

---

[127] Vgl. zur Stiftung Kunstfonds www.kunstfonds.de.

5.2 Fördergelder und Bürgschaften für Gründungswillige

Deutscher Literaturfonds e.V.

Der Deutsche Literaturfonds hat es sich zur Aufgabe gemacht, zeitgenössische deutschsprachige Literatur zu fördern[128]. Dies schließt ein:

- die Förderung literarisch hervorragender deutschsprachiger Autoren,
- die Unterstützung richtungsweisender Initiativen im Bereich der Literatur, inkl. der Vermittlung und Rezeption,
- die Sicherung wichtiger literarischer Traditionen für die Gegenwart.

Es besteht die Möglichkeit, eine Autorenförderung für ein literarisch hochrangiges Werk über einen Zeitraum von maximal einem Jahr mit max. 2.000 € pro Monat zu beantragen. Gefördert werden auch Projekte zur Vermittlung von Literatur, wie z.B. die qualifizierte Übersetzung literarisch herausragender Werke der internationalen Gegenwartsliteratur ins Deutsche, Übersetzung zeitgenössischer deutschsprachiger Literatur, die Finanzierung von Symposien oder ähnlicher Veranstaltungen zur Weiterentwicklung zeitgenössischer Literatur und die Förderung von Initiativen im pädagogischen Bereich, die der Entwicklung von Interesse an Literatur bei einem breiten Publikum dienen.

Zu den Voraussetzungen der Förderung von Autoren durch den deutschen Literaturfonds zählen:

- nicht selbst finanzierte Veröffentlichung eines literarischen Werkes in einem deutschsprachigen Verlag,
- Vorlage eines formlosen entscheidungsreifen Antrags – ggf. unterstützt durch die Geschäftsstelle des Literaturfonds mit Angaben u.a. zur Person, zur Ausbildung und Tätigkeit sowie einem Verzeichnis der bisherigen Buchveröffentlichungen mit Verlagsangabe. Des weiteren ist eine Kostenbegründung, ein Exposé des Projektes und eine Manuskriptprobe von ca. 20 Seiten aus dem Werk einzureichen, das gefördert werden soll.

Über die Förderung entscheidet das Kuratorium des Fonds oder eine von diesem zu benennende Kommission. Es ist nachzuweisen, dass die Fördermittel im Sinne des Antrags verwendet werden.

---

128 Vgl. www.deutscher-literaturfonds.de.

Fonds Darstellende Künste e.V. (DAKU)

Der Fonds Darstellende Künste[129] fördert qualitativ anspruchsvolle Einzelprojekte und Projektkonzeptionen aller Sparten der Darstellenden Künste, des professionellen freien Theaters und des freien Tanzes. Förderschwerpunkte sind die Innovations-, Zielgruppen-, Kommunikations-, Konzeptions- und Kooperationsförderung sowie die Förderung theater- und tanzpädagogischer Projekte. Zuwendungsgeber des Fonds Darstellende Künste mit jährlich 1 Million € ist die Kulturstiftung des Bundes. Seit 1988 wurden 2.294 herausragende Projekte mit insgesamt 10,6 Millionen € gefördert, darunter 72 Projekte im Jahr 2010 mit knapp 800.000 €.

Abgabetermine für Projektanträge sind der 1. Februar und der 1. August eines Jahres. Die Projektanträge müssen Informationen zu den Antragstellern, eine Projektbeschreibung, Kurzangaben zu Projekten der letzten drei Jahre und zu früheren Förderungen enthalten. Ein 14-köpfiges Expertenteam aus der Theaterpraxis entscheidet über die Projekte, die gefördert werden. Unter der Voraussetzung einer gesicherten Drittfinanzierung fördert der Fonds anteilig bis zu 50% der Gesamtkosten mit bis zu 15.000 € (in Ausnahmefällen bis zu 20.000 €).

Deutscher Musikrat

Der Deutsche Musikrat[130] ist eine gemeinnützige Projektgesellschaft mit sechs Kernbereichen:

- Förderung professioneller Musiker,
- Jugendprojekte,
- Laienmusizieren,
- Förderung der Zeitgenössischen Musik,
- Musiktheoretische Information und Dokumentation,
- Internationale Projekte.

Ein Schwerpunkt des Musikrates liegt auf der Förderung aktiven Musizierens Jugendlicher. Der Deutsche Musikrat unterstützt Nachwuchsmusiker in zahlreichen Wettbewerben und Förderungen. Zu den Wettbewerben zählen u.a. „Jugend musiziert", der „Deutsche Musikwettbewerb", der „Deutsche Chorwettbewerb" und der „Deutsche Orchesterwettbewerb". Die Förderung des Musikrates umfasst die Programme „Bundesauswahl Konzerte Junger Künstler", „Dirigentenforum", „Pop-Camp – Meisterkurs für Populäre Musik" und „Konzert des Deutschen Musikrates".

---

129 Vgl. www.fonds-daku.de.
130 Vgl. www.musikrat.de.

5.2 Fördergelder und Bürgschaften für Gründungswillige

Filmförderungsanstalt (FFA)

Die Filmförderungsanstalt[131] (FFA) ist eine Bundesanstalt des öffentlichen Rechts, die ihre Aufgaben gemäß Filmförderungsgesetz wahrnimmt. Die FFA finanziert sich über eine Filmabgabe, die von Filmtheaterbetreibern, Videoprogrammanbietern, Fernsehveranstaltern und Programmvermarktern zu leisten ist, und verfügt über einen jährlichen Etat von etwa 76 Millionen €.

Zu den Aufgaben der Anstalt zählen u.a. die Förderung des deutschen Films, die Verbesserung der Strukturen der deutschen Filmwirtschaft, die Schaffung der Grundlagen zur Verbreitung des deutschen Films im In- und Ausland und die Koordination der Filmförderung des Bundes und der Länder.

Die Förderungsbereiche sind vielfältig, dazu zählen:

- Filmproduktionsförderung,
- Drehbuchförderung,
- Filmabsatzförderung,
- Filmabspielförderung,
- Videoförderung,
- Förderung von filmberuflicher Weiterbildung,
- Förderung von Forschung, Rationalisierung und Innovation,
- Finanzierung von Werbemaßnahmen für den deutschen Film im In- und Ausland.

Detaillierte Informationen zu den einzelnen Förderungsbereichen und den Vergaberichtlinien finden sich auf der Homepage der Filmförderungsanstalt.

---

131 Vgl. www.ffa.de.

Literaturverzeichnis

Abratis, Ralf: Doodle soll das Daddeldu beenden; Kieler Nachrichten vom 28.10.2010, S 31.

Afuah, Allan: Innovation Management: Strategies, Implementation, and Profits, Oxford University Press, New York, 2003.

Ahmed, Pervaiz K./Shepherd, Charles D.: Innovation Management: Context, strategies, systems and processes, Pearson, Harlow et al., 2010.

Albach, Horst: Innovationen als Fetisch und Notwendigkeit, in: Albach, Horst (Hrsg.): Innovationsmanagement – Theorie und Praxis im Kulturvergleich, S. 97-107, Wiesbaden, 1990.

Backhaus, Klaus/Erichson, Bernd/Plinke, Wulf/Weiber, Rolf: Multivariate Analysemethoden: Eine anwendungsorientierte Einführung, Springer-Verlag, 11. Auflage, Berlin et al., 2006.

Barnett, Homer G.: Innovation: The Basis of Cultural Change, McGraw-Hill, New York, 1953.

Bea, Franz X./Scheurer, Steffen/Hesselmann, Sabine: Projektmanagement, Lucius&Lucius, Stuttgart, 2008.

Bhide, Amar: Bootstrap Finance; in: Harvard Business Review on Entrepreneurship, Boston, 1999, S. 149-173.

Bundesministerium für Wirtschaft und Arbeit (Hrsg.): Wirtschaftspolitik für Kunst und Kultur – Tipps zur Existenzgründung für Künstler und Publizisten, Berlin, 2004.

Bundesministerium für Wirtschaft und Technologie (Hrsg.): Anhang zu „Gesamtwirtschaftliche Perspektiven der Kultur- und Kreativwirtschaft in Deutschland". Forschungsbericht Nr. 577, Berlin, 2009.

Bundesministerium für Wirtschaft und Technologie (Hrsg.): Ursachen für das Scheitern junger Unternehmen in den ersten fünf Jahren ihres Bestehens, Stand: März 2010.

Butzer-Strothmann, Kristin/Günter, Bernd/Degen, Horst: Leitfaden für Besucherbefragungen durch Theater und Orchester, herausgegeben vom Deutschen Bühnenverein, Nomos Verlagsgesellschaft, Baden-Baden, 2001.

Carlson, Curtis R./Wilmot, William W.: Innovation: The five disciplines for creating what customers want, Crown Publishing Group, New York, 2006.

Caupin, Gilles/Knöpfel, Hans/Morris, Peter/Motzel, Erhard/Pannenbäcker, Olaf: ICB IPMA Competence Baseline, Bremen, 1999.

Cristea, Alexandru/Heucher, Martin/Ilar, Daniel/Kubr, Thomas/Marchesi, Heinz/Müller, Kaspar/Waldner, Michael/Zsenei, Andras: Planen, gründen, wachsen – Mit dem professionellen Businessplan zum Erfolg, McKinsey&Company, 5. aktualisierte Auflage, Redline Verlag, München, 2010.

Dangel, Caroline/Piorkowsky, Michael-Burkhard: Selbständige Künstlerinnen und Künstler in Deutschland, Berlin, 2006.

Dangel, Caroline: Existenzgründung und Existenzsicherung selbständiger Künstlerinnen und Künstler, S. 131-143; in: Merz, Joachim (Hrsg.): Fortschritte der MittelstandsForschung, LIT Verlag, Hamburg, 2007.

De, Dennis A.: Entrepreneurship; Gründung und Wachstum von kleinen und mittleren Unternehmen, Pearson-Studium, München, 2005.

Drees, Norbert/Jäckel, Markus: Guerilla-Marketing – Grundlagen, Instrumente und Beispiele, in: transfer: Werbeforschung & Praxis, 02/2008, S. 31-37.

Drucker, Peter F.: The Effective Executive, Classic Drucker Collection Edition, Butterworth-Heinemann, Amsterdam, 2007.

Duden, Das große Fremdwörterbuch: Herkunft und Bedeutung der Fremdwörter, Dudenverlag, Mannheim et al., 1994.

Eckardt, Gordon H.: Business Management – Angewandte Unternehmensführung: Begrifflich-methodische Grundlagen und Fallstudien, GHS Göttinger Handelswissenschaftliche Schriften, Göttingen, 2010.

Gabler Wirtschaftslexikon, 16., vollständig überarbeitete und aktualisierte Auflage, Wiesbaden, 2004.

Gemünden, Hans-Georg/Walter, Achim: Beziehungspromotoren – Schlüsselpersonen für zwischen betriebliche Innovationsprozesse, in: Hauschildt, Jürgen/Gemünden, Hans-Georg: Promotoren, Champions der Innovation, Gabler Verlag, Wiesbaden, 1998, S. 111-132.

Gibson, David V./Rogers, Everett M.: R&D collaboration on trial: the microelectronics and computer technology corporation, Harvard Business School Press, Boston/Mass., 1994.

Goldenberg, Jacob/Lehmann, Donald R./Mazursky, David: The Idea Itself and the Circumstances of Its Emergence as Predictors of New Product Success, in: Management Science, Jg. 47, 2001, S. 69-84.

Grönroos, Christian: Relationship Approach to the Marketing Function in Service Contexts: The Marketing and Organizational Behavior Interface, Journal of Business Research, 1990 (20), 1, S. 3-12.

Gross, Thomas/Timm, Tobias: Die neue K-Klasse, in: DIE ZEIT Nr. 45/2010, S. 49-51.

GründerZentrum Kulturwirtschaft Aachen (Hrsg.): Gutachten „Existenzgründung und Existenzsicherung für selbständig und freiberuflich arbeitende Künstlerinnen und Künstler", im Auftrag der Enquete-Kommission „Kultur in Deutschland". Abnahmedatum: 11.12.2006.

Günter, Bernd/Hausmann, Andrea: Kulturmarketing, VS Verlag für Sozialwissenschaften, Wiesbaden, 2009.

Grüner, Herbert/Kleine, Helene/Puchta, Dieter/Schulze, Klaus (Hrsg.): Kreative gründen anders! Existenzgründungen in der Kulturwirtschaft, transcript Verlag, Bielefeld, 2009.

Gutenberg, Erich: Einführung in die Betriebswirtschaftslehre, 1. Auflage, unveränderter Nachdruck, Gabler Verlag, Wiesbaden, 2006.

Hauschildt, Jürgen/Chakrabarti, Alok K.: Arbeitsteilung im Innovationsprozess; in: Hauschildt, Jürgen/Gemünden, Hans Georg: Promotoren: Champions der Innovation, Gabler Verlag, Wiesbaden, 1998, S. 69-87.

Hauschildt, Jürgen: Innovationsmanagement, Verlag Franz Vahlen, München, 1993.

Hauschildt, Jürgen/Salomo, Sören: Innovationsmanagement, 5. Auflage, Verlag Franz Vahlen, München, 2011.

Hausmann, Andrea: Im Spannungsfeld zwischen künstlerischem Schaffen und Unternehmertum: Künstler als Gründer, in: Zeitschrift für KMU und Entrepreneurship (ZfKE), 55. Jahrgang, Heft 4 (2007), S. 219-242.

Homburg, Christian/Krohmer, Harley: Marketingmanagement – Strategie, Instrumente, Umsetzung, Unternehmensführung, Gabler Verlag, Wiesbaden, 2003.

Klandt, Heinz: Gründungsmanagement: Der Integrierte Unternehmensplan, R. Oldenbourg Verlag, München, Wien, 2006.

Klein, Armin: Kulturmarketing: Das Marketingkonzept für Kulturbetriebe, Beck-Wirtschaftsberater im dtv, München, 2001.

Kotler, Philip/Bliemel, Friedhelm: Marketing-Management. Analyse, Planung und Verwirklichung. 10. überarbeitete und aktualisierte Auflage, Schäffer-Poeschel Verlag, Stuttgart 2001.

Kräuter, Maria: Existenzgründung in Kultur- und Medienberufen, Schriften der Ludwig Sievers Stiftung, Köln, 2002.

Lechler, Thomas: Erfolgsfaktoren des Projektmanagements, P. Lang Verlag, Frankfurt/Main, 1997.

Literaturverzeichnis

Link, Jörg: Moderne Planungsmethoden im Mittelstand: praktische Beispiele und konzeptionelle Überlegungen, Physica-Verlag, Heidelberg, 1988.

Macharzina, Klaus/Wolf, Joachim: Unternehmensführung: Das internationale Managementwissen. Konzepte – Methoden – Praxis. 5., grundlegend neu überarbeitete Auflage, Gabler-Verlag, Wiesbaden, 2005.

Mandel, Birgit: Die neuen Kulturunternehmer: Ihre Motive, Visionen und Erfolgsstrategien, transcript Verlag, Bielefeld, 2007.

Meffert, Heribert/Burmann, Christoph/Kirchgeorg, Manfred: Marketing. Grundlagen marktorientierter Unternehmensführung. Konzepte – Instrumente – Praxisbeispiele. 10., vollständig überarbeitete und erweiterte Auflage, Gabler-Verlag, Wiesbaden, 2008.

Mehrwald, Herwig: Das ‚Not-Invented-Here-Syndrom' in Forschung und Entwicklung, Deutscher Universitäts-Verlag, Wiesbaden, 1999.

Mintzberg, Henry: Patterns of strategy formation, Management Science 24 (1978), S. 934-948.

Mintzberg, Henry: Managerial work: Analysis from observation, in: Wood, John C./Wood, Michael C. (Hrsg.): Igor H. Ansoff – Critical Evaluations in Business and Management, Volume II, Routledge, New York, 2007, S. 3-21.

Mirow, Michael: Innovation als strategische Chance, in: Franke, N./Braun, C.-F. v. (Hrsg.): Innovationsforschung und Technologiemanagement – Konzepte, Strategien, Fallbeispiele. Springer Verlag, Berlin, 1998, S. 481-492.

Nathusius, Klaus: Modelle der Gründungsfinanzierung in: Nathusius, Klaus/Klandt, Heinz/Seibt, Dietrich: Beiträge zur Unternehmensgründung. Gewidmet Prof. Dr. Dr. h.c. Norbert Szyperski anläßlich seines 70. Geburtstages, Josef Eul Verlag, Lohmar, Köln, 2001.

Nonaka, Ikujiro/Takeuchi, Hirotaka: Die Organisation des Wissens: wie japanische Unternehmen eine brachliegende Ressource nutzbar machen, Campus Verlag, Frankfurt, 1997.

Osterwalder, Alexander/Pigneur, Yves: Business Model Generation, John Wiley & Sons, Hoboken/ New Jersey, 2010.

o.V., AMA Board Approves New Definition of Marketing, Marketing News, 19, 5, 1.

Peters, Sönke/Brühl, Rolf/Stelling, Johannes N.: Betriebswirtschaftslehre: Einführung, 12. Auflage, Oldenbourg Verlag, München, 2005.

Puchta, Dieter: Kreative Finanzierung – Innovative Finanzierungslösungen für die Kreativwirtschaft; in: Grüner, Herbert/Kleine, Helene/Puchta, Dieter/Schulze, Klaus (Hrsg.): Kreative gründen anders! Existenzgründungen in der Kulturwirtschaft, transcript Verlag, Bielefeld, 2009, S. 39-69.

Ritter, Frank E./Schooler, Lael J.: The learning curve; in: International Encyclopedia of the Social and Behavioral Sciences, 8602-8605, Amsterdam, Pergamon, 2002.

Roberts, Edward B.: Generating Technological Innovation. Oxford University Press, New York, 1987.

Rogers, Everett M.: Diffusions of Innovations, The Free Press of Glencoe, New York, 1962.

Rubenstein, Albert H./Chakrabarti, Alok K./O'Keefe, Robert D./ Souder, William E./Young, H.C.: Factors Influencing Innovation Success at the Project Level, in: Research Management, Jg. 19, 1976, S. 15-20.

Schelle, Heinz/Ottmann, Roland/Pfeiffer, Astrid: ProjektManager, GPM Gesellschaft für Projektmanagement e.V., Nürnberg, 2. Auflage 2005, Nachdruck 2007.

Schneidewind, Petra: Betriebswirtschaft für das Kulturmanagement: Ein Handbuch, transcript Verlag, Bielefeld, 2006.

Soehring, Maren: Von der Idee zum eigenen Geschäft; in: Die ZEIT, 8. April 2010, S. 70.

Thommen, Jean-Paul/Achleitner, Ann-Kristin: Allgemeine Betriebswirtschaftslehre, 6., überarbeitete und erweiterte Auflage, Gabler Verlag, Wiesbaden, 2009.

Tidd, Joe: Innovation management in context: environment, organization and performance, in: International Journal of Management Reviews, Vol. 3, Issue 3, S. 169-183, 2001.

Timmons, Jeffry A.: New Venture Creation, Entrepreneurship for the 21st Century, McGraw-Hill/Irwin, Boston et al., 1999.

Trautmann, Katlen: Kunst kommt von Wollen, Kieler Nachrichten, 11.12.2010, Arbeit und Beruf, S. IV.

Trott, Paul: Innovation Management and New Product Development, 4. Auflage, Pearson Education Limited, Harlow/England, 2008.

v. Hippel, Eric: Democratizing Innovation, The MIT Press, Cambrigde/Massachusetts, London/England, 2006.

Volkmann, Christine K./Tokarski, Kim O.: Entrepreneurship: Gründung und Wachstum von jungen Unternehmen, Lucius&Lucius, Stuttgart, 2006.

Weckerle, Christoph/Söndermann, Michael (Hochschule für Gestaltung und Kunst Zürich): Kultur. Wirtschaft.Schweiz. Das Umsatz- und Beschäftigungspotenzial des kulturellen Sektors. Erster Kulturwirtschaftsbericht Schweiz, Zürich, 2003.

Welge, Martin K./Al-Laham, Andreas: Strategisches Management – Grundlagen, Prozess, Implementierung, 5., vollständig überarbeitete Auflage, Gabler Verlag, Wiesbaden, 2008.

Witte, Eberhard: Organisation von Entscheidungen: Das Promotoren-Modell, Verlag Otto Schwartz & Co., Göttingen, 1973.

Wöhe, Günter/Döring, Ulrich: Einführung in die Allgemeine Betriebswirtschaftslehre, 23., vollständig neu bearbeitete Auflage, Verlag Franz Vahlen, München, 2008.

Yoshino, Michael Y./Rangan, U. Srinivasa: Strategic Alliances: an entrepreneurial approach to globalization, Harvard Business School Press, Boston Massachusetts, 1995.

Zimmermann, Olaf: Kulturberufe und Kulturwirtschaft – Gegensatz oder Symbiose? In: Aus Politik und Zeitgeschichte (APuZ) 34-35/2006, S. 24-31.

Internetquellen

www.benjerry.de
http://beraterboerse.kfw.de
www.bmwi.de/BMWi/Navigation/Service/publikationen,did=353052.html
www.britannica.com
www.bzzagent.com/blog/post/phrenology-of-the-entrepreneur/
www.citycards.de
http://de.surveymonkey.com
www.denic.de
www.deutscher-literaturfonds.de
www.dpma.de
www.duesseldorf.de/kultur/happyhour/index.shtml
www.edgar.de
http://en.wikiquote.org/wiki/Louis_Pasteur
www.exist.de
www.existenzgruender.de
www.ffa.de
www.foerderbank.de
http://fonds-daku.de
http://frei.djv-online.de/?p=1106
www.ftd.de
www.harrypotter-xperts.de
www.heise.de/newsticker/meldung/Apple-verdoppelt-Marktanteil-bei-Smartphones-219805.html
www.ihk-mentor.de
www.kfw-mittelstandsbank.de
www.kultur-kreativ-wirtschaft.de
www.kunstfonds.de
www.learnship.eu/toolbox/english/the-nabc-method.aspx
www.lichtblick.de
www.marketing-blog.biz/blog/archives/97-Frisch-gestrichen.html
www.mqw.at/de/programm/detail/?event_id=6126
www.musikrat.de
www.newshoestoday.com/library/File/Idea%20Killers/2007-05-25nst_idea_killers_posterA3_OK.pdf
http://nikeid.nike.com/nikeid/index.jsp#home
www.spiegel.de/spiegel/print/d-25448075.html
www.spiegel.de/wirtschaft/ service/0,1518,667651,00.html
www.startothek.de
http://store.apple.com/de/browse/home/shop_ipod/family/ipod_classic
www.uni-kiel.de/kulturmanagement/kmr
www.venturecup.dk/media(720,1033)/IDEALIZER.pdf

Die anschauliche Einführung in die Soziologie

> aktuell · kompakt · gut verständlich

Michael Jäckel
Soziologie
Eine Orientierung

2010. 278 S. Br. EUR 14,95
ISBN 978-3-531-16836-4

Erhältlich im Buchhandel
oder beim Verlag.
Änderungen vorbehalten.
Stand: Juli 2010.

Was ist der Gegenstand der Soziologie? Die Suche nach Antworten auf diese Frage führt zu unterschiedlichen Versuchen, etwas eher Unsichtbares sichtbar zu machen. Was treibt Individuen trotz steigender Arbeitsteilung und Spezialisierung weiterhin zu gegenseitiger Solidarität an? Wie vereinen sich widersprüchliche Motive wie Nachahmung und Individualisierung in einem einzigen gesellschaftlichen Phänomen wie der Mode? Schlagen sich soziale Ungleichheiten in alltäglichen Entscheidungen nieder wie Namensgebung, Schokoladenkonsum oder Teilnahme an einer Lotterie?

Das Buch zeichnet die Soziologie in ihren Grundzügen nach und stellt dabei den Stimmen der Klassiker aktuelle Perspektiven sowie vielfältige Beispiele und Befunde aus der modernen Gesellschaft gegenüber.

Es richtet sich dabei sowohl an Studierende der Sozialwissenschaften als auch an all jene, die sich für den Blick hinter das „nach Mustern und Gleichförmigkeiten ablaufende gesellschaftliche Verhalten der Menschen" interessieren.

www.vs-verlag.de

VS VERLAG

Abraham-Lincoln-Straße 46
65189 Wiesbaden
Tel. 0611.7878-722
Fax 0611.7878-400

MIX
Papier aus verantwortungsvollen Quellen
Paper from responsible sources
FSC® C105338

If you have any concerns about our products,
you can contact us on
ProductSafety@springernature.com

In case Publisher is established outside the EU,
the EU authorized representative is:
Springer Nature Customer Service Center GmbH
Europaplatz 3, 69115 Heidelberg, Germany

Printed by Libri Plureos GmbH
in Hamburg, Germany